[美]理查德·鲍德温
(Richard Baldwin)/著
朱海燕/译

失序

机器人时代与全球大变革

中信出版集团|北京

图书在版编目（CIP）数据

失序：机器人时代与全球大变革 /（美）理查德·鲍德温著；朱海燕译 . -- 北京：中信出版社，2021.4

书名原文：The Globotics Upheaval: Globalization, Robotics, and the Future of Work

ISBN 978-7-5217-2840-8

Ⅰ. ①失… Ⅱ. ①理… ②朱… Ⅲ. ①新技术革命—影响—世界经济—研究 Ⅳ. ① F113.4

中国版本图书馆 CIP 数据核字（2021）第 044811 号

失序——机器人时代与全球大变革

著　　者：［美］理查德·鲍德温
译　　者：朱海燕
出版发行：中信出版集团股份有限公司
（北京市朝阳区惠新东街甲 4 号富盛大厦 2 座　邮编　100029）
承 印 者：北京诚信伟业印刷有限公司

开　　本：787mm × 1092mm　1/16　　印　　张：20　　字　　数：219 千字
版　　次：2021 年 4 月第 1 版　　印　　次：2021 年 4 月第 1 次印刷
京权图字：01–2019–3719
书　　号：ISBN 978–7–5217–2840–8
定　　价：68.00 元

服务热线：400–600–8099
投稿邮箱：author@citicpub.com

目录

第二部分
全球机器人化变革

引 言

悬挂式滑翔是一项绝顶刺激的运动，但远没有你想象的那样危险，这得归功于设在科罗拉多州的美国悬挂式滑翔和滑翔伞运动协会（该协会的座右铭是“滑翔安全就是杜绝事故”）。当年，为建一个滑翔事故上报网站，该协会找到加州的哈瑟西奇科技公司（Hathersage Technologies），与之签订了网站开发合同。麻烦的是，该公司没有员工能完成这项任务。

公司总裁弗朗西斯·波特却并不担心，他计划几天内招齐所需人才，而且薪水远低于当地的行业平均水平。他可不是盲目乐观，而是胸有成竹。通过一个专门自由交易职业技能的网络平台——Upwork，他聘请到巴基斯坦拉合尔市的工程师帮他完成了这个任务。波特一直热衷于雇用外国自由职业者。“很多有技能的人一直在找机会做有意思的项目。Upwork 网站让普通公司能在全球挖掘待开发利用的人才，这些人才可能居住在西伯利亚的地下室、柬埔寨的一户人家，或者巴基斯坦的一间办公室里。”他写道。[1]

正视这个问题，你就明白这是怎么回事儿。美国工人正面临全球薪酬竞争——具备高级技能且成本低廉的外国劳动力通过虚拟方式在美国办公室上班！雇用外国自由职业者可能没有雇用本地人才那么令人满意，但肯定要便宜得多，这一点波特可以做证。你可以将这种雇用方式想象成全球远程办公，这些被雇用者就像全球远程移民。

远程移民：全球化发展的新阶段

这些远程移民正在开启全球化新篇章。在接下来的岁月里，他们会让欧洲和美国的专业人士、白领和服务人员感受到国际竞争带来的喜悦与痛苦，而后者并未做好准备。

以前，服务还是以面对面服务为主，欧美国家的服务人员和专业人士还可以免受全球化的冲击，毕竟让外国雇员和国内雇主共处一个屋檐下非常困难，成本也十分高昂。过去，全球化对生产厂家而言是个问题，因为它们的产品必须和通过集装箱运过来的中国产品竞争。然而，服务无法装进集装箱，因此鲜有白领受到全球化竞争的影响。现在，数字技术正在快速地改变这一切。

2015 年之前，语言和远程通信技术壁垒使得远程移民现象只发生在少数几个国家和几个特定行业。当时，外国自由职业者必须能讲“足够好的英语”，只能从事模块化的工作，比如网页开发、后台办公，此外几乎没有其他选项。现在，情况发生了很大变化。

机器翻译引发的人才海啸

这些变化主要体现在两个方面。

首先，机器翻译引发了一场人才海啸。自 2017 年机器翻译成为主流以来，任何人，只要有一台笔记本电脑，能上网，有一技之长，就能远程联系到美国或欧洲的办公室。高速网络的发展和普及进一步加快了这一进程。这意味着，只要每小时 10 美元的报酬就能达到中等收入水平的外国人，很快就会成为你的同事或者直接取代你的工作。

单是中国，每年就有 800 万名大学毕业生，他们中很多人找不到工作，或工资水平很低。现在，通过谷歌翻译或其他类似翻译软件，他们全都能给出“足够好”的英文。这样一来，富裕国家的特殊人才很快就会发现，他们没有那么特殊了。

请思考一下。请再思考一下。

这波国际人才浪潮直奔美国、欧洲各国或其他高工资国家最稳定优质的工作机会，而这些工作机会是中产阶级的财富基础。当然，网络工作机会也是双向的，富裕国家最有竞争力的专业人士也能找到更多的工作机会，但对那些竞争力不济的人而言，只是加大了薪酬竞争的激烈程度。

其次，通信技术的突破，比如远程呈现、增强现实，正在使远隔万里的同事不再那么遥远。工作方式转换（灵活组队）和创新合作软件平台的使用，如 Slack（聊天群组）、Asana（一款团队任务管理软件）、Microsoft 365（微软打造的一款在线云办公软件），正在让“远程移民”规模化，并且还有更多的变化正在发生。

这波来自“远程智能”（RI）的竞争，让正在面临人工智能（AI）挑战的服务业的从业人员腹背受敌。简言之，同样基于数字技术的远程智能和人工智能，同时对同一类工作发起了竞争。

白领机器人：自动化发展的新阶段

金发碧眼的阿梅莉亚，是瑞典北欧斯安银行（SEB）的网络在线和电话客服。就像人们期待的那样，“她”看起来自信、得体又略显羞涩。令人惊讶的是，阿梅莉亚还是伦敦恩菲尔德区及位于瑞士苏黎世的瑞银员工。哦，我还没有和你说过，阿梅莉亚可以在 30 秒内学习一本 300 页的手册，可以说 20 种语言，并且可以同时处理数千个电话。

阿梅莉亚是一个“白领机器人”。她的制造者契坦·杜布原先是纽约大学的教授，他认为雇用印度远程移民来取代欧洲和美国工人远不如使用人工智能高效。于是，他创造出了阿梅莉亚，并对其表现十分满意，认为实现自己的理想指日可待。

如果你直面这一现象，就能看清其本质：会思考的计算机发起了零工资竞争。阿梅莉亚与更快的计算机、更好的数据系统不同，科学家设计这类机器人的初衷不是提高生产效率，而是代替工人。这就是其背后的商业模式！这类机器人目前还不如真人那么好用，但其使用成本要低得多，这一点北欧斯安银行可以做证。

这些会思考的机器人正在开启一个自动化的新阶段，向一个新的职业阶层——不是农民和劳动工人，而是办公室白领——展示了自动化的利与弊，而后者显然还没有做好准备。

直到最近，大多数白领、服务人员和专业人士的工作，因为需要人类的认知能力而免遭自动化竞争的威胁。过去，计算机无法思考，因此任何需要思考的工作——无论是教核物理、插花，还是介于两者之间的任何脑力劳动——都需要人类来完成。自动化只是对体力劳动者形成了威胁。然而，数字技术改变了这一切。

一种被称为“机器学习”的人工智能，赋予了计算机前所未有的技能，如阅读、写作、谈话和微妙模式识别。其中一些新技能在办公室很有用，于是像阿梅莉亚这样的白领机器人就成了办公室工作的有力竞争者。

这种全球化与新型机器人的结合被称为“全球机器人化”，它是一个新的发展趋势。其最突出的特征是对服务业从业人员的就业造成冲击，而不是对制造业工人和农民。这一点十分重要，因为当今大多数人从事的都是服务业。全球机器人化的其他特点虽然不像这一点那么明显，但同样影响巨大。

为什么这次变革不同寻常？

与有上百年历史的自动化和全球化不同，正在兴起的全球机器人化有两大特征：一是其发展快得惊人；二是其发展将导致难以置信的竞争不公。

我们处理、传输、存储的数据正在呈爆发式增长，全球机器人化也在爆发式地发展。"爆发式"的含义是什么？科学家将其定义为：注入系统的能量超过系统能承受的最大值。这将会导致局部压力增加。如果系统不是封闭的，或封闭的系统被打破，会形成对外扩散的冲击波，可能会扩散"很长一段距离才能消散"。[2]

目前，全球机器人化向我们的社会、政治、经济系统注入压力（员工失业）的速度比系统吸收压力（失业员工再就业）的速度快。这可能会打破保证社会有序发展的封闭结构。

之所以存在爆发式增长的可能，深层原因是人们失业的速度快于新工作机会产生的速度。人们失业是由数字技术的爆发式发展造成的，也可以说是因人类智能发展相对迟缓造成的。

失业速度与新就业机会产生的速度不匹配是一个现实问题，但发展方向并没有错。换言之，服务业的自动化趋势是不可避免的，从长期来说，也是有益的。

为什么相较于农业时代升级到工业时代，以及从工业时代升级到服务业时代，此次技术升级的速度要快很多？看似不可思议，实则答案埋藏在一个学科里：物理学。

不同的物理学原理

过去，全球化和自动化主要是围绕货物的生产和运输进行。因此，这“两化”都受制于与货物（物质）相关的物理学法则。而服务行业的全球化和自动化涉及的是信息（电子和光子）的处理和传输。因此，全球机器人化的终极物理法则是电子和光子的运行规律，而非物质。这就改变了世界发展的可能性。

在物质层面，世界贸易量在18个月内翻一番是不可能的。因为现有基础设施无法实现这个吞吐量，而建设新的基础设施需要数年而不是数月。然而，过去几十年，世界上的信息量每隔几年就会翻一番；在未来，还会继续这样增长下去。

这种时间尺度上的差异是两者涉及的物理学原理不同。电子可以违反让工农业全球化和自动化速度放缓的物理原则，这是引领当今发展的数字技术与引领过去全球化和自动化的技术在本质上的差别。基于此，我们必须十分小心，不要轻易用过去的发展经验来审视今日全球机器人化发展趋势。正是用老眼光看新问题，导致很多人感觉服务行业的失业速度比他们想象的要快。

速度只是其中一个大问题，第二个大问题是欧美中产阶级认为，来自远程移民和白领机器人的竞争是不公平的。

极不公平的竞争

不公平竞争是最令人愤怒的行为，极易引发暴力反抗。社会学家告诉我们，将人置于一个有规章制度的社会中，他们会最大限度地约束自己的愤怒。人人遵纪守法，我们就能合作共事；

一旦某些规则被打破，愤怒的人就会发起攻击，从而破坏更多规则。

让我们先看看全球机器人化的变革过程中，远程移民带来的问题。过去，全球化竞争主要体现为外国产品冲击国内市场，而本次全球化则让远程移民出现在我们的办公室。我们可以看到他们长什么样子，了解他们的生平。这比过去虽然更加人性化，但并不能改变一个根本事实：他们会让我们损失工资和外快。

这些新竞争对手乐于接受低一些的工资，因为他们不必支付相同的税费，住房、医疗、子女就学、交通的成本也不相同。他们不用遵守相同的劳动法或职场规章制度，当然也不会要求离职赔偿、带薪休假、养老金，更不会请产假和陪产假。他们无须支付社会安保费、社会医疗保险费或其他社会政策规定的费用。

因此，在这些福利方面，欧美雇员与雇主讨价还价的能力被削弱了。同理，机器人也给他们带来了不公平竞争。

白领机器人不需要付工资，也无法领取外快。你不能强迫“思考中”的机器人休假、午休或请病假。它们也不受职场规则的约束，更重要的是，它们绝不会加入任何工会组织。如果需要，它们可以一周工作 7 天，每天工作 24 小时，而且可以无限制地被克隆。在机器人行业中，它们被称为“数字劳动力”，但本质上它们只是计算机软件。

用大白话讲，来自计算机软件和远程移民的竞争会造成极大的不公平。这就是为什么民粹主义者将全球机器人化视为大型企业弱化欧美服务行业工人竞争力的无耻之举。

按照职场竞争的逻辑，远程移民和智能机器人的存在会弱化职业保护措施、福利和工资待遇。也许，这些待遇当前已经被弱化了。

全球机器人化引发的混乱

如今，在以工作为中心的资本主义社会，优质、稳定的工作以及建立在这些工作基础之上的稳定社区，是一个人财富的保障。然而，许多这样的工作都将因为全球机器人化而不保。

据预测，失业率的范围是从大到巨大——分别对应 10% 到 60% 的总人口，即失业人口数量大约在几亿到几十亿人之间。如果几亿人失业，社区稳定会受到影响，人们可能就无法“保持冷静，继续向前”了。

反拨同盟

深谙自动化和全球化对就业不良影响的选民，作为反击，在 2016 年将选票投给了特朗普和英国脱欧。多年来，这些选民及家人和其所在社群，对内要与自动化竞争，对外要与出色的发展中国家竞争。如今，在经济上他们仍然深陷重围，其未来也一如既往的灰暗。经济灾难并未停止，尤其是在美国。对这些选民而言，2016 年后美国和英国政府采取的经济政策，无异于用阿司匹林治疗脑癌。很多民粹主义选民认为自己所在社群也面临着文化冲击。

他们认为，特朗普和脱欧者所推出的政策不过是“好酒好菜好招待”，只能起到安抚情绪、照顾面子的作用。

这些选民渴望2020年的选举会带来真正的变革，而且我相信，很快就会有更多的选民加入他们的队伍。

虽然那些受过良好教育的城市居民曾经在选举中反对民粹主义，但是他们一旦亲身体验到全球化和自动化带来的冲击，就会转而支持民粹主义。届时，服务业从业人员、专业人士、白领都会试图延缓或反转这一趋势。他们会为了保护自身利益而阻击全球机器人化。也许这一运动会被称为“保护主义”——不是反进步，只是为了躲避暴风雨而找寻一个小小的避难所。

如果发生上述情况（只是众多可能性中的一种），2016年站在特朗普一边的人可能会在2020年的时候站到对立的一边。这一情形，在20世纪90年代已有过先例：反对全球化运动将两个对立的阵营（一边是环境保护主义者，另一边是工会会员）统一起来。目前，我们还不能预测全球机器人化掀起的波澜会如何界定人们的阵营：也许是反全球机器人化，也许是反技术主义，也许是反大公司，也许，选民们只是独自愤懑，大家单打独斗。政治的复杂多变使这一切都难以预测，但我们仍然能看到一些端倪。

发达国家的很多人，现在都有一种愤怒、紧迫、无力的情绪。一旦白领工人也有同样的感受，某种形式的反拨就在所难免。只要一位民粹主义政治家能捕捉到他们的想法，反拨就会发生。事实上，一位欲将蓝领和白领工人联合起来的民粹主义政治家已经出现了，他就是杨安泽。

杨安泽已经登记参加2020年美国总统选举。他认为，美国需要积极的新政策以防止发生大规模失业和剧烈的社会动荡。“单是自动驾驶汽车就足以使社会稳定遭到破坏……只此一项发明就足以制造街头暴乱，而我们还在计划让零售业、电话服务、快餐业、保险公司、会计师事务所也跟上这一潮流。”[3]虽然就像《纽约时报》评论员凯文·罗斯所说的那样，杨安泽当选总统就如同在“比三分线外还要远”的地方投篮一样困难，但他提出的竞选主题很可能会被更有竞争力的总统候选人采纳。“如果我们不做出重大改变，”杨安泽在他的总统竞选视频中说道，在这个国家长大的孩子“机会将越来越少，极少数公司和个人会收割新技术带来的成果，而我们大多数人只能挣扎着寻找机会，最后失去工作”。

对此，我们都要心怀警惕。我们不知道反拨会造成什么结果，但《权力的游戏》中的角色拉姆斯·雪诺说得好：“如果你认为这事会有一个快乐的结局，那你一定是从来没有认真关注过。”

混乱与反拨

上一次社会大混乱发生在19世纪的快速工业化和无序发展时，造成了失业工人深陷贫困，失去了土地的农民甚至会忍饥挨饿。虽然我们最终学会了如何让工业化为大众谋福利，但在这一过程中，我们经历了两次世界大战和一次经济大萧条。为阻止工业化发展，许多国家走上了纳粹道路。当时，选民将选票投给了承诺带来权威、正义和经济安全的民粹主义候选人——就像今日我们的选择一样。

新的社会混乱——如果你不介意，我们姑且称之为全球机器人化混乱——也可能在极短的时间内快速传播，因为这的确是一个全球性问题。要避免其发生，各国政府需要确保全球机器人化是一个有序的发展过程，而不是快速地走向四分五裂的过程。在新的全球化和机器人化发展阶段，必须让大多数人感受到公平、正义和包容。我们需要做好准备。

为混乱做好准备：保护工人而不是工作

全球机器人化的发展方向并没有问题，但其发展速度和公平性是个问题。各国政府需要帮助工人为失业做好准备，并创造新的就业机会，如果发现其发展步伐太快，还需要减缓其发展速度。

第一，完善政策，帮助人们更好地适应这一发展趋势。目前并不需要制定新的政策，只需将欧洲行之有效的政策进行完善即可，比如开展新技能培训、收入补助和支持搬迁。

第二，政治上设法让大多数选民接受快速失业的现实。为了避免爆发式反弹，各国政府都需要出台政策以应对不可避免的变化。政治是一门精妙的艺术，既需要激励和引导，也需要采用具体的政策。但无论采用哪一个选项，政治领导人都必须找到分享成果和分担损失的办法，或者至少得让人看到，每个人都有成功的机会。

由于人们的生计与就业之间关系太紧密，所以税收和再分配政策不能是唯一的解决方案，也不应成为主要的解决方案，尽管这一政策必不可少。制定政策的最大难点在于确保灵活就业不会导致经济不安全。现在丹麦实行的政策能给我们一些借鉴。丹麦政府允许公司自由雇用和解聘工人，但必须承诺，无论采取什么措施，都必须帮助失业工人找到新工作。好消息是，一旦我们成功度过混乱时期，世界将变得更加美好。

更加人性化、本地化的未来社会

自动化和全球化在 19 世纪和 20 世纪造成大量工人失业，但人类无限的创造力发明出了我们甚至从未想到过的“需求”。我们今天许多人从事的工作，对于 19 世纪生活在伦敦的查尔斯 · 狄更斯来说简直是匪夷所思。想象一下，如果你告诉他，他的曾曾曾孙是一位程序员、人生导师、无人机操作员，他会怎么想？

这些工作都是为了避免与自动化和全球化竞争而被创造出来的新工作。今后，同样的事情会再次发生，还有许多全球化和自动化无法完成的工作有待开发，但究竟是些什么工作呢？

我们不能确切地知道这些未来的新工作是什么，但通过研究人工智能和远程智能的比较优势，我们可以大致了解这些工作。仔细研究远程智能的优势，我们发现，能避免远程移民竞争的将是需要面对面互动的工作。心理学家研究了面对面交流与电子邮件、电话、视频交流之间的区别，发现让面对面交流更有价值的“秘方”非常复杂，其基础是几百万年来塑造人脑进化的各种动因。

尽管数字技术正在创造更好的“面谈”的替代者，但似乎在今后的许多年里，对某些工作而言，真正的面谈还是十分重要。能够存续的工作和即将被创造出来的新工作，都将是需要面谈的工作。结论十分明显：这些工作将使我们的社群变得更加本地化，或许还会更加城市化。

研究一下阿梅莉亚那样成功的智能机器人，我们可以预测，免受人工智能威胁的工作以及可能出现的新工作，都是强调人性特质的工作。机器在社会智能、情感智能、创造性、革新能力及处理未知场景方面，都不太成功。

专家估计，人工智能需要50年时间才能具备职场所需的高水平人类社交技能，如社交和情感推理，与多人协作，以适当的情感方式行事，以及社交和情感感知。这意味着，在未来许多年内，大多数人类特有的技能，都不会受到人工智能竞争的影响。结论很简单也很深刻：人性化在未来大多数工作中将扮演重要的角色。

综上所述，我认为，从长远来看，未来是乐观的，我相信未来的经济将更加本地化，更加人性化。

未来，不会受到全球机器人化冲击的领域，将是那些要求人们必须一起工作的行业。人性化将是这些行业最重要的优势。这意味着我们的工作将充满关怀、分享、理解、创造、同情、创新，并且要求我们与处在同一真实物理空间的人打交道。

其他一切工作都将由机器人和远程移民完成——这是一个合乎逻辑的必然结论。

虽然我相信，数字技术最终会带领我们走向这个快乐的终点，但并不是我们思考即将发生的大变革的起点。要思考当下正在发生的变化，我们还得从过去开始：认识未来的密码隐藏在历史教训中。

全球机器人化：一场包含 4 个步骤的变革

即将到来的巨大变革将涉及技术、经济、政治和社会力量之间极其复杂的相互作用。为了让这一大变革显得有序一些，我们可以将大变革划分成 4 个步骤：变化、动乱、反拨、解决，而所有这一切都是由一项技术突破引发的。

这些步骤并不一定按顺序发生。历史告诉我们，变化、动乱、反拨可以同时发生，而解决也不意味着终结。

历史上的两次技术突破与社会变革

全球机器人化将是近 300 年来人类社会将要经历的第三次重大经济变革。第一次变革，又被称为大变革，即工业革命，始于 18 世纪初，人类社会从以农业生产为主变为以工业生产为主。第二次大变革从 20 世纪 70 年代初开始，社会经济从以工业生产为主升级到以服务业为主，我将其称为“服务业变革”，以便与之前的产业变革区分开。本次全球机器人变革的焦点则是服务业，它将会使大部分工人转向远程移民和白领机器人无法胜任的服务和专业工作。

这三次经济大变革是不同技术发展的结果。

简要来说，大变革的技术动力是蒸汽和相关机械技术发展的结果。正如埃里克·布莱恩约弗森、安德鲁·麦卡菲在其2014年出版的《第二次机器革命》① 一书中写的，这些技术使得“马力”中的“马”出局了，让那些靠双手工作的人获得了更好的工具。[4] 这些技术主要与商品有关，使大量生产农业产品的农民转向了制成品的生产。工业化（办公设备和电力等）也大大提升了办公效率。

1973年开始出现的服务业变革，则是基于芯片的计算机和相关信息通信技术发展的结果。这一次技术浪潮将经济推向了一个完全不同的方向。

信息和通信技术的发展使得体力劳动者失去了优势，而脑力劳动者获得了更好的工具，其结果就是技能转向。体力劳动者失去了工作，脑力劳动者却有了更多就业机会，由此造成的“去工业化”摧毁了社区。蓝领工人因此遭遇了巨大的社会和经济困难，尤其是在那些没有有效帮助人们过渡的国家（比如英国和美国）。

全球机器人化变革的动因是第三次技术浪潮——数字技术。虽然不像蒸汽技术革命和信息通信技术革命之间的差异那么显著，但与前两次变革相比，数字技术变革有着十分迥异的特征。

从20世纪70年代开始，计算机和集成电路技术开始在经济生产中发挥作用，随后，自动化技术就跨越了一个分水岭：从物质生产转向思想产品的生产，从有形产品生产转向无形产品生产，

---

① 本书简体中文版已于2014年由中信出版社出版。——编者注

从用手生产转向用大脑生产。不过，当时的计算机只能按照人们预先设计好的程序进行有限的任务处理，并不具备真正的思考能力。

数字技术的发展使计算机技术跨越了第二个分水岭：从有意识思考转向无意识思考。过去，计算机必须遵循既定的设计程序，完成有意识的、分析性的思考，而不能依靠直觉进行无意识的思考，因为编程人员不清楚人是如何完成直觉思维的，即便现在人们仍然没弄明白。

然而一种所谓的机器学习技术让计算机具备了一定的直觉和无意识思维能力。自 2016 年和 2017 年以来，计算机在完成一些直觉和无意识任务，比如在声音识别、翻译、识别 X 光片等方面，已经和人类一样出色，甚至更好。

机器学习技术使得计算机及其控制的机器人具备了办公需要的重要技能。计算机现在能模仿人类完成视觉识别、移动、模式识别等任务。大致而言，计算机现在能“凭感觉”做出选择——也许，通用电气前首席执行官杰克·韦尔奇也会这么说。[5]

这一发展的结果是，很多办公室工作开始受到冲击。这一技术也使得外国人能够轻松地进入我们的办公室工作。因为这一技术能够让外国人讲我们的语言，使得他们即使身在国外也能像在我们的办公室一样工作。

本次变革与前两次变革的区别还在于时间上的不同。全球化是在工业革命进行了 100 年之后才开始的，而导致服务业变革的全球化，也是在自动化技术发展了 20 年之后才开始的；而本次全球机器人变革中，全球化和自动化是同时发生的，且两者的发展速度都极快。

全球化和自动化曾经让我们的生活得到极大改善，但其发展过程也伴随着痛苦。未来也会如此。要做到趋利避害并不容易，但以史为鉴，我们可能会找到更好的思路。

第一部分

历史大变革，大动乱，反拨及解决

1

我们以前也遇到过：第一次大变革

1869 年，在伦敦多克兰码头区，凯瑟琳·斯宾塞和她的孩子饿死了。19 世纪 50 年代，伦敦的造船业发展兴旺，斯宾塞夫妇于是来到伦敦生活。但 1866 年爆发了金融危机，造船厂破产了，凯瑟琳的丈夫随之失业。他们要么去物资极度贫乏的当地救济机构，要么去条件极端恶劣的工厂上班。凯瑟琳选择去了救济机构。她在那里待了两年，最后饿死了。

斯宾塞夫妇之所以惨遭厄运，是因为他们遭遇了 20 世纪匈牙利思想家卡尔·波兰尼所谓的“大变革”。经过长达 200 年的不断变革，欧洲从君主统治下的农业经济转变为各种形式的民主制度下的工业经济。

这次大变革极具建设性，催生了现代的生活方式，但它也极具破坏性，从斯宾塞夫妇的遭遇，我们可以窥见这场大变革带来的悲与喜。

据前往斯宾塞夫妇家查验尸体的陪审员汇报，“他们被迫把全部衣服用来换食品，部分家具被房屋中介拿走抵债，有时家里甚至住着6家人……”办案人员入户调查尸体情况时，发现斯宾塞和孩子的床上只有破布条……窗户破烂不堪，一个破旧铁托盘固定在一块木板上。[1]

对于自动化和全球化这两大“破坏力”，斯宾塞一家及其同时代的人都没有做好准备，因为这两大变化来得太快，影响太大。同样，当今社会也面临着大量人口失业的问题，因此我们可以从那一次大变革中吸取经验教训。当然我们也不能全部照搬，毕竟那一次的大变革对欧美社会制度产生的巨大影响，在目前看来还是最大的。

大变革“大”在何处

在大变革之前的约1200多年里，人类文明的基石不过是6英寸（15.24厘米）厚的地表土和定期的雨水。对于大众而言，财富与土地紧密相关；对于贵族而言，其拥有的权力让他们可以从大众的财富中抽取一部分。因此，国家财富建立在对农业用地的掌控之上，虽然也有工业和商业，但规模很小。

在当时，把东西从一个地方运到另一个地方，极慢且贵，还十分危险。比如，马可·波罗花了三年时间才从意大利到达中国，而返程则花了两年时间。一路上他死去的旅伴多达上千人。运送货物虽然没这么危险，但也很困难，花费极高。罗马皇帝要在罗马购买中国丝绸，就得支付比在中国高出 1 万倍的价格。[2] 那时，就连思想也很难传播，2500 年前佛教就在印度诞生了，直到 1000 多年后才传到中国和日本。

运输困难（既指货物，也指思想）迫使人们接受“距离独裁”：他们被束缚在一块特定的土地上，一切物品的生产都必须在步行可达的范围内完成。这就形成了本地化——全球化的反面。在工业社会之前，以村落为主体的生产方式是全球主要的生产方式，这对人们的生活方式也起到了决定性作用。这一生产方式的优点是多样化，比如，几千年的本地化发展使现在的德国仍拥有 5000 多种啤酒品牌，意大利有 350 个葡萄品种，拉丁语发展成了意大利语、葡萄牙语、法语；缺点则是经济效益不高。

最重要的弊端则是经济发展迟缓。由于市场太小，改革生产技术既困难价值又不高。然而，没有技术革新就不会引发自动化发展。因此，整个经济发展缓慢，人们的生活水平也难有提高。

除此之外，马尔萨斯定律也解释了人类生活难以摆脱的困境：在获得了新的土地、发现了新的作物、发明了新的犁头之后，人们的生活水平暂时得以提高，但随着一代或两代人的出生，这一红利就会消失殆尽，人们又被逼回饥荒的边缘。

在人类步入现代社会之前，经济就是以这种模式运行的：增长依靠的是更多的土地和更多的劳动力投入，而不是单位产量和单位生产率的提高。马尔萨斯定律让人们的收入在一个可怕的循环中停滞不前。

始于18世纪末英国的现代经济模式，打破了马尔萨斯定律的魔咒：经济的增长使得每个工人每年的产出都有所提高，这样他们的收入就会年年增加。到20世纪，大部分欧美人已经远离了饥荒。

这就是为什么我们要在“变革”前面专门加上“大”字的原因。当然，这场变革并非一蹴而就。如前所述，我们最好将其理解成一个包含了4个步骤的发展过程：技术进步引发了经济变革，经济变革引发了经济和社会动乱，动乱引发反拨，反拨促使新解决方案的诞生。

这是一个精彩纷呈的故事。

技术革新

18世纪，蒸汽技术很热门。蒸汽便于集中和操控，而且很容易获得和移动，这些优点使得人类社会进入了一个“幸福双螺旋”发展阶段——技术革新和工业化发展相互促进，相互推动。这两者又推动了收入的增加，而收入的增加又反过来促进了技术革新和工业发展。

1712年，英国煤厂首次启用了纽科门（Newcomen）蒸汽发动机来抽取矿井里的地下水，蒸汽动力第一次得到了实际应用。这台发动机有三层楼高，很笨重，需要燃烧大量煤炭来驱动，完全与高科技不沾边。但这台机器完成了一件惊人的事情：将“马力”一词中的“马”字废掉了。这台机器取代了几千匹马，使煤炭工人们能挖掘到更深层的煤，不仅产量大增，而且成本更低，这一点至关重要。

这场大变革的命脉就是煤炭，煤炭生产效率的提升是“幸福双螺旋”的关键连接点。随着大量农村人口涌入城市，农业经济向工业经济转变，这就需要天文数字的能量供应，而无论是木柴、水力还是风力，显然都不能满足这种需要。[3]

在接下来的150年中，机器生产技术和蒸汽动力上演了一曲“华尔兹”。机器生产的精度越来越高，使得蒸汽发动机变得越来越轻便、有力、节能；有了更好的发动机之后，生产更好的机器设备也更加容易，成本也更低。这是一个良性循环的过程。在纽科门将“马力”中的“马”赶走了半个世纪之后，1769年，詹姆斯·瓦特发明的蒸汽发动机让“瓦”成为国际单位制中的功率单位。

虽然与之前迟缓的技术发展过程相比，这一进步在当时是革命性的，但与当今的技术进步相比，还不够快。特别是与驱动当今全球机器人化变革的数字技术相比，简直不值一提。因为纽科门发动机出现100年之后，才出现了世界上第一台可商用的蒸汽船。

革命从来不是一件单方面的事。蒸汽革命期间，农业领域的

“圈地运动”也如火如荼地进行着，两者虽大为不同，却互为补充，相得益彰。

英国农业革命

英国农业革命始于17世纪的圈地运动。曾经供所有人自由放牧的草地被围起来，这样可自由放牧的土地没有了。现在美国波士顿中心的一个大公园，在马萨诸塞州还是英国王室统治下的殖民地时，这片土地就被划为自由放牧的草场，从1630年开始就有当地人在那里放牧，直到1830年被改建成公园。

在英国，公共牧场被圈起来后，主要用于养羊，或者准确地说是生产羊毛——这是当时的“摇钱树”产业。由于养羊所需人手远少于种植粮食所需的劳动力，许多农民因此被迫转入非农产业。但英国的农业革命不仅仅是土地所有权的变更这么简单。

圈地运动还导致土地产权的建立和农业技术的革新。其中一项重要的技术革新是4种作物轮作，这项技术提高了土地的生产效率。此外，农机改革也提高了生产效率。最典型的新型农机包括自动脱粒机、播种机、铁犁头等。

工具和技术的升级带来了充足的食物、便宜的价格，人口开始激增。1750—1850年，英国人口翻了一番。

英国的这场大变革涉及的重要因素很多，过程也很复杂，为简明扼要起见，我们只谈农业、人口、蒸汽动力这三大要素，蒸汽动力则是重中之重。

技术推动变革

最初，蒸汽技术主要推动了机械化和工业化的发展，即现在所谓的自动化。当时，自动化只涉及最大的几个行业——纺织、煤炭、钢铁，但随后几十年内，自动化扩展至其他行业。

随着自动化技术的螺旋式发展，很快就催生出一个全新的产业：机床制造。1770—1840 年，英国的机床制造业发展迅速，为推动整个生产过程的自动化起到了关键作用。那时的机床制造业就如同当今的机器学习，是一项推动技术进步的技术。

在机床发明之前，所谓工业不过是手工制造而已。比如，步枪当时就是由经验丰富的工人手工打造而成。每一把步枪都与众不同，因此很昂贵。后来，美国人伊莱·惠特尼利用机床将步枪的各个组件标准化。1801 年，他制造的所有步枪的组件实现了通用。枪支生产效率提高的同时，价格更优惠。部分原因在于，有了此项技术，半熟练工人也能从事枪支生产，从而减少了工资成本（这是技术进步淘汰工人技能的一个先例）。

这是自动化发展的一个转折点。与手工制作一把完整的枪不同，机床生产的是各个组件。这样生产出来的枪支精度更高，成本更低。然而，这一发展对工人就业来说，既有利也有弊。

自动化对就业的双重作用

机械化意味着完成同样工作量所需的工人数量减少，但由于成本降低，产品销量会上升，这就意味着工作量的增加。从某种意义上来讲，这是工作量与工人效率之间的一场竞争，我们姑且称之为“生产—效率”的竞争。

如果只是生产增加，就会吸引更多工人的加入；反之，如果只是效率增加，技术就会将工人赶出这个行业。比如，圈地运动、机械化、新农业技术都是推动因素，将劳动力从农业领域驱逐出去。很多人因此丢了饭碗，很多家庭和村庄受到严重冲击，但这些劳动力却为工业和服务业提供了所需的人力资源。

研究这一过程，我们能学到很多经验，其中重要的一点是：技术消灭了很多工作岗位，但并未消灭太多行业。技术使得每个农民养活的总人数增加，因此需要的农民数量减少了，但农业并未消失。

工业机械化则是拉动就业的因素。尽管机械化让每个工人的生产效率提高了，但工业产品生产总量增加更快，因此所需工人数量大幅增加。

需求方面也存在类似的推动和拉动因素。最明显的就是人口激增导致需求增加，从而催生出更多的就业岗位。另一个不那么明显的需求是，随着收入的增加，人们的购买模式会发生变化。原来大部分人只能购买少量物品，孩子们经常没鞋穿，大人常常穿着二手衣服，但收入提高后，人们会花钱买更多新物件，这些新的需求就会创造出更多就业岗位。

在那个年代，效率本身也是一项需求。如果一个人制造了某个东西，他就拥有这个东西，这个东西就是其部分收入来源。尽管货物的供求可能偶尔失衡，但总体趋势是工人生产的产品越多，获得的收入就越高，购买力就更强。用专业术语来讲，这就是所谓的萨伊定律（Say’s law），即供应本身能创造需求。用19世纪法国学者让-巴蒂斯特·萨伊（Jean-Baptiste Say）的原话来说，“人需要用自己的产品去换得他人的产品，即我们购买的物品价值与我们生产的物品价值相当，因此生产能力越强的人，购买能力越强。”[4]

对于那些与外贸相关的行业而言，贸易全球化进一步放大了技术的这一推动和拉动作用。“技术—贸易”组合中的“贸易”远远落后于技术。纽科门的蒸汽发动机拉开了自动化的序幕整整100年以后，蒸汽动力才打响了贸易全球化的发令枪。人们花了几十年时间，才将蒸汽发动机制造得足够精确紧凑，以便安装在汽车和船舶上使用。

现代全球化的开始

铁路极大降低了货物的运输成本。铁路建成后，内陆居民与全球经济首次有了联系。蒸汽船对海运的影响同样巨大。1819年，人们第一次见证了蒸汽船实现了跨大西洋航行。当然，拿破仑战争后的和平也是促进全球化发展的一个重要推力。

尽管早在石器时代，人类就有了贸易活动，但囊括整个经济层面的贸易活动则始于19世纪早期。举个例子，整个17世纪，进行欧亚商贸交易的船只不过3000艘，而整个18世纪，这一数字甚至没有翻倍，且每艘船的载货量不超过1000吨。[5]

牛津大学的凯文·奥鲁尔克教授和哈佛大学的杰夫·威廉森将

全球化的起始时间定为1820年。这一年，英国的物价，比如小麦价格，开始受到全球供求关系的影响。[6]在这之前，一个国家的食品价格波动主要是受国内供需关系的影响，比如当年的收成。若国际贸易的体量足够大，在农作物歉收的年份，食品价格并不一定会上涨，而是会引发大量进口。对人类发展而言，这是一个巨大的变化。国际购买力对国内经济的发展有着至关重要的影响，这是有史以来第一次。

这一切来得并非突然。虽然铁路改变了陆地运输方式，但建设铁路网络却用了几十年的时间。蒸汽船革新了海运，但燃料问题使得几十年内人们无法只依赖蒸汽作为动力。比如，第一艘跨大西洋的蒸汽船，因为燃料有限，就利用了风力和蒸汽动力同时供能。

成为全球供货商对就业的影响巨大。全球化刚刚抬头时期，英国的农业发展遇到了一定的阻碍，在19世纪中期，英国的食品进口量大增，因为从美国或其他地区进口的食品价格更便宜。但全球化总是有利有弊。

进口有优势的行业，就业机会会减少，而出口有优势的行业，就业机会就会增加。就英国而言，食品进口增多，而纺织品和其他制成品的出口量很大。

这一发展趋势背后的原则就是大卫·李嘉图著名的比较优势理论。简单地说，该理论认为，“集中精力做自己擅长的行业，其他需求依靠进口。”19世纪的英国最擅长的是制造业。在19世纪，英国制造业的比较优势比其他国家高出一大截儿，而且增长势头迅猛，成为当时的世界工厂。制成品的出口量使工厂的工作量增长速度远超工人的生产率，这就极大地增加了该行业的就业人数。

但全球化最大的影响，却是改变了经济增长的方式。

现代经济发展模式的诞生

我们现在习惯的稳定经济增长模式在工业革命之前闻所未闻。这一模式的基石是创新，因为只有不断提高产出才能不断提高收入。一个国家每年的经济收入要增加，就需要每年的产值增加。这就要求工人每年所用“工具”的数量和质量都要有所提升。所谓工具，即广义上的资本，比如人力资本（包括技能、教育、培训等）、实物资本（包括机器、建筑、工具等），以及知识资本（包括技术、生产技能等）。这三者又以知识资本最为关键。

创新更易使人力和实物资本产生收益，而知识资本则非常不同。如果没有创新（或模仿式创新），对教育或其他实物资本的投资会受到限制，其回报率是递减的，但知识资本不同，这是一个经验事实。

这背后的原因目前并不清楚，但有一个猜测是：这表明人类的无知是无限的，尽管几千年来人类已经积累了不少知识。无限是一个概念，不是一个数字，你可以设想一个最大的数字，然后再加 1。也就是说，无论拥有多少知识，你依然很无知。

从经济学的角度讲，创新使我们能生产出新产品或优化旧生产工艺，这就是关键所在。创新能促使经济持续发展，长达 100 年的英国维多利亚时期的一系列创新就是很好的例证。随着创新的增加，资本特别是人力资本变得更加有用，且不断累积。通过影响创新，全球化也加入了创新的行列。

19 世纪早期，全球化对创新产生了直接和微妙的影响：出口规避了国内市场不足的问题，而市场扩大又促进了对创新的需求。为了更好地把产品出口到全球，一些产业形成了区域聚集优势，这从另一方面促进了创新的发展——由于某地区思考相同问题的人数众多，创新思路也会增多。简言之，出口使得创新有利可图，于是创新更加频繁。自动化和全球化这一动态二重奏，就这样点燃了现代化增长的“烈火”，而此刻，这场烈火正在熊熊燃烧。

19 世纪后半叶，经济发展第二阶段的助推器被点燃，这一阶段的加速度是如此显著，所以被称为“第二次工业革命”。

第二次工业革命：以技术促进技术发展

自 18 世纪早期开始的“幸福双螺旋”，在 19 世纪后半叶经历了一个平台期。机器越来越精密，能源越来越便宜，科技成果更频繁地转换为工业应用，许多新的产业纷纷涌现，产生了很多以前闻所未闻的工作岗位——人们只在儒勒·凡尔纳[①]的科幻小说里见过。

美国西北大学的经济学教授罗伯特·戈登把第二次工业革命时期称为“特殊世纪”（1870—1970），他认为这段时期发达国家经历了创新炸弹的“狂轰乱炸”。这些炸弹辐射的区域很大，且每一次爆炸都产生了一系列连锁反应，极大地促进了生产力和人们收

---

① 凡尔纳的代表作品有《海底两万里》《格兰特船长的儿女》《神秘岛》等。——编者注

入的提高。[①]

这段时期是自动化和全球化“幸福双螺旋”在全新领域创造大量新就业岗位的“蜜月期”。在那个年代——和现在一样——大部分就业岗位都是几十年前无法想象的，包括与铁路、通信、照明、内燃机、汽车、飞机、无线电、电视等相关的电子器械，以及农用化肥、除草剂、染发剂等相关的化工产品的制造。

这些都是在棉纺织产业形成之后，经过多年发展才出现的新产业。由自动化和全球化驱动的新产业，点燃了经济持续发展的烈火。这一发展带来了很多益处，也带来了很多变化，而变化常常与痛苦相伴而生。这些变化触发了4步发展过程中的第二步——动乱。

变革造成动乱

查尔斯·狄更斯笔下最脍炙人口的人物形象奥利弗·特威斯特可谓大混乱的“海报儿童”。奥利弗出生在工人家庭，9岁时被卖给一家贫民习艺所当学徒，在遭到一顿毒打之后，他饥饿难忍，说出了那句经典的句子：“求求你，先生，再多给我一点。”

而查尔斯自己的境遇，比笔下的奥利弗好不了多少。他家有8个孩子，他排行老二。12岁时，其父欠债被投进监狱，他只好去

① 这里的比喻是作者自创。这些发明有时候会被称为“第二次工业革命”，第一次工业革命主要涉及的行业是纺织、蒸汽、钢铁。

一家工厂打工。在父亲的债务偿还之后，家里情况好转，他重新回到了学校。然而，好景不长，15 岁时，他又不得不找一份工作来补贴家用。

变革总会带来苦难，变化越快，痛苦越深。这场大变革主要体现在 4 个方面：（1）农民转变成工人；（2）农村人转变为城里人；（3）贫富差距加大；（4）土地的重要性让位于资本。

每个方面的变化都形成了不同的受益和受害人群，使几百年来形成的社会、经济、政治关系发生剧烈震荡。尽管传统的关系并不是田园牧歌般的美好，但人们已经习惯那样的安排。

城镇化：将工资收入与生计绑在了一起

当人们从农村人变为城里人之后，收入的不确定性与温饱问题更加紧密地联系起来。尽管城里的就业机会多，但城里人需要的食物全都要花钱购买，因此失业就意味着生计不保。城里的住房很拥挤，卫生条件差，食物质量差；事故、疾病、养老等都可能引发贫困，甚至饥荒。

在那场大变革中，政府对这些遭遇不幸的人没能施以援手，是引发社会混乱的一个重要因素。与现在一样，那时很多社会精英认为，那些人的不幸是他们咎由自取。英国政府当时采取的政策使那些不幸者生存更加艰难。而在这场大变革之前，英国的情况并没有那么糟糕。

当年，英国没有发生类似于法国革命那样的社会混乱并不是偶然。虽然其所处的地理位置是一个原因，但当时拥有土地的阶层所秉持的“开明自利观”（enlightened self-interest）以及英国皇室与议会早期达成的让步协议也是很重要的原因。从16世纪开始，英国便制定了一系列穷人保护法，规定各社区或教区有义务为穷人提供资助，比如工作、学徒制和现金。

然而，到了大变革时期，“开明自利观”中的“明”越来越暗淡，同时由于人口增长过快，给穷人提供资助的难度增大。更重要的是，这一负担对城里的精英而言尤其难以承受，因为越来越多的穷人从乡村转入城市。于是那些“善良的伟人”实行了一项即便放在当今特朗普治下的美国都不显得突兀的改革：他们提升了穷人保护法中“穷”的标准。

当时的批评者认为，原来的穷人保护法提供的保障措施导致人们多生孩子，还使得工人变得懒散，丧失独立性。此外，该法还导致雇主降低工资，因为穷人可以从社区领取政府补贴。于是，1834年，英国重新制定了《穷人保护法修正案》。修正案规定，给不在贫民习艺所里的人发放补贴是违法的；还规定，作为一条道德准则，贫民习艺所的环境要十分糟糕。修正案的效果很明显，贫民习艺所成了令人畏惧的地方，是走投无路之人的最后选择。

维多利亚时期的社会学家，比如马尔萨斯就认为，某些工人之所以陷入贫困是因为他们有道德缺陷。为了鼓励大家勤勉、有道德，贫民习艺所的待遇比最穷的自由劳动者的待遇还要差。前面提到的凯瑟琳·斯宾塞的案例显示，在经济好的年代，这里的生活待遇在一般到中等水平；而在经济差的年代，这里的待遇则是赤贫或饥荒水平。

来这里寻求帮助的人被迫穿上特制的囚衣，必须屈辱地接受各种严苛的规定；丈夫和妻子被迫分开以避免增加家庭成员；必须做工；食物配给极少。

几起几落的贫富不均

与苦难一样令人不安的现实是：贫富差距迅速拉大。维多利亚时期的伦敦，富有之家和贫困之家常常比邻而居。凯瑟琳·斯宾塞遭受饥荒的那几年，伦敦建起了贫民窟，同时也建起了著名景点，比如大本钟、维多利亚和阿尔伯特博物馆、大理石拱门、特拉法加广场等。

许多人将巨大的贫富差距归咎于社会变革造成的财富分配不公。他们认为，富人越来越富是因为穷人越来越穷。但事实如何呢？

《雾都孤儿》中奥利弗所处的现实社会，不平等现象非常严重，而且不断加剧。根据经济史学家彼得·林德特和托尼·阿特金森的研究，以第二次工业革命开始为分界线，大变革前半期贫富差距一直在加大，[7]而从分界线到20世纪70年代，即大变革后半期，贫富差距逐渐减小。换句话讲，“幸福双螺旋”给富人带来的喜悦在前100年比较多，而在后100年给中产阶级带来的幸福更多。

正如图1–1所示，在第一次工业革命期间，即1759—1867年，占人口总数5%的最富有的英格兰和威尔士人拥有的财富比值，从占全部财富的35%上升至40%。

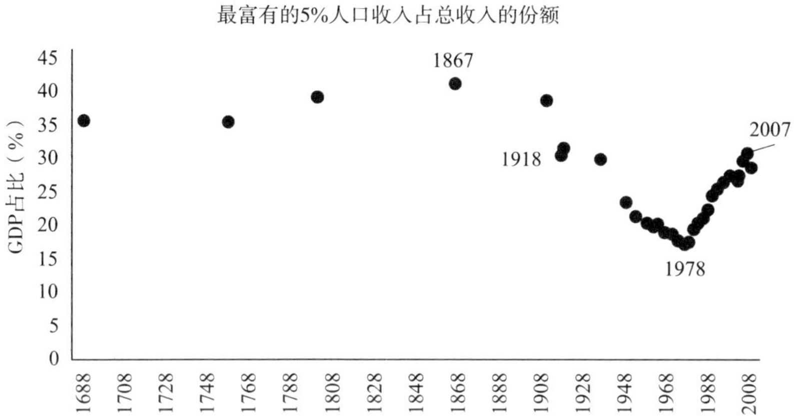

图 1–1　英国大变革期间的财富差距（1688—2008 年）[8]

自 19 世纪晚期起，即第二次工业革命开始之后，英国出现了许多新行业，工业再次突飞猛进，财富不均的程度下降了很多。到 20 世纪 70 年代，英国 5% 最富有人口所拥有的财富与全国总财富之比从 40% 下降到 20%。但从那之后，财富不均的程度一直在加深，这个问题在下一章会加以详谈。

正如托马斯·皮凯蒂在其畅销书《21 世纪资本论》① 中所言，造成财富差距几起几落的具体原因还不清楚。就其本质而言，这与经济系统中的所有方面都有关联，如教育、技术、全球化、城市化、选举权、帝国主义。这些方面之间又有着千丝万缕的联系。

比较可靠的说法是，前半期贫富差距的增大与资本主义的兴起有关。在大变革之前，获取财富的主要途径是土地所有权，而工业革命打开了一条致富新通道——资本所有权。资本既包括工

① 本书简体中文版已于 2014 年由中信出版社出版。——编者注

厂、码头、船舶，也包括金融资本，比如股票、债券、银行。而5% 最富有的人一直掌握着所有资本。原因很简单：只有富人才有多余金钱，进行更多投资，从而带来财富的进一步增加；而普通人不得不把所有的收入用于当下的消费。

另一方面，工资的增长速度低于生产力的增长速度，用供需模式可以很好地理解这个问题：经济增长使得工厂对劳动力的需求增加，但人口的增加和农民转入城市就业的人数也在增加，很快就使得劳动力供应多于就业岗位的增加。工人不得已的选择是从事农业生产，因为农业生产效率低、工资低。要能长期吸引农村人进城务工，城里工资必须比农村工资高，但不需要一直上涨。

大变革后期贫富差距的降低，说明在生产力开始大幅提升时，劳动力变得稀缺。此外，第一次世界大战之后，工人获得了选举权，他们的工资谈判能力增强。

从第一次世界大战到 20 世纪 70 年代，英国工会的权力不断上升，尽管发展并非一番风顺。在 19 世纪之前，只有拥有一定财富的人才有选举权——这意味着政治权利和经济优势叠加。从 19 世纪开始，选举权的范围才逐渐扩大。所有 21 岁以上的男子都拥有选举权，到 1918 年，除了 21 岁以上的男子，所有 30 岁以上的女性也获得了选举权（1928 年，对妇女的年龄歧视才被废除）。

大变革不只是人们的工作岗位发生了变化，更重要的是整个社会的财富创造方式（收入），以及获得和掌握这些财富的方式发生了变化。

价值创造及获取的演化：从土地到资本

在大变革之前，有价值的东西都是由劳动者在土地上劳作创造出来的。劳动者很多，且可以通过生育加大供应，但土地是一个定量，能够控制一片土地就意味着获得了财富。因此，地主控制着财富的分配。

为了中饱私囊，地主只需要给在土地上劳作的人一点回报以确保他们不会饿死、不会另寻他处即可。这就是所谓封建主义的含义：一切都与土地有关，土地是财富创造的核心。（封建主义“feudalism”一词中“feudal”来自拉丁语，其含义是“一片土地”。）但随着工业的兴起，土地失去了其核心地位。

随着经济生产中心从土地转向工厂，财富获取的方式和途径也发生了变化。土地不再是核心，资本成了新一代“帝王”，制造业成了现代经济的核心，资本与劳动力两者联手，使得经济活动的价值创造核心从土地变成了资本。

拥有了资本就拥有了价值创造的能力，也就拥有了获得财富的能力，这就是资本主义的含义。这个时期，劳动力仍然很充足，资本不完全固定，但资本拥有者能决定财富的分配。当然，资本拥有者之间的竞争会使得财富分配权受到一定限制，但有时，一个人也能起到决定性的作用。比如亨利·福特曾经雇用了 10 万名工人，他一个人的决定权大于数量上占绝对优势的工人。（当然，后来这些工人开始组织起来，这是后话。）

图 1–2 清晰地揭示了财富创造及攫取方式的转变和英国劳动力、资本、土地方面的收入在 1770—1910 年的变化过程。[9] 从大

变革开始之后的 100 年里，资本收入占比一直在增加，而同期土地收入占比则在下降，即便资本收入在价值创造这块大蛋糕中所占的比例稳定之后，土地收入占比仍然在下降。

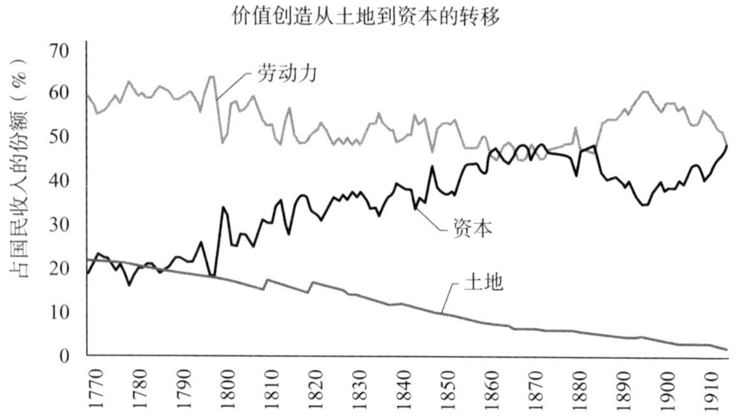

图 1–2　资本价值和土地价值占比（1770—1913 年）

资料来源：作者根据以下资料整理而来：Robert C. Allen, “Class Structure and Inequality during the Industrial Revolution: Lessons from England’s Social Tables, 1688—1867,” *Economic History Review* 00, 0 (2018): 1–38。

大混乱引发强烈反拨

尽管以现在的标准来看，大变革的演化速度并不快，但 19 世纪的社会还是难以轻松接受。特别是在 19 世纪末，变化速度加快之后，越来越多的人对社会不公感到不满。在此过程中，社会经历了四大变化：从农业到工业，从乡村到城市，从土地到资本，以及贫富差距不断增加。四重变化打破了旧制度和传统所建立的社会模式，而反拨的焦点在于新制度的设计。

面对这场新的社会混乱，19 世纪的思想家开始思考创立一门全新的学科以理解社会混乱会导致什么样的反拨行动。这门学科被称为社会学。

该学科的创始人是法国人埃米尔·杜尔凯姆。杜尔凯姆认为，追求无序和自利是人的本性，因此实现社会稳定的前提是人的社会化。正是个体与社会的融合，才防止了社会混乱的发生。这一观点，即社会对个人行为的限制作用，可以被命名为“杜尔凯姆堤坝”——社会秩序防止了个体失序的发生。

当经济政治大混乱打破了原来社会安定的规则，反拨就显得顺利成章了。当时的社会制度发生了大崩溃。农民从乡村迁移到拥挤的城市，他们原来习惯的家庭、宗教、社会层级关系等规则都遭到了破坏。埃米尔·杜尔凯姆用“失范”（anomie）——社会及伦理道德标准的缺失——一词来形容这种不守规则的个人主义。大变革也使得人们一直依赖的一些重要社会组织规则受到了破坏。

其中一个例子就是卢德运动。

英国的小规模反拨

暴乱一触即发。拿破仑战争使得英国纺织品行业备受打击，而连续几年农业歉收，导致食品价格高企，为争夺食品而发生的暴乱时有发生。此外，推动 1789 年法国大革命的新的、令人不安的思想，比如人权、民有和民享的政府、反对君主制，开始传播到英格兰北部，并产生了一定的影响。

就在混乱不堪之际，以卡特莱特水力织布机为代表的自动化技术的出现，使局面更加失控。这种织布机让一名初学儿童都能成为织布工，且速度比有经验的工人还快三倍多，这使得织布工人的工资急剧下跌。在英国诺丁汉，士兵被迫用武力驱散抗议工人；愤怒之下，工人们打砸了附近的一家织布厂，将其中一台新的水力织布机砸成碎片。

时值1811年，这次打砸事件引发了一场运动。砸织布机的行为开始传播开来，工人的暴力反抗越来越多。有大量工人、安保人员、士兵、工厂主在暴乱中丧生。时至今日，人们对这场反抗运动的认识还存在普遍误解。

其实，卢德分子并非反对技术进步。他们是一群熟练工人，是19世纪的“工会成员”。他们反对自动化技术，是因为自动化技术使原本专属于他们的岗位转移给了工资要求低的非熟练工人（主要是儿童）。这打破了长期以来的惯例，显得极不公平，引发的愤怒与当今美国制造业工人的工作被转移到墨西哥所引发的愤怒一样强烈。当时政府的本能反应是镇压。

国会通过了一项《摧毁机器被限制破坏法》。该法规定，法官可以宣判打砸织布机的人死刑。政府派遣超过万人的士兵前去镇压。几十名抗议者被处以绞刑，还有很多被流放澳大利亚。在农业领域也发生了针对农业自动化的类似暴动（针对当时的自动脱粒机）。这些暴动发生在19世纪30年代，同样也被军政力量暴力镇压。

而全球化则催生了一场完全不同的反拨。

拿破仑战争对英国的进口整体上产生了不利影响，对欧洲大陆谷物进口的影响尤其大。英国小麦的产量和价格因此有所上涨，这让英国地主十分高兴，但战争结束之后，谷物进口量猛增，导致小麦价格大跌。愤怒的地主开始采取反制措施，他们不需要举行集会，也不用砸坏东西，他们有更简单的方法。

大地主在议会中拥有控制权，1815 年，他们炮制了《谷物法》来进行保护性反击。该法案通过禁止谷物进口，将低价的外国谷物挡在了英国的国门之外，这使得英国面包价格达到了近 30 年来的最高位。

这些例子说明，大变革引发反拨行为很普遍，也是很自然的。欧洲大陆也发生了类似事件，只是时间上有所延迟。

1848 年欧洲大陆夭折的反拨

法国大革命（1789）至拿破仑战争（1815）期间，欧洲大陆的商业环境并不好。这段时期内，社会混乱持续不断。最后，在维也纳大会上达成一系列协议后，旧王朝重新上台，和平重新回归，经济得以发展，自动化和全球化发展加快。虽然社会日趋稳定，工业化发展加快，经济效益提升，但社会不公的根本问题并没有因此得到解决。最突出的问题是，经济变革导致工人的收入不稳定，独裁制度也让一些贵族、商人和资本家感到不满。

这个愤怒培养皿中还种下了暴乱的经典细菌——食品危机。1845 年，土豆歉收，导致欧洲出现大面积饥荒。1846 年，小麦和黑麦也歉收，这让食品困难变成了食品危机。

1848 年，巴黎爆发了长达三天的暴乱，推翻了法国国王路易·菲利普的统治。就跟现在的情形一样，引发法国暴乱的深层原因也是整个欧洲的通病，因此法国暴乱迅速引爆了整个欧洲的大火球。

1848年底，欧洲有几十个国家都爆发了暴乱，但奇怪的是，虽然由于政府镇压，成千上万人在暴乱中丧命，但情况并没有发生任何改变。正如英国历史学家特里威廉所说，“历史转折点上却没有发生任何历史转折”。[10] 更准确地说应当是历史出现了转折信号，但欧洲却花了100年的时间才找到恰当的转折路径。

真正的转折发生在20世纪初：不是暴乱而是新型政府的出现。创造了“大变革”一词的卡尔·波兰尼认为，法西斯主义和共产主义都是对大变革最具革命性的反拨。我们认为，还可以加上富兰克林·罗斯福总统的当选及其实施的“新政”（新政在欧洲的通俗名称叫“市场经济”）。

大反拨：法西斯主义、共产主义和新政资本主义

20世纪初，虽然大家都明白自动化和全球化是大势所趋，将会彻底改变人们的生活状况，但大混乱和反拨却风起云涌，种种社会问题凸显出来。

很多思想家认为，自由资本主义是错误的经济发展方式，无法真正完成大变革。在市场的引导下，将社会和经济发展的引导权交由资本家、个体企业家掌握，一定会导致社会发展步入歧途。

劳动力市场是问题的关键所在，因为劳动力即经济学上的“人”。当时，劳动力市场存在三大问题：（1）工人的平均工资只

够糊口；（2）工资是工人收入的唯一来源；（3）劳动力就像商品一样被买卖。

在这种情形下，人们的生计完全取决于捉摸不定的市场力量。供需的变化使大部分人的生活都处于不稳定状态。从某种角度看，凯瑟琳·斯宾塞的死因就是一次股市崩盘。收入不稳定、经济脆弱以及贫困，已经到了让人忍无可忍的程度。[①]

对待工人一天的劳动成果可不能像对待一般的商品一样，原因很明显：工人可以通过投票来解决问题，如果不行，还可以投弹。

根本问题是：怎么能让工人在一个毫无约束的自由市场中得到必要的保护？第一次世界大战带来了毁灭、死亡、颠沛流离，这让一些人想到了激进的解决方案。于是在20世纪初，共产主义、法西斯主义和新政资本主义作为解决方案逐一登场。

《共产党宣言》1848年就发表了，但在历史转折点上却没有促进历史转折的发生；然而，1917年俄国的十月革命却让历史重新选择了这条道路。共产主义的解决方案是将经济体系中的“市场”彻底废除。社会的重大抉择不再由个人利益和看不见的市场之手决定，而是在共产党的有形之手的领导下，以人民的利益作为抉择的依据。市场出局，计划登场，这样就可以避免人们受到经济发展副作用的影响。

要实现这样的经济控制就需要绝对的政治控制，所以共产主

---

① 有些人认为，收入无保障、经济脆弱、贫穷不仅不是政治体制的漏洞，反而是那些当政者希望看到的。按照马克思的看法，那些经济的领导者正是依赖失业和作为“工业储备大军”的弱势工人，才让保障价值创造的引擎得以平顺地运行。

义很快就发展成一党专政制度。同一时期登场的还有走上独裁之路的法西斯主义。

《法西斯宣言》由墨索里尼发表于 1919 年。[11] 当时很多人认为，既要摆脱自由资本主义产生的问题，又不能像共产主义那样激进，最佳的选择就是实行法西斯主义。事实上，20 世纪初之所以有人选择支持法西斯主义，就是为了抵抗共产主义。

《法西斯宣言》呼吁实行全民选举，包括给予妇女选举权；议会实行按比例分配代表席位的制度；废除以财富为入选标准的意大利参议院；对所有工人实行 8 小时工作制；对资本征收累进税。

请注意，20 世纪 30 年代，法西斯主义还未与恐怖的希特勒主义产生任何瓜葛。1937 年，瑞士洛桑大学还给意大利法西斯独裁统治者本尼托·墨索里尼颁发了荣誉博士学位。

简言之，法西斯主义对自由资本主义提出的修正办法是通过合作而不是竞争来抵抗市场经济中的不确定性。法西斯主义主张资本家、工人、政府合作共赢，即所谓“统合主义经济发展模式”。这一模式旨在消除阶级冲突，促进阶级间的合作。

1922 年，墨索里尼上台后，逐渐用专政取代了民主。但上台初期，他被视为底层民众的救星。

他启动了大规模福利和公共设施建设项目，沼泽被改造成农田，修建铁路促进商业发展，修建医院为民治病。在初期，法西斯主义广受好评。在欧洲和美国遭受了大萧条危机后，法西斯主义看起来更加优越。希特勒上台后推出的国家社会主义为人类造成的巨大灾难史所罕见，但在意大利实行的早期法西斯主义，从经济上看却是成功的。

由于地理隔绝和政治制度上的差异，20 世纪席卷欧洲的混乱并未给美国造成伤害，但迟来的反拨（大萧条），还是给美国带来了重创。

反饥饿游行及罗斯福当政

随着大萧条带来的大规模失业，原以为几十年前就在发达国家绝迹的饥荒又卷土重来。面对饥荒，不是人人都愿坐以待毙。美国共产党组织的福特公司员工反饥饿游行，就是一个很小但很典型的例子。

1932 年 3 月 7 日，几千人从密歇根州的底特律游行到位于迪尔伯恩的福特公司最大的一家工厂。他们的游行诉求是要求福特公司重新聘用被解雇的工人，以及获得在该公司组织工会的权利。游行者到达迪尔伯恩后，警察企图用催泪瓦斯和电警棍驱散他们，但没有成功。于是，警察朝游行队伍开枪，5 名工人遭枪击身亡。

游行者的请愿书没能送达福特公司，但通过这次游行，该行业的工人获得了成立工会的权利。相较于欧洲当时发生的极端冲突，这样的解决方案更好一些。事实上，英国也发生过类似游行。

1932 年，为了让当局重视社会不公问题，英国共产党组织了全国反饥饿游行。游行发起者起草了一份致国会的请愿书，得到了上百万人的签名。

上万人参加了游行，但这次游行遭到了暴力镇压，请愿书中途被没收，没能送达议会。

20 世纪 30 年代，英国全境爆发了多次游行，经济下行严重地区，比如曼彻斯特、伯明翰、卡迪夫、考文垂、诺丁汉、贝尔法斯特，游行活动更为频繁。同期，在所有工业国，类似的游行或大罢工都很常见。这是一个没有发生转折的历史转折点。

1929 年的美国股市大崩盘，引发了美国史上著名的大萧条，而错误的政策，使得经济雪上加霜。政府允许银行破产，被证明是巨大的错误，但赫伯特·胡佛总统坚持的最简政府理念则更加致命。他引用英国当年贫民习艺所的逻辑认为，帮助赤贫的人只会让他们变得懒惰和具有依赖性——他的这一理念定会让托马斯·马尔萨斯深感欣慰。然而，大萧条引发的反拨行动不可避免。

在美国，作为对赫伯特·胡佛政府的反拨，民众一边倒地支持一位持相反理念的政治家。这位政治家宣称，贫困不是穷人道德不佳造成的，采取措施保证民众的基本生活是政府的义务。这位政治家就是富兰克林·罗斯福。他在 1932 年的选举中，获得 531 张选票中的 472 张，以领先 17 个百分点的优势胜出。

然而，每一次反拨都会以某种方式结束，而通常是以镇压和改革相结合的方式。二者的结合是否是有效的解决之道，还需要历史来回答。不过，目前来看，共产主义和罗斯福新政都是 19 世纪资本主义主要缺陷的长效解决方案。

反拨促进解决方案的产生

罗斯福的解决方案被称为“新政”，其关键是3R，即给予穷人和失业人口以救济（relief），将经济活动恢复到经济危机之前的水平（recovery），通过改革消除导致经济、社会和经济失衡的因素（reform）。

核心改革内容包括：制定工会法，保护工人利益；对富人征收更高的所得税；对银行和垄断行为进行全面监管。这样一来，工人的力量得以加强——大公司需要和大工会进行谈判才能决定工人的命运。新政还出台了保护农民、失业人员、青少年和老年人利益的措施。通过民主选举的方式，美国实现了这样的变革，因此美国工人阶级对当时欧洲实施的一些激进的解决方案毫无兴趣。

在罗斯福执政期间，美国政府的开支从原来占国民收入的5%上升到20%，此后一直保持在这一水平。同时，二战军事支出减少，而新政支出，特别是养老金和医疗保健支出增加。

罗斯福执政期长达12年，从1933—1945年，这是美国历史上的关键时期。他的继任者基本保留了他的政策。即使像艾森豪威尔和尼克松这样的共和党总统也接受他的核心政策，而林登·约翰逊总统在20世纪60年代实行的“伟大社会”施政纲领，不过是新政的扩大版。

类似的经济政策在所有西方工业国家流行开来。变革的核心内容是重新划分责任。在全世界范围内，政府开始承担起保证社会公平和保护弱势群体利益的责任。市场负责提升经济发展的效率，政府负责维持社会公平。

法西斯主义在20世纪40年代被武力结束了，而共产主义和新政资本主义却发展壮大起来——二者进行了长达50多年的斗争。在以苏联为代表的东欧社会主义阵营解体后，经过大幅度改革，共产主义在中国、越南、古巴等国家发展依然良好。就本质而言，共产主义是在与资本主义深度结合的基础上，而资本主义也是在与共产主义深度结合的基础上，才茁壮成长为今天的模样。

20世纪二三十年代发生的反拨运动和随之形成的解决方案，使得现代社会保持了几十年的平稳发展。社会安宁、技术革新、全球化发展造就了辉煌三十年。

辉煌三十年

罗斯福新政使得美国的政治经济实现了可持续发展，类似政策在其他西方工业国家也取得了相同效果，整个西方经济迅速发展（“西方”是所有资本主义国家的统称，包括东半球的日本、澳大利亚、新西兰）。

二战结束后的几十年内，技术革新、自动化、全球化使人们的收入空前增长，达到了大变革时期的两倍。技术革新不仅增加了人们的收入，还缩小了贫富差距，促进了共同繁荣和全民经济保障。

这些技术革新主要发生在制造业方面，包括新产品的制造。制造业的蓬勃发展吸纳了大量就业人口。大部分人都有了稳定的高收入，这对保持社会稳定十分有利。这些工作需要一定的思考能力和手眼协调能力——这是当时机器无法做到的，但这些工作并不需要太高的教育程度和超人的操作技能。

由此产生了巨大的中产阶级，他们拥有房屋、汽车和体面的工作，形成了非常稳定的社区。社会收入分配机制最大限度地确保了大多数人不会认为富人变富是靠压榨穷人实现的。

1963 年，肯尼迪总统才能底气十足地宣称："潮水上涨时，所有的船只都能往上升。"他说得没错。二战后的 30 年内，美国的经济发展可谓一大奇迹。在那 30 年里，只要一张高中毕业证和勤奋肯干，你的日子就过得有滋有味——至少很多人是如此认为的。

技术革新起步于制造业。大变革时代的发明对那些从事制造业的人非常有利。对从事服务业的人而言，这些发明也是有益的。因为这些发明使人类进入了现代社会，几乎每个人的生产力水平和生活标准都有了提升。对从事公用事业、交通、清洁、批发、零售等行业的人而言，汽车和电动工具给他们带来了方便；对律师、医生、建筑设计师、工程师等专业人士而言，电灯、空调、X 射线机、家用电器、圆珠笔、打字机、复写纸等技术发明都给他们带来了更高的生产率。

虽然创造并获取价值的权力仍然掌握在公司所有者或者说资本家手里，但新政改革对收入的分配进行了优化。强大的工会组织确保了生产力增长的成果能够惠及工人。政府强化了对垄断企业的监管，要求公司必须遵守关于工人医疗健康、人身安全、环境保障等方面的政策法规。政府还提供了教育补助，建立起优质公立大学，这样人们可以不用花太多钱就可以获得高等教育。

经验、机制和下一次变革

大变革是一场从大型技术革新开始、分4个步骤进行的社会发展过程。这4个步骤就是变化、动乱、反拨、解决。技术革新引发了自动化和全球化，从而导致经济变革。自动化和全球化不是同时发生的，首先启动的是机械化，即所谓的自动化。这就启动了一个自我强化的良性循环过程：技术革新、工业发展和收入增加。

100年后，技术革新又促进了全球化发展。这样，技术与全球贸易携手，以技术革新为主导的“幸福双螺旋”开始引领全球经济的发展。

尽管总体而言，这是一件好事，但自动化和全球化对经济发展的影响还是有喜有忧。这一变化，对传统生产价值链的每个方面都产生了影响，使人们的生活失去了往日的秩序，比如改变了社团结构，改变了生活方式，在为某些人带来巨大成功的同时，给另一些人带来了惨痛失败。简言之，这一系列悲喜交加的变化造成了巨大的经济、社会和政治混乱，给这个时代的社会、经济、政治结构施加了难以承受的压力。这些变化来得太快，社会还没来得及反应。正如俗语所言，“难以为继的事情，肯定无法继续”。因此第四步必须是解决。当时人们提出了三种解决方案，其中的两种存活了下来，即共产主义和新政资本主义，第三种解决方案——法西斯主义——则被前两种解决方案的支持者消灭了。

从大变革的历史，我们还可以学习到关于失业和重新就业方面的经验教训。今天，我们讨论就业前景问题时，失业和重新就业是一个核心问题。

自动化和全球化让经济发展的方向发生了急剧变化。根据著名经济史学家尼古拉斯·克拉夫茨的研究，1700 年，英国工人占劳动力总数的 19%，到 1870 年时，这一数据上升到了 49%。[12] 这期间，英国从一个农村人口占多数的国家变成了一个城市人口占 2/3 以上的国家。仔细观察这一变化，我们能更好地理解这一现象。

开放行业 vs 封闭行业

大变革时期和今天一样，自动化和全球化并不是对所有行业都产生了同等影响。有一些行业对这两大力量是开放的，而另一些行业则是封闭的。自动化和全球化对各个行业的冲击程度不一，对于解释劳动力为什么会从农业大量转移到工业十分关键，对于理解自动化和全球化的过去、现在和未来十分必要。这其中的基本概念并不复杂。

对自动化和全球化封闭的行业容易吸引劳动力进入，因为失业工人必须找到工作。更准确地说，经过一段时期的调整，即使工人的就业岗位与自动化和全球化无关，他们的工资也不会太低。在大变革时期，服务业对全球化是封闭的，因为大部分服务都需要面对面进行。你不能像装谷物或纺织品那样，把服务装到一艘蒸汽船上。此外，服务业对自动化也是封闭的，因为那时的自动化主要是帮助人们制造产品而不是思考。

随着中产阶级人口数量的增加，很多人在吃穿住行之外还有余钱来购买令他们生活更舒适的服务。新的服务项目范围很广，且工资也比较高，但对于向自动化和全球化开放的行业而言，情况就要糟糕多了。

直接受到自动化冲击的行业，就业人口可能增加也可能减少，这取决于生产效率和产量哪一方走在前面。

结构性变革

以英国为例，图 1–3 左边一栏显示的是服务业、制造业和农业的就业人数，右边一栏显示的是其对应的百分比。[13]

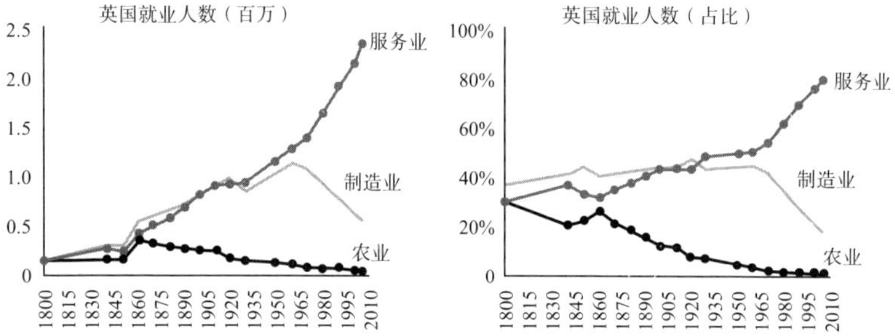

图 1–3　结构变革：英国的就业结构（1800—2008 年）

资料来源：此图是作者根据以下资料整理而成：Berthold Herrendorf, Richard Rogerson, and Ákos valentinyi, *Handbook of Economic Growth*, vol. 2B, ch. 6, “Growth and Structural Transformation,” http://dx.doi.org/10.1016/B978-0-444-53540-5.00006-9。

很明显，1800 年到 1850 年前后，英国的就业人数绝对值不断上升，其中制造业上升最快。原因在于英国人口增长快，市场和企业发展快，几乎人人都能找到工作。随后出现了农业就业人口绝对数量的减少。

另一个显著的特点是，从 18 世纪中期开始，服务业的就业人口开始显著增加。对自动化和全球化封闭的服务业是不断扩张的劳动人口的天然吸附剂。

美国的大变革也基本类似，但在变革初期，其农业人口远高于工人数量，部分原因是大英帝国限制其殖民地的工业发展。英美大变革在模式上的差异，一方面是由于二者变革初期的条件不同，另一方面则是美国的特殊性质，尤其是其陆地领土不断扩张造成的。

整个19世纪，美国的农业、工业和服务业的就业人数都在缓慢增加。同英国一样，贸易和机械化的发展创造了很多新的制造业的工作岗位，不断上升的收入又催生了千千万万的服务业就业岗位。铁路的修建、新国土的获取、内陆航道的修建，使得可耕地面积大大增加。在此基础上，从欧洲蜂拥而至的移民，使得农业就业机会大大增加。

图1–4右边一栏清晰地显示了美国经济从农村/农业经济转变为城镇/工业经济的结构性转变过程。农业岗位所占比例直线下降，而服务业和制造业的就业岗位迅速增加。美国制造业岗位增加持续的时间比英国长，尽管从20世纪中期开始两国的制造业岗位所占百分比都开始下降。这其中的原因是两国的人口增长幅度不一样，由于工业品的消费者主要还是国内消费者，所以人口基数大意味着消费者更多。1850—1950年，美国的人口增加了1.25亿，而英国仅仅增加了0.27亿。在这之后的20年里，美国人口又增加了0.2亿，而英国只增加了0.05亿。

正如图1–3、1–4所示，在辉煌三十年的末期，历史发生了重大的变化，这导致工业行业从业人数在所有劳动力中所占的百分比急剧下降。

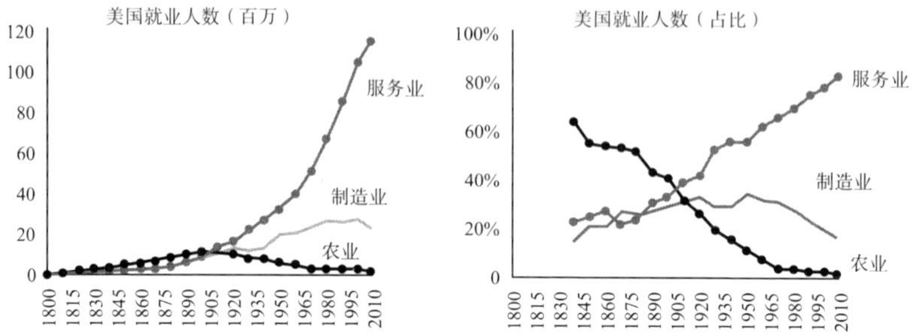

图 1–4　结构变革：美国的就业结构（1800—2008 年）

资料来源：同图 1–3。

服务业变革

我们从讲述凯瑟琳·斯宾塞在伦敦多克兰码头区的死亡开始讲述英国的大变革，而多克兰码头区的没落则是英国大变革的尾声。伦敦多克兰码头区在几百年内经历了兴衰，也经历过战争，在这个过程中一度成为皇家码头。但随着造船技术的进步，多克兰码头区无法与下游泰晤士河上的深水码头竞争，于是遭到致命打击。20 世纪 70 年代，多克兰码头区被关闭，逐渐成为杂草丛生的荒郊野地。

码头区的没落正象征了始于 20 世纪 70 年代的第二次经济变革。这次变革使得发达工业国升级为后工业国家——大多数人是在办公室而非农场或工厂里工作。

但是，为什么会发生这样的变化？

2

第二次大变革：从物质到思想

美国深陷经济大萧条之际，富兰克林·罗斯福曾经说过："当前的政府……要么是忘记了，要么是不想记得我们的经济发展大军中的步兵们……这些在经济金字塔底被遗忘的人。"

2017年，一位民粹主义政治家说道："我们国家被遗忘的人们，从现在开始不再被遗忘。"他就是唐纳德·特朗普。他的当选正是对过去几十年经济发展模式的反拨。该模式让富人的财务锦上添花，让普通人的经济状况雪上加霜。从20世纪70年代起，美国劳动阶层的工资停滞不前，经济状况的不稳定加剧，对生活越来越无望。欧洲和日本的情况虽然稍微好一些，但在趋势上是相同的。

罗斯福的改革修正了美国资本主义体制中的弊病，为以后几十年的繁荣发展奠定了基础，可是我们如今为何又回到了老路上？为什么自动化和全球化的大潮没能托起所有的船只？为什么二战以来，“技术—贸易”组合从一股创造制造业就业岗位的力量变成了消灭制造业就业岗位的力量？

答案很简单，也很奇特。

新技术革新——脑力劳动的助手，体力劳动的替代者

随着计算机和信息技术的应用，新一轮技术革新开始了。20世纪70年代早期，新技术催生了新型自动化的发展；20年后，又催生了新型全球化的发展。这一新的“技术—贸易”组合与旧的组合有着完全不同的游戏规则。

这一新技术使那些靠脑力工作的人有了更好的工具，而让那些靠体力工作的人失去了竞争力。新技术，即信息和通信技术（ICT）专注的是无形而不是有形的产品，即信息的处理、传输、储存。这一变化事关重大。

二战后的经济繁荣是由制造业驱动的，制造业发展所引发的“自动化—全球化”组合又直接提升了体力劳动者的生产效率，那些从事脑力劳动的人只是间接受益者。那时的技术进步创造了大量工作岗位，更重要的是因为那时的人主要从事的是体力劳动，“技术 + 贸易”的生产方式极大地促进了社会凝聚力。

而20世纪70年代开始的技术革新却带来了相反的后果。

这次的技术革新催生出了机器人之类的工具，它们是替代工厂工人的好手段。与大变革时期的技术革新将农民驱逐出农村的速度相比，这次的技术革新将工人驱赶出工厂的速度更快。这次革新催生了许多从前无法想象的服务业和专业就业岗位。

但这次技术革新对社会凝聚力起到了破坏作用。脑力劳动者本就比体力劳动者更富裕一些，现在他们拥有了更好的工具，使得那些原本就处于优势的人优势更大，而那些原本处于劣势的人就更加不堪了。

伦敦多克兰码头区的境遇可以再次用来说明这一问题。

多克兰码头区的金丝雀

从凯瑟琳·斯宾塞饿死的那一年到20世纪70年代，英国所有进出口货物都在伦敦多克兰码头区装卸。码头上处理的全是物质产品，而不是思维产品。这些码头除了直接提供了大量的就业岗位外，还间接提供了更多的就业岗位。

但1981年12月7日，最后一艘货船在这里完成卸货之后，这一切戛然而止。码头区的关闭带来了一系列经济和社会问题。尽管没有像1869年那样有人饿死，但失业、犯罪、社会问题极速上升。但今天，这个区域却十分兴旺，特别是金丝雀码头区。

金丝雀码头区是现在世界上最重要的金融区，原来以货物生产和运输为主的经济已被以信息技术为主的经济取代。在2008年金融危机爆发前，这里一幢建筑的售价可达十几亿美元。对于几十年前还是荒郊野地的码头区而言，这是一个很好的结局。不过，虽然多克兰码头区现在经济繁荣、时尚先进，但它并不是所有人的天堂。

受过高等教育的雇员在这里日赚斗金，而那些不具备专业技能的人只能在这里煮咖啡、拖地板、擦皮鞋，能支撑中产阶级生活方式的工作在这里并不多见。多克兰码头区现在已经变成了一个以思维产品为主，而不是以物质产品为主的经济区。

这一轮新的结构性变革被称为后工业时代变革，但其本质是第二次大变革，可以称为“服务革命”。[1]

新一轮技术革新，新一轮四步发展进程

新一轮技术革新开启了第二次大变革和一轮新的四步发展过程（变革、混乱、反拨、解决）。虽然本次变革的影响不如上一次那么大，但仍然对千万民众的生活产生了影响，导致经济和社会步入了社会学家阿兰·图海纳所谓的“后工业社会”[2]——工厂的工作岗位开始减少，办公室的工作岗位增加，城市化进程持续进行中，很多乡村空心化或消失，价值创造的杠杆从资本变为知识。事实表明，全球化的本质已经发生了变化，西方的经济霸权受到了挑战。

这一经济变革引发了混乱，就如同 19 世纪的情形一样。当然，21 世纪的混乱不如 19 世纪那么强烈，不过也十分惨痛，特别是在美国，因为美国政府没能像欧洲和日本政府那样为弱势人群提供必要的社会安全保障措施。

2016 年，英国脱欧公投获得通过，特朗普当选为美国总统，

都是经济和社会混乱的结果。虽然这比20世纪早期的混乱要温和，但仍打破了原有的社会秩序，而且还在持续扰乱全球秩序，解决方案还未出现。

2016年会不会像1848年一样，是一个转折失败的历史转折点？或者像当年卢德运动一样，从一个小的反拨事件发展成像法西斯主义、共产主义和新政资本主义那样的反拨事件呢？

对于这些重要的问题，目前还很难有明确的答案，因为未来不可知。未来一定会来，最好的办法就是抓住现在，认清趋势，避免对未来的发展产生误判。

我们将从技术革新着手进行分析，就像我们分析蒸汽引发的技术革新一样，这需要费点功夫。

新一轮技术革新

通用汽车总裁罗杰·史密斯曾经说过，其位于美国密歇根州底特律市的哈姆川克工厂拥有全世界最现代化的汽车生产线，但自1985年工厂开工以来，他再也不这么说了。

原本想用最先进的机器人来提升产品质量，没想到这些机器人把生产线搞得一团糟：油漆机器人把汽车尾灯喷上了油漆，有时还会发疯般地互喷，甚至会将油漆喷到墙上；安装挡风玻璃的机器人有时会错误地将玻璃砸向汽车而不是轻巧地安装上去，结果导致玻璃摔得粉碎；还有机器人会将别克轿车的减震器安装到凯迪拉克汽车上；自动配件供给车走着走着就停止不前了。

托马斯·邦萨尔在其著作《凯迪拉克的故事：战后岁月》中写道："许多天价设备完全不能启用，鉴于那些用于生产的机器人的糟糕表现，这或许是件好事。"那些机器人的表现可以用"破坏"来形容，也可以用一句玩笑话来概括："犯错是人的本性，但要把事情搞砸，没有计算机是万万不行的。"虽然修复计算机漏洞用了很多年，但问题最终得以解决。

在自动化取代工人的道路上，哈姆川克工厂只是一个减速带而已。从那时起，美国和欧洲的工人一直在被自动化逐渐取代。计算机被证明是推动新型自动化发展的力量。这次的自动化技术与"特殊世纪"辉煌三十年里产生的自动化技术完全不同。

技术发展的"大分水岭"

20 世纪 70 年代，计算机和集成电路开始用于生产，自动化发展自此跨越了一个"大陆分水岭"。此前的大部分机器只能完成单一任务，或者需要人类来掌控。著名的杰斯洛·图尔（18 世纪的发明家，不是 20 世纪那支同名乐队）播种机是一个复杂的装置，只能完成播种。这个机器可以每次挖三排坑，然后以固定的间距播撒种子，再用固定量的土壤覆盖。而像压沟式播种机一样的机器虽然可以完成多项工作，但需要人来控制。然而，信息通信技术改变了这一切，因为在信息通信技术的帮助下，即使没有人控制，机器也能变得非常灵活。

最早出现的是数控机器，比如机床、钻头之类，是通过计算机程序来控制，可以完成不同的任务。这些机器的控制指令通过一英寸（2.54厘米）宽的打孔磁带输入，再由机器的控制单元（类似于计算机）读取指令，并切换成相应的机械运动。

机器的这一能力使工人失去了一项相对优势，即学习新任务、适应新环境、灵活反应的能力。

1973 年的里程碑

虽然要准确指出这一次技术“大陆分水岭”的时间比较困难，因为技术革新是一个过程而不是一个事件，但 1973 年德州仪器公司的盖里·布恩和迈克尔·科克伦将他们的单片微处理器申请了专利，可以作为一个便捷的开始时间。

1973 年之前，计算机是用集成电路板做成的，而单片微处理器的发明让这一工艺成了古董。单片计算机将拇指大小的中央处理器（CPU）、数字存储器和集成电路组合在一起，具有成本低、稳定、省电、散热性好的优点。很快，芯片的应用就在工业生产中普及了。

将单片微处理器安装在机器臂上，许多重复性的工作就可以实现自动化，而且通过重新编程，该机器臂还可以完成其他任务。

通信成本的下降，对全球化的影响堪比当年的蒸汽机。更重要的是，成本下降还推动了制造业的变革。在信息通信技术到来之前，为了便于协调，生产过程中涉及的所有步骤都必须在步行可达的范围内完成。就像蒸汽让生产和消费的距离可以很远一样，信息通信技术使得公司可以将某些部件的生产放到国外。

正如我在《大融合：信息技术与新型全球化》一书中所写的那样，新信息通信技术革新引发了新的经济变革。[3]尽管由此引发的社会变化远不如大变革带来的划时代变化那么剧烈，但仍然产生了不小的影响。几个世纪以来，“工业化”一直是社会进步的代名词，但现在这个代名词却变成了“去工业化”，这一转变所形成的影响巨大。

新技术引发新经济变革

信息通信技术带来的经济变革首先以工业自动化的形式呈现出来。自动控制的机器很快取代了工人，特别是在汽车制造行业，而其中的焊接、喷漆、安装工作是重头戏。随着信息通信技术的进步，机器能完成的重复性体力工作越来越多，被迫下岗的工人数量也逐渐增加。

20 世纪 90 年代，许多发达国家的工厂已经计算机化了，工业机器人、数控机床、自动驾驶汽车等出现在工厂内。罗杰·史密斯梦想中的无人工厂成为现实，或者说大部分成为现实。在工厂里，工人的任务是帮助机器进行生产，而不是机器帮助工人生产。

但这一发展对就业造成了巨大影响。

在发达国家，新技术的发展将大量工人赶出了制造业。如图 2–1 所示，自 20 世纪 70 年代以来，发达国家的制造业岗位占比就一直朝着“零”不断前进。70 年代，制造业占美国所有就业岗位的百分比是 30%，而到了 21 世纪的头 10 年，该比值降至 10%。过去，英国 30% 以上的就业岗位都由制造业提供，而现在只有 10% 的岗位是制造业提供的。同期，德国制造业就业岗位占全国就业岗位的比值从 40% 下降至 20%，降幅达到一半；日本的这一比值也从 27% 降至 17%。

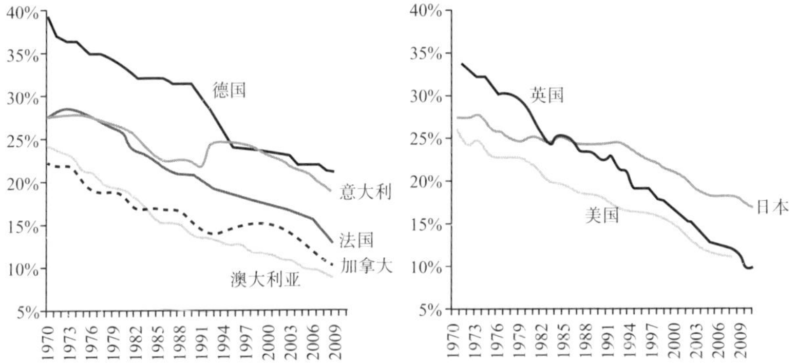

图 2–1　发达国家制造业就业人数百分比（1970—2010 年）

资料来源：本书作者根据 UNSTAT（联合国统计署）网上数据绘制，个别数据略有误差。

新的技术却促进了办公室和专业工作岗位的增加。从事脑力劳动的人发现信息通信技术让他们的工作效率有了很大提升。1979 年，在美国参议院合作经济委员会实习期间，我需要手写研究报告，然后再让打字员打出来。而 1991 年我在老布什政府的经济顾问委员会任职时，我用计算机撰写文件，然后用打印机打印出来，工作效率提高不少。不过，那时要把打印稿寄送出去还得通过人工或邮局，因为当时还没有电子邮件。

数据收集和运用变得越来越轻松，这使许多服务项目的价格降低了，比如设计和编辑，这推动了相关服务的消费。此外，它还催生了不少新的服务项目。软件设计成为一个新的产业，通信的发展使得电子商务应运而生。伴随着大量新服务岗位的诞生，农村和工厂的就业岗位日渐减少。

在最初的几十年里，信息技术的发展主要是推动了自动化的发展；到了 20 世纪 90 年代，信息技术极大地推动了全球化的发展。

新全球化“新”在何处？

人类文明诞生之初，由于货物、思想和人员流动十分困难，这导致生产和消费必须在同一个地方进行。人们被绑定在他们赖以生存的土地上，而生产必须同人绑在一起，每个村落在衣食住行上基本都是自给自足。随着大变革的到来，这一切都被颠覆。

技术进步降低了上述三项成本。第一次技术革命的代表作——蒸汽动能，极大地降低了运输成本，产品的生产和消费不必局限在同一个地方。而一旦长途运输货物成为可能，全球各地的价差就让长途贸易变得有利可图。从 19 世纪初开始，因为有了钢体船、柴油机、集装箱、空运以及世界自由贸易的加入，蒸汽动能可谓如虎添翼。这些技术进步降低了思想传播和人员流动的成本，但还不能说是革命性的变革。

令人意外的是，尽管在全球化的第一阶段，商品生产被分散在不同国家，却会在一个国家内部以工业区或工厂群的方式聚集在一起。之所以会出现局部聚集现象，不是为了节约贸易成本，而是为了节约信息传输成本，即思想内容的传输成本。全球化销售使得大规模集中生产十分有利，为了便于管理，各大公司将所有生产环节都聚集在一处，即生产的所有环节都在一个工厂内完成。

与蒸汽动能降低货物运输成本的速度相比，信息技术降低思想内容运输成本的速度更快。在信息技术的助力下，产品生产的所有环节不必聚集在一个工厂内完成。这一发展极大地便利了信息的传输，使得离岸工厂成为可能。

美国公司很早就明白，将一些制造环节交给国外厂家来完成更节省成本。

比如，美国半导体生产厂家早在20世纪70年代就将其中的一些生产环节交给亚洲的一些厂家来完成了。[4]其他产业则因为协调生产的成本太高，而无法采用这种模式，这就是为什么信息技术将国际生产协调变得可靠且便宜之后，离岸工厂才蓬勃发展起来。因为只有如此，美国、德国、日本的企业才能确保即使将生产放在国外，生产质量、时效和稳定性方面也不会出错。

这一生产模式催生了新的全球化发展模式：发达国家（如美国、德国、日本）可以利用周边发展中国家（如墨西哥、波兰、中国）的低工资优势；很快，发达国家中就出现了大规模去工业化浪潮。

1970年，7个发达工业国家，简称G7（美国、日本、德国、英国、法国、意大利、加拿大）生产了全球70%的工业产品；随后，这一比例略有下降；到1990年，这一比例开始极速下滑。正如图2–2所示。在20年内，这一比值从60%下降到50%以下。

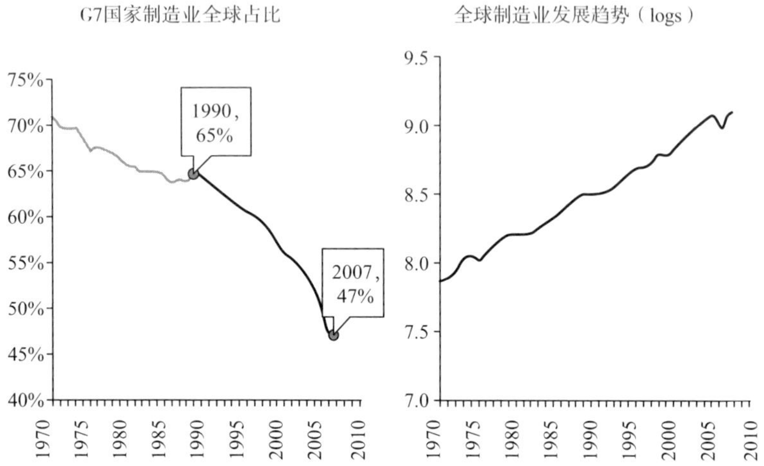

图 2–2　G7 国家制造业全球占比及全球制造业发展图（1970—2010 年）

资料来源：作者根据 BLS（美国劳工统计局）网站数据绘制，个别数据略有误差。

图 2–2 显示，全球工业制品的产量并没有急剧增加。所以将两张图放在一起我们不难发现，G7 国家的制造业产能大部分转移到了发展中国家，主要是中国。

历史上原来的工业强国迅速去工业化和传统非工业国家的迅速工业化是本次服务变革中最戏剧性的变化。我们将这几个迅速工业化的国家称之为“工业化六强”（包括中国、印度、印尼、韩国、泰国、土耳其）。很多经济学家错误地认为，制造业的这一大转移是因为发达国家开设离岸工厂造成的。但事实上，这次转移与物质无关，而与思想有关。

我在 2016 年出版的《大融合：信息技术与新型全球化》一书中曾经指出，造成发达国家去工业化的核心原因是知识。问题的关键是，美国、德国和日本将它们的技术资源通过离岸工厂带到了国外，同时造成了国内工人失业。但除此之外，还有别的选择吗？

丰田公司为了确保其在中国生产的零部件能够在日本顺利组装成整车，为了确保工人能按照其技术要求完成工作，不可能依靠中国技术，而是要将自己的技术带过去。这样一来，原来只在日本工厂内流传的知识就成了国际贸易的一部分。

这样的新技术转移使得中国等其他几个国家迅速实现了工业化。最初，这些国家只为跨国公司生产产品，但随着这些跨国公司带来的技术被更广泛地传播开去，这些国家自己的制造业开始逐渐走强。

使本次全球化成为“新”一轮全球化的，正是始于1990年左右的跨国技术的传播。离岸工厂的开设确实导致了零部件交易额的增加，但这不是最核心的变化。真正改变世界的是技术从发达国家大量地流向发展中国家。这一点十分关键，所以接下来我们会有详尽的解释。

我们举个足球的例子来说明。

设想有两个足球俱乐部决定就球员交换问题进行商谈。各队用自己多余的某类球员去换取缺少的一类球员，如果能完成这样的交换，则双方都会受益。但现在来设想另一种完全不同的交换方式：实力更强的球队，每周末派出自己的教练去帮助弱队进行训练。[5]

球员交换类似于旧式全球化——跨国货物运输，而后一种教练助训则类似于新式全球化——技术的单边流动。

知识的流动催生了全球制造业的新局面。

在离岸制造业兴起之前，工业产品的国际竞争是建立在两种生产模式之上的：发展中国家的产品，技术含量低，但因为其工资成本低，仍然具有一定的国际竞争力；发达国家的产品，其工资成本高，但技术含量也高，因而也具备一定的国际竞争力。

然而，自 1990 年起，出现了第三种生产模式：发展中国家企业将其先进技术外包给发展中国家，于是工资成本低的发展中国家也可以生产出发达国家的高科技产品。这改变了世界制造业的竞争格局，导致世界“工业化六强”的迅速崛起。这些国家不需要自己研发科学技术，发达国家的离岸公司给它们带来了除劳动力以外的一切。你可以称这种生产形式为“加点劳动力，摇一摇即可”的工业生产模式。

这对“工业化六强”而言无疑是好事，但不知道发达国家的工人是否能同等受益。对于自己国家公司开发的新技术，美国、欧洲和日本的工人不再有优先获取的权利。过去，只有发达国家的工人才能掌握发达国家的先进技术，而现在，这一局面被打破了。美国、德国和日本的公司教会了外国工人如何制造原本由本国工人制造的零部件，这使得 G7 国家国内的制造业岗位快速消失。

总之，知识改变了全球化的发展，而信息技术促进了知识的流动，技术流动的新趋势使全球化的影响力也发生了很大的变化。

新全球化，新经济影响

与上一次经济全球化相比，本轮全球化对经济的影响主要有四个新特点：更个体化、更猛烈、更不可控、更不可预测。

本次全球化不仅会对某个行业和某些技术种类的工人造成冲击，还对更多个人造成冲击。在大变革时期，全球化主要是对某些行业产生了影响，比如半导体或土建设备。当时全球化主要体现为特定行业产品之间的国际竞争，或者某些行业的劳动力成本之间的竞争。比如，二战后，有技能的工人从全球化发展中获益，而无技能的工人则受到了冲击。

新全球化会使同一公司不同岗位的员工受到的冲击或得到的利益各不相同。换言之，新全球化是更加细分的国际竞争。虽然新全球化也会导致有人获益、有人受损，但不再包含整个行业或具备某种技能的所有工人，而只是某些个人受益或受损。此外，本次全球化的发展速度惊人。

信息技术革命发生之前，全球化也导致了世界格局的变化，但速度比较慢，变化时间可以按年代为单位计算；到了信息技术革命时期，变化时间需用年来计算。发达国家用了一个世纪才实现了工业化，但去工业化只花了 20 年。“工业化六强”国家无须经历 G7 国家在 20 世纪经历的工业化过程，因为这些国家制造业的发展，特别是其初期阶段，是在 G7 国家的公司帮助下完成的。

新全球化的另一大特征是不可控。政府可以很好地控制货物和人员的跨境流动，但对于公司知识的跨境流动，政府能采取的控制措施很少。更重要的是，本次全球化的发展动力本身就是信息技术，因此政府很难采用切实的手段来控制其发展速度。

最后一大特点是新全球化更不可预测。自 20 世纪 90 年代以来，人们很难预测下一个将被国外工人取代的生产环节是什么，这导致发达国家制造业从业者人人自危。

雪上加霜的是，发达国家去工业化的过程与全球经济发展放缓叠加在了一起。

1973 年后的经济放缓

第二次大变革初期，很多发达国家工人的收入增长放缓。自 20 世纪 60 年代以来，每隔 10 年，人均收入增长速度都变得更加缓慢。20 世纪最后 30 年则出现了温和下滑。进入 21 世纪，下降速度更加显著。20 世纪 60 年代，美国人均收入年均增长率为 3.3%，但自 2000 年以来，这一数值下降了一半以上。英国的数据也差不多。在 20 世纪 60 年代，德国经济年均增长率达到 4%，但自 2000 年以后，该数值仅为 1% 左右。

在收入快速增长期进行变革更容易成功，反之则难度增加。在经济进入下行通道后，变革则难上加难。

对于这背后的原因，经济学界还未有全面的解释，但罗伯特·戈登的理论能很好地解释为什么会发生“服务革命”，他的理论我们在第一章有所提及。他认为，20 世纪 70 年代以来，经济发展和技术革新的速度并非下降，只是回归到历史的正常水平。

1870 年以来的系列新发明促进了技术革新和收入的增加，但不能永远持续下去。从电车到塑料在内，各种新发明引发了更多相关的发明创造，这些发明创造又催生了更多的发明创造，使得经济以异常迅猛的速度发展。

到了 20 世纪 70 年代，大变革时代产生的各种新技术的创新应用达到顶峰，之后人均收入的年增长率恢复到了正常的水平，即按每年 1%~2% 的平均增长率增长。

经济放缓引发的悲喜及新型自动化和全球化都使原有的经济社会结构受到了影响。经济衰退使一切变得困难，再加上经济变革，使得从事制造工作的工人和他们的社区遭受巨大冲击，这就引发了大混乱。

本次大混乱的一个关键事实是：新型全球化和自动化对同一批工人的生计造成了冲击。美国、加拿大、日本的制造业工人在国内面临来自机器人的竞争，在国际上则面临来自中国的竞争。

本次经济变革引发了一场混乱，而这场混乱中最引人注目的是所谓“技能转向”。

新变革，新混乱

单片计算机的发明开启了技术发展的一个新阶段，无一技之长的工人更容易被替代，而有一技之长的办公室文员更加高效。经济学家最近将这一变化称为“偏向技能的技术变化”，而1983年的一项关于自动化影响的研究则称之为“技能转向”，我认为后一种表达更加生动一些。

该研究报告写道：“机器人技术的广泛应用会导致更多人失业，我们认为首当其冲的是那些缺乏经验、受教育程度不高的人群。无技能要求或技能要求不高的工作岗位会受到挤压，新产生的就业岗位对技术背景的要求会很高。”[6]

发达国家制造业工人的遭遇完全证明了这是本次技术革新最

具破坏力的一面。一张高中文凭、一张工会成员证就能保证你在郊区买上一幢房子、一辆汽车，在银行存有退休金的日子已经一去不复返了。由于工会会员减少，再加上政府在培训员工重新上岗方面工作不到位，工会的影响力大不如前。

工厂现在还是需要工人，但对工人的技能要求呈现两极分化的现象。工厂需要掌握高技能的工人来管理机器人和计算机，需要无技能的工人打扫卫生，做一些脑力之外的体力劳动，但处于二者之间的工作岗位很少。曾经在生产线上工作的大量工人就业十分困难。

在美国、欧洲、日本，这一现象被称为劳动力市场的空心化，即有高级技能和无技能的工人都能有很好的就业机会，而处于中间的工人就业困难。

同样，很多从事信息收集、处理和传输的办公室就业岗位也被砍掉了。打字员、话务员、秘书都被淘汰了。信息技术的发展提升了那些受过大学教育、以思想和信息为工作对象的工作人员的效率。

如同大变革时期一样，这些变化不只是有些人下岗了，还有一个更深层次的变化：新创造出来的财富被新的一批人获取。大变革时期，生产的关键要素从土地变为资本，而在第二次大变革时期，关键的生产要素已经变成了知识。

价值创造与获取方式的蝶变

“资本并未死亡，但已经病了。”这是 2017 年出版的《没有资本的资本主义：无形经济的兴起》一书中阐明的观点。[7] 资本已经失去了统治地位。这本书的作者认为，这无异于一场“无声的革命”。今天，公司在无形资产上的投资更多，比如设计、品牌、专利、研发、软件；在有形资产上的投资减少，比如机械、建筑、计算机。简单地说，今天的公司更多地投资于思想而非物质。

这场蝶变始于20世纪70年代。实物资产投资，简称为“资本”，在1979年达到了顶峰；之后，无形资产，简称为“知识”，开始稳步上升，并在1990年左右超越了资本。

价值要靠知识来创造，这是一个越来越明显的趋势。知识的来源既包括像谷歌和苹果这样掌控着知识集群的公司，也包括储存在个人头脑中的教育和经验。越来越普遍的现象是，掌握了一定量的知识就等于拥有了一定的价值创造能力，也就拥有了获取价值的能力。也许我们应该停止谈论“资本主义”，而开始讨论“知识主义”。无论这样的讨论是否会成为现实，但价值创造方式的转变已经让我们的经济生产方式发生了变革。

尽管知识资本并非固定，但拥有知识资本的人逐渐掌握了知识利润分配权，而平庸的工人无法从中获益。

从1973年至今，美国工人的每小时生产效率提升了70%，但普通美国人的每小时工资只增加了10%。这就是说每小时工人创造的价值稳步增长，而这些工人的工资并没有相应增加。这之间的巨大差距让人不由得会问：谁获取了其中的价值差额？答案是：知识拥有者。

20世纪70年代以后，那些拥有知识的人赶上了他们最好的时代，受过高等教育的美国人工资飞涨。麻省理工学院的经济学家戴维·亚瑟的研究显示，在剔除通货膨胀因素之后，1970—2010年，美国持有本科以上文凭的男性收入增加了50%，而只有专科文凭的男性收入停滞不前，那些只有高中文凭的男性收入则下降了。[8] 剔除通货膨胀因素后，只有高中文凭的男性今天的平均周薪比 1973 年下降了 10%，而高中都没毕业的男性的收入则下降了 25%。

大型科技公司是另一类知识拥有者，他们的收入剧增，正是经济从物质生产转变为思想生产的证明。这一转变为知识拥有者创造了难以想象的财富。2017 年，世界前五强公司——苹果、Alphabet（谷歌母公司）、微软、亚马逊和脸书——都是知识驱动型企业。2011 年，全球前五强公司中只有苹果是知识型公司，2006 年只有微软是知识型公司。而 2006 年和 2011 年全球市值排名第一的是埃克森美孚公司（见表 2–1）。[9]

表 2–1　市值排名世界前十位的公司变化情况：知识型公司的崛起

市值排名	2017 年	2011 年	2006 年
1	* 苹果	埃克森美孚	埃克森美孚
2	*Alphabet	* 苹果	通用电气
3	* 微软	中国石油	* 微软
4	* 亚马逊	壳牌	花旗集团
5	* 脸书	中国工商银行	俄罗斯天然气
6	伯克希尔 – 哈撒韦	* 微软	中国工商银行
7	埃克森美孚	*IBM	丰田公司
8	强生	雪佛兰	美国银行
9	摩根大通	沃尔玛	壳牌
10	* 阿里巴巴	* 中国移动	英国石油公司

注：* 代表的是数据驱动公司。

资料来源：作者根据 2017 年波士顿咨询公司发布的期刊 *BCG Perspectives* 上的数据整理而成。

贫富差距的惊人攀升成为大混乱的又一个导火索，对于那些“被遗忘的人”而言，发达国家从工业社会到后工业社会的转变实在过于激进。

经济不平等

在美国，经济不平等现象有着明显的规律可循：富人混得不错，穷人混得糟糕，普通人混得不好。1973 年，一个普通的全职工人的年薪为 53000 美元，而到了 2014 年，在剔除通货膨胀因素后，一个普通工人的年薪仅为 50000 美元。[①] 普通美国家庭的收入正在倒退，而这一趋势自 20 世纪 70 年代就开始了。在过去 40 年，只有一半美国人的收入增加了，另一半美国人的收入降低了。即使是在富人阶层，财富也是主要聚集在最富有的人手里。在辉煌三十年时期，占总人口 90% 的下层人士分走了整个经济蛋糕的 2/3，而到 2000 年以后，该份额极速下降至 1/2。

在英国，占总人口 1% 的顶级富豪分得的国民收入从 6% 增长至 14%，增长超过一倍。令人不解的是，在欧洲其他国家和日本却没有出现相同的情况，这些国家的贫富差距从 20 世纪 70 年代到 80 年代有所下降，随后又开始增加，现在则处于 20 世纪 70 年代初的水平，且似乎一直处于一种平稳状态。

导致贫富差距变化的因素很多，也很复杂。虽然这一话题之前只出现在学术研讨会上，但随着 99% 运动、占领华尔街运动以

① 这里的“普通”指的是收入正好处在平均值的人。

及2013年托马斯·皮凯蒂非常有影响力的大作《21世纪资本论》的出版，这一话题已然成为大众关注的问题。有人认为其背后原因是政府监管缺位，有人认为是垄断资本主义的兴起，有人认为是工会影响力衰落，还有人认为是技术进步造成的。

技术进步的确是一个重要因素。信息技术的很多要素都能造成收入和财富的不平等。比如，技能转向意味着有技能者的收入比无技能者的收入高。受教育程度高的人起步工资就比较高，而且提升很快；而对于只有高中文凭的人，情况则完全相反。价值创造和获取的关键因素从资本转向知识，这造就了一批新的超级富豪。

在欧洲，特别是在美国，很多人的教育程度不高，所以很多人成为生产效率提升和工资增长巨大落差的受害者。经济收入增长停滞、工厂就业机会消失、大型制造中心城市周围的社区逐渐衰落，造成了很多非经济方面的问题，影响十分恶劣。

信息技术引领的自动化和全球化所引发的巨大经济变革在美国和欧洲已经招致了反拨。与20世纪初期的规模相比，2016年的反拨只是小打小闹，与19世纪初期的小规模反拨（比如卢德运动和《谷物法》）相似，我们还无法预测其未来的走向。目前最大规模的反拨事件就是特朗普当选美国总统。

新混乱，新反拨

杰夫·福克斯将自己的票投给了特朗普。若你了解他的经济窘境，你可能无法想象他为什么会这么做。现年48岁的杰夫是癌症康复患者，背负着巨额医疗债务，靠残疾人补助和社保金生活。他的父亲是贝斯勒海姆钢铁厂（Bethlehem Steel）的会计，该厂原是该地区的经济发展引擎，但在2001年破产了。杰夫很年轻就退休了，之前他是一名家具销售员，女儿在沃尔玛工作。“这些年来，我们都是摸着良心、讲原则地进行投票，但我们得到什么好处了？”福克斯问道。

另外一些投票人之所以选择特朗普，只是因为对现状不满。杜安·米勒是一家油漆和壁纸店的老板，曾任宾夕法尼亚班戈小镇的镇长。他解释道：“普通人之所以会投票给特朗普，是因为他们对政府太失望，政府没能采取任何措施真正地帮助普通工人。美国人现在什么都不相信，所以他们才会在选举中一致采取冷漠的态度。”[10]

从一个特定的视角来看，2016年选举出了一个承诺恢复美国社会稳定和国力、喜欢独裁的圈外人，就不难理解了。

解读美国工人的反拨

如同20世纪二三十年代一样，2016年，很多美国人觉得自己的生活水平下降了。快速推进的制造自动化以及工业外包和后台办公就业岗位离岸化，使很多具备中等技能的人不断地感受到失业的风险。虽然很多下岗工人重新找到了工作，但他们的工资水平下降很多，且更不稳定。

去工业化使很多社区遭到了破坏，所以人们的反应不是因为自己的工作受到威胁，而是作为一个特定的社会群体所做出的反应。很多年轻人发现，现在要购买一套类似于他们幼时住过的房子已经非其能力所及。很多80后和90后发现自己被助学贷款压得喘不过气来，而新经济发展趋势却告诉他们，大学教育不再是中产阶级生活的保障，一切都在以更快的速度发展。

当一切变化来得更快、更个体化、更不可预测、更不可控，经济不稳定就会卷土重来。失业可能会造成严重后果，失业的美国人可能失去他们的房子和医保。美国选民分别给了共和党和民主党8年时间来解决问题，在没有看到明显效果之后，他们愿意尝试一些非常规的解决方案。然而，特朗普的险胜，本身也说明了问题的复杂性。

几十年的财富缩水使杰夫那样的人选择了特朗普，但他并不期望美国实行欧洲式的社会福利制度。杰夫的想法是："因为我有4万美元的医疗费用需要支付，如果有人能替我支付这笔费用就好了。当然，政府并没有责任为我支付账单。"

但特朗普的胜选比较令人费解。他和罗斯福总统完全没有可比性。罗斯福竞选时已经有了一套解决方案，而且方案的可行性经过了证明——他在担任纽约州州长时期所实施的政策就是"新政"的核心内容。

特朗普既没有从政经历，也没有帮助弱势群体摆脱困境的方略，他有的只是口号和恃强凌弱的态度。他的政治纲领在很多方面很笼统、不连贯，但他言辞犀利，充满爱国激情。而且，他只是以微弱的优势赢得了选举。

他获得的普选票比对手希拉里还少了290万张（即少了两个百分点），但涵盖了7.7万张选票的三个州为他贡献了选举人票（全都是遭受服务变革影响严重的州）。如果2.3万宾夕法尼亚人、1.2万威斯康星人，以及6000密歇根人改变了他们的选择，希拉里·克林顿就会胜选。[11]

当然，2016年并不像罗斯福总统当选那年一样民怨如潮，事实上，有40%多的选民根本懒得参与投票。多年来，美国的经济和社会环境不断恶化。在后工业时代，生活在大城市郊区、无高级技能的白人男性就业十分困难，而这些人大多把选票投给了特朗普。认为自己2016年的生活水平比2012年降低的人群中，有78%的人将选票投给了特朗普，而认为自己生活水平保持不变的人群中，只有39%的人将选票投给了特朗普。[12]很多认为国家经济发展不佳的人也将选票投给了特朗普。那些认为全球贸易导致工人下岗的人群中，有65%的人将选票投给了特朗普。45岁以上的人群中，有一半的人选择了特朗普，而45岁以下的人群中，选择他的不到一半。没受过高等教育的人群中，有一半以上的人选择了他，而受过高等教育的人群中，选择他的人不到一半。

但这次选举不仅仅是经济事件，很多社会科学家对特朗普胜选有着种种解读。

政治学家卡伦·施滕纳认为，特朗普赶上了一股潮流，即选民期待有强人能重建秩序以回应他们及其父辈自20世纪70年代以来经历的动荡和无助。他们希望能让“美国重新强大起来”。她将选民分成三类：一类是“经济保守分子”，这些人支持私人企业制度、大型集团公司、自由市场和自由贸易；一类是“保持现状派”，这些人不喜欢任何变化；一类是“专制派”，这些人认为他们的社群受到了威胁，而政府坐视不管，所以感到非常愤怒。[13]

纽约大学的心理学教授约翰·约斯特则认为，特朗普的个人行事风格，尽管对有些人而言十分恐怖，但对那些喜欢专制统治的选民而言则极具吸引力，比如杜安·米勒，他原本是民主党的支持者。看到特朗普霸凌政治对手和媒体，美国民众感到十分痛快，这让他们心里对美国既得利益者深藏的不满得到了一点发泄。（当特朗普霸凌政治对手和媒体的时候，他是在搅动人们内心深处对导致美国社会阶层分化日益严重的社会现实的不满。）他自大，拒绝按规矩出牌，拒绝道歉，绝对自信，这对喜欢专制统治的选民而言，简直是一款令人心旷神怡的膏药。[14]

英国脱欧

2016年6月，英国举行公投，决定是否脱离欧盟。这一事件比特朗普当选美国总统更令人震惊，因为这是一个非常具体的标志，表明反拨正在悄然兴起，而且这一公投结果出乎大多数人的意料。

少数“知道内幕”的人完全没有料到，明智、谨慎的英国人会选择一条前途不明的道路。经过40多年的努力，欧盟的规则和行为规范都已经融入了整个英国的经济和管理结构中。

然而，本次公投的真正问题只是反映了选民的不满，却没能揭示选民的真实意图。换言之，公投只问了选民一个问题：是否希望走上一条光明大道？却没问他们目的地是哪里。整个公投的问题只有一个：英国该继续留在欧盟还是脱离欧盟？可能的答案只有“继续留在欧盟”或“脱离欧盟”。

尽管经过40多年的融合，英国人深知继续留在欧盟的含义，但对于脱离欧盟的具体内涵却一无所知。关于脱欧后，英国和欧盟应该保持什么样的经济、政治和安全关系，众说纷纭。

在脱欧后英国与欧盟的贸易关系问题上，英国社会分歧过大，以至在公投18个月后，这个问题才首次被提交至内阁讨论。截至本书付印时，保守党虽然明确要脱欧，但脱欧后怎么走，党内却没能达成共识。在脱欧后英国和欧盟保持什么样的贸易关系问题上，保守党内部无法形成共识。从这一点看，本次反拨只是一场痛苦的哀号，而对英国经济的基本运行方式没有提出明确诉求。

英国脱欧与特朗普当选虽然都是反拨事件，但本质不同。英国不是在时局艰难之时选举出一个强有力的独裁领导，支持脱欧的英国领导人没一个是具备个人魅力的强势领袖。而且，当支持脱欧的阵营获胜之后，该阵营的领导要么自行下台，要么被迫下台。

而且出人意料的是，一位原本投票反对脱欧的人——特雷莎·梅被推上政治舞台，完成费力不讨好的脱欧任务。

虽然很难明了选民希望通过脱欧达成什么目的，但要了解他们的不满却很容易。[15] 当然，有些人对于公投的结果表示异议，甚至极度痛苦。一项脱欧调查结果显示，70%的选民认为支持“留欧”的一方会获胜，但这其中 54% 的选民在公投中却选择了“脱欧”。公投结果也显示出明显的规律：那些受服务变革影响越大的地区支持脱欧的比例越大；长期陷入经济困境的人支持脱欧，对未来保持乐观的人支持留欧。

同一份脱欧调查结果还显示，支持脱欧的选民整体上年龄大、受教育程度低，大多数住在中小城市或农村；而 18~20 岁年轻人中，有 3/4 选择了留欧，25~34 岁的年轻人中，有 60% 的人支持留欧，而大部分 45 岁以上的人都选择了脱欧，60% 以上的退休族选择了脱欧；有工作的选民大多选择了留欧，而大部分失业人群则选择了脱欧；只有高中及以下文凭的人大部分选择了脱欧。

值得一提的是，脱欧也不是党派分歧造成的。投票支持脱欧的人中，40% 是保守党成员，50% 是工党成员。事实上，两大党派内部分歧都很严重。只有支持脱欧的极右党派（独立党）内部意见完全一致，但该党在公投结束后就失去了政治影响力。

英国脱欧和特朗普当选使 2016 年成为英美两国历史上的一个转折点，但欧洲的其他选民并没有做出同样的选择。

没有发生反拨的欧洲大陆

英国之外的欧洲，右翼、民粹主义党派一直与主流的左右翼党派共存。他们只是一些边缘党派，也安于现状，其所得选票一般维持在 5%~20%。但 2010 年前后，情况发生了变化。2014 年的欧盟议会选举中，反欧盟党派获得的选票有所增加，其中包括四大欧盟成员国：法国、意大利、德国和英国。整体而言，2009—2014年，极右民粹党派所获得的选票增加了20%~30%。

在法国，极右翼总统候选人玛丽娜·勒庞差一点胜选，其他几个欧洲国家的民粹党派的民意支持率也不断攀升。最终，法国选民放弃了法国版的特朗普。荷兰的民粹党派——自由党总统候选人海尔特·威尔德斯虽然开局不错，但最终落选。德国的民粹主义党派——德国选择党开局也不错，在议会赢得了13个席位，不过最后并未赢得选举。奥地利极右政党——自由党，则获得了与主流党派合作执政的权力，但这些都没有形成民粹主义的混乱；在2016年12月的总统选举中，民众并没有选择极右政党，而是选择了前绿党领袖亚历山大·范德贝伦。范德贝伦认为自己“思想开放，兼收并蓄，支持欧盟”。[16]

要理解欧盟发生的这些情况就必须将反对全球化和反对移民这两种心态区分开来。

2016—2017年，欧盟内部极右党派获得支持率上升的原因，并非像英美两国那样，是由于中产阶级危机引发的，而在很大程度上，是由欧洲难民危机造成的。2015年，大约150万叙利亚及北非难民涌入了欧洲大陆。民众对政府的不信任是民粹主义党派支持率上升的重要推手。

一项由著名经济学家发表的研究结果显示，导致欧洲民粹主义抬头的主因，是民众对“本国及欧盟政治体制缺乏信任”。他们研究发现，民粹主义的主要支持者是老年及受教育程度不高的人。这就是说，欧盟发生的情况与英美的反拨事件是由相同原因造成的，只是欧盟的情况没有那么极端。2017年，一篇题为《欧洲的信任赤字：原因和补救措施》的报告指出："欧盟并不存在现实的、真正的解体危险。英国脱欧是一个异常现象，对欧盟造成了损失，但对欧盟宏观经济的负面影响不是很大。根据历史发展规律可以推论，随着经济条件的改善，选民会更加支持欧盟的存在。"[17]

截至2018年本书付印之时，这一判断似乎完全正确。一切表明，2016年与1848年相似，是一个转折失败的历史转折点。

但2016年的反拨拼图中，最关键的是几个发生在日本的事件，或者更准确地说，是日本没有发生的事件。

日本错过的反拨

同其他国家一样，日本经济也遭到服务革命所带来的极大冲击。日本的辉煌三十年，比欧洲和美国更甚，因此在接下来的"失落的十年"，其经济经历了比其他国家更艰难的历程。事实上，日本经历了历史上最长的经济危机。1995—2007年，其经济总量缩减了1/5，部分原因是物价下跌和劳动力减少，但实际工资也下降了5%。

尽管经济形势不好，但日本人仍然支持全球化。美国皮尤研究中心的最近一次民调显示，58%的日本人支持日本参与经济全球化，他们认为"这会为日本带来新的市场和经济增长机会"；只有32%的民众反对经济全球化，他们认为"这是坏事。因为全球化使工资降低，失业加剧"。[18]

在我看来，美国与日本的最大差别在于社会凝聚力不同。日本人民知道苦乐相生，期待苦乐共享，所以他们相信自己的领导人一直在为大众的最大利益而努力。

一次适得其反的民粹主义的反拨就很好地证明了这一点。

2016 年末和 2017 年初，在美国和欧洲的政治混乱甚嚣尘上之时，日本的一位民粹主义政治家满怀希望地挺身而出，希望打破原有的政治结构。在首相安倍晋三宣布将参加连任选举后，他的前盟友小池百合子也宣布自己将参加首相选举。这位民望颇高的东京都知事退出了原来的党派，成立了“希望之党”，宣布参与首相竞选。

她的竞选纲领是经典的民粹主义剧本，我将其总结如下：“人民是纯洁的，精英是腐败的，所以投票给我，我能填补两者之间的空白。”小池百合子将自己描述为保守的民粹主义者，声称：“如果此时我们不重新改造日本，我们将无法充分保护我们的国际竞争力和国家安全。”[19]

希望之党击败了原来的在野党——民主党，并吸引了几位高调的保守派政治家。媒体当时认为，此举与英国脱欧、特朗普当选和欧洲民粹主义者（如玛丽娜·勒庞）参选有很多相似之处。本来，大家以为 2016 年开始的反弹会一直持续到 2017 年，但小池百合子的挑战很快就偃旗息鼓了。

小池百合子所得选票只是安倍的一半。安倍所在的自由民主党不仅赢得了选举，而且赢得了超过 2/3 的议会席位，这使他获得了改革宪法所需的绝对优势。换句话说，民粹主义者不仅没有取胜，反而拱手将更多的权力交给了当权者。小池百合子最后重新回到东京，担任东京都知事。

错过的解决时机及新的变革

美国的“新政资本主义”带来了经济上的满足和普遍繁荣。技术进步和贸易增加，使中产阶级的收入增幅尤其明显。在罗斯福政府的关照下，那些被遗忘的人不再被遗忘，他们的生活水平、财务安全和经济前景得到了巨大改观。

然而，技术发展的本质在20世纪70年代发生了变化，人们的幸福生活开始走下坡路。1979年，美国制造业的就业人数达到顶峰。随着自动化的兴起，制造业就业人数也在那一年出现了下降的趋势。1990年前后，新型全球化兴起，富裕国家在世界制造业中所占的份额急剧下降，并持续到今天。

以信息技术引领的自动化和全球化，带来了大规模经济变革，也造成了去工业化和经济发展放缓。这样的背景产生了反拨和躲避冲击的噪声。当然，这些反拨声音远不如20世纪初的反拨浪潮那么大，但我们还不知道这些愤怒的情绪会将我们带向何方。关键的是，2016年的反弹并未带来解决方案。存在于社会许多层面上的痛苦、不安和普遍的无助感觉，并没有得到实质性的解决。美国没有提出任何有效的解决之道。英国稍微好一点，但也没有真正的解决方案。而各种不安因素在所有发达国家都存在。

数字技术作为一种新技术席卷全球，引发了经济变革。数字技术突飞猛进，其发展速度前所未见：去年还看起来不可能的事情（比如免费即时翻译），今天就已司空见惯了。这不是技术进化的速度加快了，而是一场全新的革命，而许多人都忽略了这一事实。

第二部分
全球机器人化变革

3
数字技术驱动全球机器人化变革

迈克·杜克曾经否认数字技术会呈爆发式发展，但他现在改变了看法。这位沃尔玛前首席执行官说："我真希望我们在数字化方面早点采取行动。""我们在许多领域都取得了成功，但不知为什么在这个领域却没能早点采取行动。"服装零售商 J. Crew 的首席执行官米基·德雷克斯勒在卸任前的一个月表达了类似的观点："我从未见过今天这样的变化速度。如果能倒退 10 年，我可能会早点采取行动。"[1]

数字技术的发展速度快到令人难以理解。许多人要么不知道变化的速度有多快，要么视而不见。美国财政部长史蒂夫·姆努钦就属于前者。

2017 年 3 月，当被问及人工智能是否会取代工人时，姆努钦回答说："我认为目前这还是遥远的事情。在人工智能取代美国工人的问题上，我认为还有很长的路要走，甚至在我的雷达屏幕上也看不到它的影子。我觉得至少是50年或100年之后的事情了。”这番话道出了他的“机智”，毕竟姆努钦和那些在历史频道上看过太多二战纪录片的倒霉蛋不同，他“预测未来”的能力在过去曾经给他带来过丰厚回报。

2009年，在全球金融危机最严重的时候，姆努钦收购了一家破产的抵押贷款银行，并在2015年转售时获得了10亿美元的利润。他太富有了，以至他在接受财政部长职务资格审查时，居然漏报了1亿美元的财富。在国会听证会上，当被问及漏报的原因时，他解释说：“我想你们都能理解，填写这些政府表格是相当复杂的。”[2]

像杜克、德雷克斯勒和姆努钦这样圆滑世故的人很难理解科技非常规的发展步伐，这背后的原因很深刻。当前科技呈爆发式增长，而人类大脑还局限在旧时以步行距离来组织经济生产所形成的理解模式中，这就像人类在进化过程中遇到了“宿醉”现象一般。

人类大脑的局限与技术的指数式增长

要思考数字技术的未来，我们的大脑是一个关键设备，但我们大脑过去的进化目标却不是为了思考。所有动物，包括人类，其大脑进化的目的是跟踪运动。所有能移动的生物都有脑力，而不动的生物没有脑力。有一种叫海鞘的动物，当它可以移动时，它有一个大脑，一旦永久地附着在某个东西上，它就会失去自己的大脑。

以步行距离为尺度的进化过程，造成了一个重要的后果：我们会以为事物是匀速变化的，即昨天和今天相比，明天和后天相比，变化速度差不多。因此，在设想未来的发展时，我们会以自己的进化速度作为参照。

我们大部分人认为自己很现代，但实际上，弓箭是高科技武器的时代离现在并不遥远。大约 6000 年前，人群聚集的城市才首次出现。在那些觉得看一段 5 秒视频广告都太漫长的人眼里，6000 年是一段很长很长的时间。但从进化的时间尺度来看，6000 年不过弹指一挥间。

想象一下，你可以把你的祖先聚集在一起，搞一个家庭聚会，你的母亲，你的祖母，你祖母的母亲……一直到首次出现城市的时代，你要为这次聚会准备多少酒？答案出人意料的少。你可以把这个聚会安排在一个大电影院里，空间还绰绰有余。因为你们只有 300 人。如果他们都喝酒适度，也就是说每人喝 1/4 瓶，那么你只需 75 瓶酒。这一点问题也没有。

从进化的角度看，300 代人所跨越的时间与 5 秒的视频广告时间长度差不多。这就是为什么人类大脑还无法处理全球机器人化带来的巨变。根据进化结果，人脑中“很快”一词，其概念是一支标枪的飞行速度。然而，数字科技并不以这样的速度飞行。

数字技术如何偷袭我们以步行距离进行运算的大脑

数字技术在起步阶段发展非常缓慢。多年来，其进步几乎难以察觉，但实际上其发展速度一直在快速增加，我们可以举个例子来说明问题。

假若银行给储户每年支付高达 58% 的利率，那么客户存在银行的钱每 18 个月就会增加一倍。比如，今天存入 1 美分，10 年后会增长到 1 美元，也就是说数值上涨了 100 倍。但从 1 美分变为 1 美元并非什么惊天动地的增长，这就是所谓“难以察觉”的增长阶段。

在第二个和第三个 10 年，增长会更令人兴奋，但第四个 10 年是增量开始给人留下深刻印象的时期；在第五个 10 年，你会看到 1 万美元变成 100 万美元。在那之后，增量变得难以置信的大。你的 100 万美元在第六个 10 年会变为 1 亿美元，在第七个 10 年变为 100 亿美元。这就是所谓的爆发式增长阶段。

这种增长似乎难以理解：从 1 美分增加到 100 亿美元，这 30 年的发展人们几乎没有察觉，这似乎并不正常。如果你以线性发展的方式预测未来，那么这种发展趋势则显得更加不正常。但指数式增长的发展模式就是如此。数字技术的发展正是遵照此规律进行的。数字技术先经历了几十年难以察觉的发展，然后突然爆发式增长，这让人们难以直观地理解数字技术的发展。

以计算机处理速度为例，每 18 个月左右，计算机处理速度就会翻倍。iPhone 6s 于 2015 年推出，其处理信息的速度比 1969 年将阿波罗 2 号飞船引导至月球的大型计算机快约 1.2 亿倍。这已经很快了，但 2017 年推出的 iPhone X 的处理速度大约比 iPhone 6s 快了三倍。

想一想，2015 年之后的两年内，计算机的处理速度是 1969—

2015 年速度总合的两倍，即两年内的增长率是前 46 年的两倍。这对我们以步行距离为尺度的大脑来说似乎并不正常。这种从难以察觉到爆发式增长的发展过程，使一些人无法理解数字技术发展到底有多快，而另一些人则否认这是事实。

数字技术的指数式增长特性和我们用线性思考方式预测未来的天性之间的差异可以用我所谓的“惊变”（拐点）图来加以显示（见图 3–1）。[3]

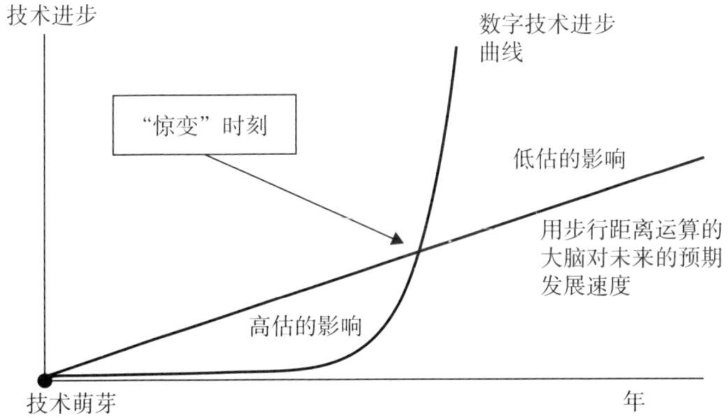

图 3–1　推动全球机器人化的数字技术发展图——“惊变”图

资料来源：作者自制。

“惊变”图

图 3–1 中，从左到右稳定上升的直线代表人类以线性方式预测未来的倾向，曲线代表数字技术的实际发展走势。在不易察觉的发展阶段，曲线沿着底部前进，当到达爆发式发展阶段时，如图所示，曲线突然像火箭一样往上发射。

当数字技术爆发式发展、超过人类预期的发展速度时，就会出现我所谓的“惊变”时刻。这是数字技术带来破坏性影响的时刻。人们知道它即将到来，只是没想到会如此之快。他们不明白，原来发展缓慢的技术怎么突然就发展得这么快了。

以过往的经验来看，这种爆发式增长简直不可理喻。在以步行距离为思考尺度的世界里，这样的发展速度是不合理的，但在指数式增长的世界里，这是不可避免的，杜克和德雷克斯勒也是在吃了一番苦头之后才发现了这一点。

数字技术发展的现实与人们直觉之间的差异，还可以用阿马拉定律（Amara’s law）来加以解释。未来学家罗伊·阿马拉指出，我们倾向于高估一项技术带来的短期效应，而低估其带来的长期效应。对人类来说，这种系统性的错误估计，并非什么新鲜事。

埃森哲（Accenture）公司首席执行官南佩德在2016年写道：“自2000年以来，《财富》世界500强中超过一半的公司消失了，其主要原因是数字技术的进步。”数字技术不仅影响公司的生存，也在改变世界的就业形式。

这轮新的冲击始于何时？追溯这样的技术革命是困难的，因为这是一个过程而不是一系列事件。虽然这么说，但我认为2016年或2017年应视为数字技术大发展的元年。福布斯技术委员会和《财富》杂志将2017年视为“人工智能技术元年”，那我们也不妨采用他们的说法。

但数字技术到底是什么？

数字技术的四大法则

数字技术很不寻常，其发展方式令人惊叹，以至我们不得不用特别的词汇来指称其进展。首先是摩尔定律，它指的是计算机处理速度呈指数式增长，每18个月左右翻一番。此外，还有其他三个定律可以说明数字技术的特点：关于数据传输量增长的吉尔德（Gilder）定律，关于数字网络价值增长的梅特卡夫（Metcalf）定律，以及关于创新速度增长的瓦里安（Varian）定律。提出这些定律的都是不同寻常的人。

摩尔定律

戈登·摩尔的职业生涯与他的定律很相似。他起步很慢，最后却做出很大的成就。在高中的时候，他成绩平平，然后进入了名不见经传的圣何塞州立大学，两年后转学到了著名的加州大学伯克利分校，成为他的家族中第一个有大学文凭的人。毕业后他进入了半导体行业，在半导体发明者威廉·肖克利（William Shockley）手下工作。当时，肖克利半导体公司的经营状况并不好。

肖克利是一个罕见的角色，他很挑剔。1956年他获得诺贝尔物理学奖后，变得更加专制和不可理喻。工作没多久，摩尔和其他7位年轻研究人员就离开了肖克利半导体公司。他们每人凑了500美元作为种子资金，在仙童摄影器材公司的支持下，于1957年成立了仙童半导体公司。摩尔是该公司的研发总监，于1965年发表了著名的摩尔定律。在仙童半导体公司工作了10年之后，摩尔离开了，于1968年创办了英特尔公司。这使他成为亿万富翁，并为他赢得了总统荣誉勋章。

摩尔于1997年退休，但他的定律仍然发挥着作用。自理查德·尼克松担任总统以来，集成电路上可容纳的晶体管数量大约每18个月就增加一倍。其中一个原因是每次进步很快就会成为下一次进步的助推器。

摩尔定律不是万有引力定律那样的自然法则，甚至也不是一个经验法则，我们最好视其为电子和软件行业的冲锋号或进行曲。摩尔定律已经存在了50多年，对行业发展有着很强的指导性。

在IT（信息技术）领域，芯片制造公司并不设计计算机和软件，因此行业发展需要一个指挥棒。这有点像喷气发动机制造商普拉特·惠特尼（Pratt & Whitney）与劳斯莱斯、飞机制造商波音与空客之间的关系，前者花费数年时间和数百万美元开发喷气发动机，而后者花费数年时间和数百万美元开发飞机。不过，喷气发动机与飞机制造商之间的协调并不困难，因为涉及的公司很少，但IT行业是全球性的，并处于不断变化中。

IT公司每年投资数百万美元开发新的软件和通信服务，因此期待有新型芯片提供支撑；同样，芯片公司投入数百万美元研发更好的芯片，并期待软件公司开发出使用这种芯片的软件。换言之，摩尔定律是一个自我实现的预言，或者说是一个庞氏骗局。

几十年来，《国际半导体技术发展路线图》（*International Technology Roadmap for Semiconductors*）一直是摩尔定律及芯片制造者和使用者的“协调中心”。该杂志于2015年发布的最后一份报告预测，摩尔定律会持续发挥作用，至少到 2020 年。但没有人认为这一发展是轻松的或自动发生的。

最近的研究表明，与 1971 年相比，要使芯片的处理速度翻倍，人们投入的研发时间要增加 17 倍。这意味着研发总投入十分巨大。例如，芯片制造商英伟达花费了 20 多亿美元开发了一种可加速机器学习的新型芯片。20 亿美元足够支付美国海军尼米兹级核动力航空母舰一半的费用，但这笔费用只能让机器学习的速度提高 12 倍。

不过，这样高额的研发费用仍然有利可图，因为市场对更高处理速度的芯片需求十分旺盛。摩尔定律仍然持续有效。

吉尔德定律

和戈登·摩尔一样，乔治·吉尔德和以他的名字命名的定律之间存在一种奇怪的相似性。1989 年，吉尔德预测，数据传输速率将比计算机 CPU 功率快三倍。这个预测经历了一次大规模炒作，然后回归正常——和吉尔德本人的故事有点像。这两个故事惊人地缠绕在一起。

光纤电缆技术可应用于商业，意味着数字传输速度大大加快，吉尔德对此进行了大肆宣扬，使很多投资人对数据传输的速度预期过高，这在一定程度上引发了 20 世纪 90 年代末的网络泡沫。最初几年，光缆的数据传输速度确实比芯片的处理速度快得多，但随后就慢了下来，最后与摩尔定律预测的芯片增长速度大致相同。

吉尔德在光缆商用技术投资上犯下了巨大错误，以致 2001 年因为高科技股票大跌，他个人被迫宣布破产，但他关于数据传输增长速率的预测成真，尽管具体情况与他预测的不一样。1995 年之前，美国的互联网是由政府控制的。在这期间，尽管政府明确不支持互联网商业，但其每年的投入增幅仍达到了约 100%，这一速度比芯片处理能力的增长速度快三倍。1995 年，互联网私有化，信息传输量随即出现爆发式增长：1995 年、1996 年，几乎以每年 10 倍的速度增长。在那之后，增长速度缓慢下降，其增幅处于稳定的两位数区间，大约每年 20%~30%。这一发展的结果是现在每天网络传输的信息量大到难以想象。

2017 年有一个非常典型的案例，在一分钟内，推特共发送了 50 万条推文，超过 400 万条 YouTube（油管）视频被点击观看，Instagram（照片墙）发了 4700 万个帖子、脸书上有 400 万个点赞，同时还有 1500 万条手机短信。而若要谈论 2016 年数据传输总量，你需要一些你可能从未听过的词汇。思科公司估计，2016 年，全球互联网流量为 1.2 泽字节（ZB）。这是一个巨大的数字。

要存储字母“a”或任何其他字母需要 8 个字节。若要将世界上全部语种的编目图书（加上备份副本）储存起来，大约需要 480 万亿字节，也就是 480 后面跟着 12 个 0，需要 2 万张 DVD（数字光盘）；如果堆叠起来，其高度可达 24 米。而一泽字节是它的一万亿倍！若将 2016 年互联网全部数据流量存储在 DVD 上，再将这些 DVD 叠在一起，其距离将长达 240 亿公里。太阳离地球只有 1.5 亿公里，因此这些 DVD 的长度相当于从地球到太阳折返

80次。

这一数字还在迅速攀升。思科公司预计，从现在到2021年，互联网信息量每隔几年就会翻一番。除了个人连接速度越来越快之外，世界范围内的连接量也在迅速增长。早期，互联网用户数量以三位数的速度爆发式增长。从2000年起开始减慢，现在一直保持在10%~20%。目前，全世界大约有40亿互联网用户（见图3–2）。北美和欧洲已基本实现互联网全覆盖。亚洲和非洲仍有很大的增长空间，因为有超过一半的人还没有用上互联网。从全球来看，互联网用户数已占全部人口的55%。按照目前每年约10%的增速计算，到2020年美国大选时，将新增约10亿网络用户，到2024年大选时，几乎所有人都会上网。

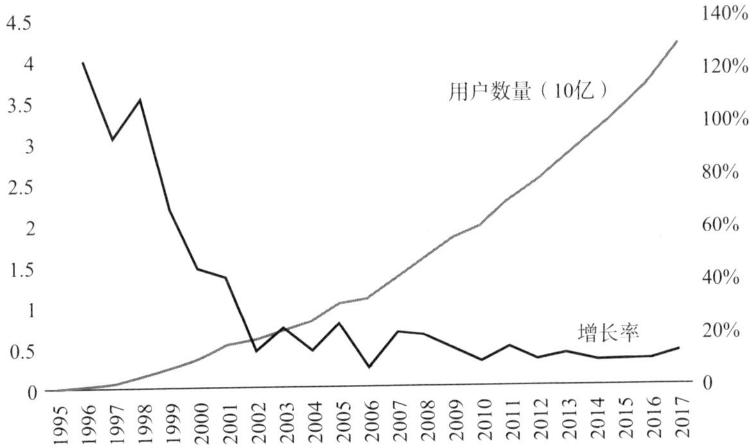

图3–2　1995—2017年全球互联网用户情况

资料来源：作者根据世界互联网统计网站上发布的数据绘制。网址如下：www.internet worldstats.com/emarketing.htm。

数据处理和传输能力的快速提升，产生了一些极其庞大的数字网络媒体，比如拥有 20 亿用户的脸书。这一现象背后的原理就是所谓的梅特卡夫定律。

梅特卡夫定律

罗伯特·梅特卡夫是第三位也是最不活跃的数字技术定律的提出者。他指出，虽然网络使用费用下降，但网络用户越多，该网络的价值就越大。这一定律解释了数字网络快速增长和赢家通吃的现象。这一定律其实只是一个常识而已。

当网络连接的计算机越多，连接的人越多，连接的信息就越多，因此网络也就更有用，这是显而易见的。但这并非梅特卡夫定律揭示的真正规律。该定律的关键是指出了网络价值的增长速度比网络用户数量的增长速度快，且不是快一点点，而是快两倍。

举个例子，如果现有网络用户数为 10 万人，只要增加一名新用户，就会增加 10 万个新连接。而当用户数为 20 万人时，只要增加一个新用户，就会增加 20 万个新连接。换句话说，新增连接的数量并非线性上升，每一个新用户都会触发网络规模的增长，最后会出现飞跃。

这一发展的结果就是我们所谓的“临界点经济学”。当一个事物的大小超过其零界点之后，就可能会出现滚雪球式的发展，速度极快，规模极其庞大。社交软件 WhatsApp（瓦茨普）就是个典型的例子。一旦有人开始用这款软件发送信息之后，越来越多的人就会加入其中，而用户的增加又会带来更多的用户。比如，仅仅在 2017 年 7 月之前的 16 个月内，有大约 5 亿人成为 WhatsApp

的用户。这在一定程度上与人性的特点有关：人不会因为别人不做什么，而不做什么，但一旦看到有人做什么事情，却会跟着模仿。

其中的关键点是网络价值的增长速度快于其规模增长的速度。在全球机器人化时代，这一定律有着如下几方面的重要意义。

首先，它有助于解释网络经济与实体经济的差异。这一点解释了脸书、WhatsApp和推特等公司快速发展的原因。以脸书为例，它于2004年推出，但直到2006年9月才对公众开放（最初只对大学生开放）；5年后，它拥有了6亿用户；2012年，该公司盈利10亿美元；如今，它拥有超过20亿用户，年收入超过100亿美元。

其次，梅特卡夫定律有助于解释为什么在虚拟经济中会盛行赢家通吃现象。在21世纪，脸书有几个竞争对手，比如聚友网（MySpace），但看到他人在用脸书，很多人都跟着用起了脸书，因为你可以在脸书上找到你的朋友。同样，谷歌搜索引擎在挑战雅虎等老牌公司时并非胜券在握，但一旦谷歌开始取得进步，它就赢得了更多用户，从而大大加快了获胜的步伐。而其他对手，比如民赞网（Lycos）、Altavista、Ask.com等搜索引擎公司都纷纷靠边站。根据梅特卡夫定律，即便是微软的必应（Bing）这样"生来就大"的搜索引擎，也很难挑战谷歌的领导地位。

但是，驱动数字科技以令人难以理解的速度前进的不只是网络的力量，还包括计算力和传输速度的惊人发展，以及数字革命与工业革命之间存在的本质差异。20世纪初，即第二次工业革命时期所产生的一系列新技术，经过了几十年才转化为有用的产品和新工艺流程。因为这些发明都涉及物质，所以整个发明过程比较缓慢。

然而数字发明的本质完全不同，这种发明有一个独特的名字——数字组合创新。这是谷歌首席经济学家哈尔·瓦里安创造的名词，但我认为这不只是一个名词，而是一个定律。在某些方面，瓦里安本人和他提出的定律很不一致。

瓦里安定律

瓦里安个子很高，淡泊从容，虽然已经 70 岁了，但看起来十分年轻。他的定律主要是关于无序创新的，但他自己却并非无序的人，除了他搞怪的幽默感。2017 年夏天，当我在葡萄牙辛特拉小镇欧洲央行举办的中央银行论坛上与他交谈时，他那皱巴巴的橘色领带（当然是加州最好的聚酯纤维制成的）上印着 $、£、€、¥ 符号，底纹是代表股市暴涨暴跌的线形图。他似乎是在用这种方式打趣参会的欧洲央行的行长们。也许这是硅谷向欧洲央行正式着装礼仪的“致敬”，抑或他只是以此来打破他和马里奥·德拉吉和本·伯南克之间的沉默。

瓦里安定律解释了数字技术发展如此之快的原因。“时不时地会产生某项技术或一系列技术，这些技术的组件可以被重新组合，形成新的产品。”他解释道，“这些组件为创新者提供了技术创新的可能性，从而引发新的技术发展潮流。”

数字创新与 19 世纪和 20 世纪的创新相比，最大的区别在于产品和组件的性质不同。今天的组件是诸如开源软件、网络协议和应用程序编程接口等，这些组件可以自由复制，尽管看起来有点奇怪。

即使是在竞争非常激烈的领域，比如机器学习，各大头部公司也会将它们的研究发现在可以免费获取的学术杂志上发表。大量的训练数据可以随时从网上免费下载。谷歌已经将自己的大型计算机免费开放给一些网络用户使用。IBM 公司也已经将其最先进的量子计算机免费开放，以便能开发量子计算机现实应用的专家形成一个互动社区。

这一做法貌似奇怪，但这些免费组件所构成的数字产品往往价值连城。

瓦里安定律的核心就是：数字组件是免费的，而数字产品是极有价值的。人们为了发财，会尝试用这些组件去创造近乎无限的组合，这样发明创新就会呈爆发式增长。

埃里克·布莱恩约弗森和安德鲁·麦卡菲在其合著的《第二次机器革命》中指出了这一做法的重要意义。数字技术和传统技术的一个重要区别在于，新产品和新组件可以零成本、即时、完美地被复制。想象一下，如果当年纽科门的蒸汽引擎也可以这样被复制，那么工业革命的发展速度会快多少。

自动驾驶汽车就是瓦里安定律的一个典型例子。虽然自动驾驶无疑是未来高科技的奇迹之一，但并没有使用什么突破性的技术，只是现有技术的组合，如 GPS（全球定位系统）、Wi-Fi（无线局域网）、先进传感器、防抱死刹车、自动变速器、牵引和稳定控制、自适应巡航控制、车道控制和地图软件，将所有这些组件整合在一起的是巨大的数据处理能力和一个智能机器人。然而，尽管自动驾驶只是现成技术的混合体，但它将创造一个 7 万亿美元的市场。此外，如今许多最具创新性的产品、应用程序和系统，包括优步（Uber）、爱彼迎（Airbnb）和 Upwork.com（自由职业平台）等，大多也是现有数字组件的混合体。

上述四个数字技术定律使原本不可想象的事物变成了普遍存在的现象，让许多只存在于科幻电影中的技术有了实现的可能。但这种情况会持续下去吗？

数字技术革新会持续下去吗？

到目前为止，摩尔定律的核心内容是：如何在一个计算机主板上塞入更多的电子元件。因为一个东西能达到的最小尺寸是固定的，所以从逻辑上讲，摩尔定律的终结不可避免。事实上，一些人认为，我们已经达到了极限。比如，美国科技媒体网站 Ars Technica 的彼得·布莱特在 2016 年 11 月的一篇文章中写道，“在和疾病进行了很长时间的斗争后，摩尔定律死了，享年 51 岁。”[4] 英特尔首席执行官布莱恩·科再奇[①] 却不以为然（作为戈登·摩尔创办的英特尔公司的高管，有此想法也是意料之中的）。2017 年 5 月，科再奇宣布摩尔定律的终结期被推迟了。“我干这行已经 34 年了，”

① 布莱恩·科再奇已于 2018 年 6 月辞职，英特尔现任首席执行官为罗伯特·斯旺。——编者注

科再奇说，“在我的职业生涯中，我无数次听说过摩尔定律的死讯。今天我在这里跟大家宣布，摩尔定律不仅还活着，而且活得很好，枝繁叶茂。我相信，在我退休之后，摩尔定律仍然会活着。”[5]

现在，微处理器中晶体管的直径大约有14纳米。要知道，细菌的直径为10000~100000纳米，病毒的大小平均是100纳米，而单个原子的大小约为0.1纳米。科再奇通知所有人取消摩尔定律的葬礼时，还同时宣布了一种新的芯片，其晶体管的直径只有10纳米。

很明显，在晶体管达到原子的大小之前，你可以不断把晶体管分成两半。但在原子尺度下，从量子物理的视角来看，世界就变得很奇怪了。在2015年发布的《国际半导体技术路线图》报告中，主要作者保罗·加尔吉尼写道：“如果我们竭尽全力，可能会使晶体管的直径缩小到2~3纳米的极限，也就是只有10个原子那么大。”但在这一尺度下，电子的行为受量子不确定性原理的控制，将使晶体管很不可靠。加尔吉尼猜测，这一极限可能在20世纪20年代出现。

然而，物理限制并不会妨碍计算机变得更小、更快、更便宜。

提升计算效率：“强化摩尔”和“跳出摩尔”的两条路径

迄今为止，半导体行业一直在追求加尔吉尼所称的“强化摩尔定律”，即增加单个半导体上的元件密度。但是，除了强化摩尔定律之外，还有更多的方法可以提高计算机性能。加尔吉尼指出，工程师正在研究，如何将现在的2D芯片转变为3D芯片。

另一个前进的方向是加尔吉尼所称的“跳出摩尔”之路，其含义是研制特定任务芯片。“强化摩尔”研究路径是让一名运动员变得更强壮，这样他就能在所有力量项目中赢得奖牌。而“跳出摩尔”路径则是训练一些运动员专门掷铅球或铁饼。比如，英伟达的机器学习芯片就是一个很好的例子，因为它是专门为机器学习设计的。

突破当前计算机性能物理极限的终极解决方案是量子计算。根据量子可以同时处于多种位置和状态的奇妙特性，有人认为，量子计算机将在21世纪20年代走出实验室，进入商业应用阶段，这将意味着计算能力的一次巨大飞跃。然而，量子计算距离商业应用还有很长一段路要走——当然，在数字技术的世界里，所谓走完“很长一段路”所需要的时间一般是10年。

要突破将更多晶体管硬塞进单个芯片的物理局限，还有其他途径可选。一种常见的解决方案是用局部处理来代替信息传输。这就是iPhone数字助理Siri的处理诀窍。在很多iPhone上，Siri只有在手机连接到互联网时才会工作。你的语音数据会被压缩，迅速传输到苹果云端的超级计算机上，而答案会迅速传回你的iPhone，Siri会以它流畅的声音进行传输。所有这些都是在几秒或几微秒内完成的。

这些发展路径应该能让数字技术在未来几十年里继续保持高速发展。

四个数字定律使一项特殊的技术成为可能，这项技术有一个貌似自相矛盾的标签——机器学习。只要看一看人类如何使用机器学习来完成任务，我们就能明白机器学习的奇特之处了。

机器学习：计算机技术发展的第二个分水岭

阿曼达·巴恩斯有个新同事叫波比。这对搭档的任务是帮助伦敦劳埃德银行的保险经纪人遵守 2008 年金融危机后制定的金融监管规定。新保单必须在中央注册表上登记，即创建并验证所谓的伦敦保费通知单。这几乎是例行公事，我们姑且称之为“知识装配线”工作。[6]

保险经纪人用电子邮件发送新保单信息，然后需要有人打开它，提取相关信息并进行验证，将其与其他数据进行对比。这样，就可以填写伦敦保费通知单了。通知单填完之后，需要将全部信息打包上传到保险公司的市场存储库中。

巴恩斯几天内可以填几百份通知单，而波比只需要几小时就能填完这些保单。波比是最近出现的数字工人中的一员。她是一名白领，所谓白领并非她穿着白衬衫，而是她取代的工作人员的穿着。波比是一种新型人工智能，这种人工智能的英文名是 RPA，即机器人流程自动化（robotic process automation），此项技术就是以机器学习为基础的。

巴恩斯把波比看作同事，尽管“她”实际上只是一款软件。事实上，波比就是巴恩斯给这个软件起的名字。之所以会给一个软件起个人名，就是因为软件所做的工作及其工作方法与巴恩斯完全相同，抑或是因为RPA似乎很脆弱——波比无法处理棘手的情况，遇到复杂的问题，她还得交给巴恩斯处理。

将机器人软件拟人化，在机器人行业很常见。例如，安·曼宁是一家名叫Xchanging商务公司的工作人员，她训练一款RPA软件做业务，并将其命名为亨利。她解释说："'他'有400个决策程序，都来自我的大脑，所以'他'是我大脑的一部分，我赋予了'他'一些人性。"[7]得克萨斯州的一家梅赛德斯经销商安装了一个虚拟助手来回应汽车咨询并安排预约，人类销售代表称其为蒂芙尼，顾客们都很喜欢"她"。其互联网销售总监约瑟夫·戴维斯带着一丝得州人特有的夸张语气说道："我一个客户曾经带着玫瑰花来见'她'，还有几个人想和'她'约会。"[8]

这些例子很有深意。人不会给笔记本电脑、智能手机或Excel软件程序起名，却会给软件机器人命名。这一来自机器人实践的前沿信息告诉我们：这种自动化软件确实是一种新事物。这些一线的工作人员没错，现在的计算机可以以前所未有的方式进行思考。

计算机由服从转向认知

计算机最近跨越了第二个分水岭。第一个分水岭是20世纪70年代，计算机完成了从物质到思维的转变。第二个分水岭是从有意识思维过程到无意识思维过程的转变，你可以将这一转变理解为"莫拉维克悖论"（Moravec's paradox）。

人工智能的先驱汉斯·莫拉维克写道（具体来说，是在人工智能的石器时代晚期，即 1988 年）："让计算机在智力测试或跳棋上表现出成人的智力水平相对容易，但要让他们在感知和移动方面达到一岁孩子的技能都十分困难，或者说是不可能的。"这就是悖论：计算机善于处理人类觉得困难的问题，而不擅长人类很容易做到的问题。这种洞见反映了人类思维的一个特征，而这一特征早已为专家熟知。

心理学家告诉我们，人类有两种截然不同的思维方式，一种是有意识的、谨慎的、有逻辑的语言思维，另一方面是无意识的、快速的、本能的非言语思维。当你用心算法计算出 15% 的小费是多少时，你使用的是逻辑思维方式，与直觉无关；而当你被磕绊，努力保持身体平衡时，你是在使用本能的思维方式，与逻辑无关。

作为科学工作者，心理学家对这两种思维方式的命名不太诗意：系统 1（直觉或直觉思维）和系统 2（分析思维）。社会科学家的命名则要华丽得多。心理学家丹尼尔·卡尼曼曾获得 2002 年诺贝尔经济学奖，他在 2011 年出版的《思考，快与慢》[①] 一书中将这两个系统称为"快思考"和"慢思考"。我更喜欢纽约大学社会心理学家乔恩·海特的术语，他把缓慢、理性的思维称为我们大脑的"骑手"，而把敏捷、本能的思维称为我们大脑的"大象"。

海特的比喻让人联想到一个小骑手（系统 2，善于分析的、有意识的思考者）坐在巨型大象上（系统 1，本能的、无意识的

① 该书简体中文版已于 2012 年 7 月由中信出版社出版。——编者注

思考者)。这个形象的说法揭示了两大洞见(以系统 2 的方式):第一,我们大部分思考是“大象”完成的,尽管我们对此毫无察觉。大象完成了认知方面的大部分工作。第二,尽管骑手坐在大象身上,原则上是控制者,但谁控制谁并不像看上去那么清楚。事实上,骑手很难控制大象——对这一点,那些发誓要减肥的人都能证明。

但这与数字技术和像波比这样的 RPA 软件有什么关系呢?传统计算机编程的本质是莫拉维克悖论的深层根源,它模仿的是骑手的思维方式,而不是大象的思维方式。

直到几年前,人类还在用计算机编程的方法教计算机做事情。[①] 这些程序一步一步地解释计算机在可能遇到的各种情况下应该做什么,但是这种方法意味着在我们教计算机思考之前,我们必须一步一步地理解我们的思考方式。

莫拉维克悖论提出后,正如另一位人工智能先驱马文·明斯基所说:“我们完全不知道我们的大脑最擅长做什么。”我们理解大脑中的“骑手”是如何思考的,比如我们会做算术、代数和射箭,但我们完全不知道大脑中的“大象”是怎么想的。例如,我们不知道我们是如何认出一只猫,也不知道当我们跑过山丘和山谷时是如何保持平衡的。机器学习通过改变计算机的编程方式解决了这一悖论。

通过机器学习,人类帮助计算机(机器部分)对一个庞大的

① 机器学习已经存在了几十年,但是由于缺乏计算机计算能力和大数据的支持,限制了它的算法的有效性。

统计模型进行推理计算，最后得出某个特定问题的可能解（学习部分）。由于计算能力的惊人提高和海量数据的出现，经过机器学习训练出来的白领机器人在解决特定问题（如识别语言）时，通常能达到人类水平。机器学习算法的出现使计算机具备了一定的思考和认知能力，而不再是一个只按照明确指令进行运算的盒子。它们现在可以做出有根据的猜测，并完成某些人类思维过程。机器学习因此给职场带来了剧烈的变化。

计算机这项新的认知能力正在改变世界，其创造的新型自动化将取代数百万人的工作，而在 21 世纪之前，这些工作还无法被计算机取代，因为计算机无法处理大象、快思考、系统 1 所涉及的任务。机器学习确实是一场每个人都需要理解的革命。人工智能与人类的竞争已经上了新闻头条，我们不妨从这个话题谈起。

游戏及其他

围棋比国际象棋要复杂得多。在两步之后，国际象棋手有 400 种选择，但围棋走了两步之后，围棋手可能会有 13 万种选择，而且越到后面越复杂。围棋棋盘上可能的落子位置之和比宇宙中的原子还多。这个游戏如此复杂，以至最好的人类玩家也只能靠“感觉”落子。他们不可能像国际象棋手那样，用逻辑的方式来推断其策略。

由于不擅长这种骑手、慢思考、系统 2 的思维，所以尽管几十年前计算机就打败了国际象棋大师，但很长一段时间内却无法达到人类围棋大师的水平。但 2017 年 5 月，情况出现了逆转，一个名叫 AlphaGo Master 的计算机软件，利用机器学习的方法，打败了世界上最好的围棋大师。[9] 而实现这一逆转的原理和步骤令人惊叹。

领先的人工智能公司 DeepMind 旗下的 AlphaGo Master，通过研究 16 万场实际比赛中的 3000 万个棋盘位置，掌握了其中的诀窍。这有点吓人，人类一生的工作时间只有 2600 万分钟左右，研究 16 万场比赛的时间意味着 AlphaGo Master 起步时拥有的经验就超过了一个人一生的经验。但对于希望与这项技术竞争的人类玩家来说，该软件还有更让人瑟瑟发抖的过人之处。

为了从实战中学习，AlphaGo Master 在 6 个月内与自己对弈的次数，超过了人类在 60 年内所能对弈的次数之和。世界上最好的棋手柯洁在输给 AlphaGo Master 之后说："去年（2016）比赛时，它的下法还很像人类，但今年，它似乎变成了围棋之神。"但精彩的部分还不止这些。

人工智能魔鬼般的进化速度，在另一个案例中体现得淋漓尽致：AlphaGo Master 的拥有者将该软件进行了升级，新版本只是将围棋的规则输入算法，跳过"从人类游戏中学习"的模式，让算法依据规则从头摸索该如何下围棋。自从 AlphaGo Master 算法接受"训练"以来，计算机的算力又有了很大提升，所以新版阿尔法围棋大师——AlphaGo Zero 的训练结果令人震惊：在短短 40 天的时间里，AlphaGo Zero 击败了世界上最好的围棋软件——AlphaGo Master。换言之，在 AlphaGo Master 大胜人类棋手仅 6 个月后，它又遇到了更高的高手。

但是机器学习不仅仅是为了好玩，计算机科学家正在让机器学习从吸引眼球的游戏向抢夺工作机会的自动化推进。在机器学习跨越第二个分水岭之前，计算机并不擅长办公室工作。它们看不懂笔迹，无法识别人脸，不会写字，听不懂，也不会说。现在，这些它们都会做了，而且它们的办公技能正在迅速提高。

一个例子可以很好地阐明机器学习的内涵、原理及局限：苹果的语音助手 Siri 学习上海话的过程。上海话是一种汉语方言。[10] 虽然整个学习过程是以计算机巨大的算力为支撑的，但在最初阶段人力还是起到了不小的作用。

Siri 是如何学会上海话的

苹果公司的计算机科学家先让说上海话的人朗读单词和段落，然后创建出一个数据库，将特定的声音（语音）与特定的单词（文本）进行配对，这就是所谓训练数据集。

计算机并不会像人那样能听懂语言，它们只能处理已经数字化的信号输入——由 0 和 1 组成的字符串。这就是为什么声音和文字必须数字化。上海话的录音被转换成由 0 和 1 组成的字符串，这些字符串与训练数据集中的文本的字符串对应。接下来，机器学习就开始了。

机器学习的任务是找出识别相应文字最为重要的数字语音特征。为了解决这个问题，计算机科学家建立了一个白板统计模型。所谓白板模型，是指在原则上一切语音特征都是识别相应文字的重要特征。科学家要解决的问题是：根据对识别相应文字的重要程度，为各个语音特征赋予不同的权重值。

机器学习的革命性在于，科学家不是预先对各个语音特征进行赋权，即不会在统计模型中写出各个语音特征的权重，相反，他们只编写指令，告诉计算机如何循序渐进地对各个语音特征进行赋权。换句话说，科学家让机器通过研究训练数据集中的配对结果，自己学会给各个语音特征赋予一定的权重。

人工编写的指令告诉计算机，一开始要大胆猜测，给各个语音特征随意赋予一定的权重值，即进行一次粗略的估值。然后，计算机会对这次粗略估值进行临时测验，以测定这一估值与相应文本的匹配度。在给自己的测验打分后，计算机会调整各个语音特征的权重值，看看新的赋值在下一次临时测验中能否得到更高的匹配度。通过反复尝试不同的赋值，不停地用新的赋值检验各语音特征与对应文本的匹配程度，计算机最终会找出它认为最佳的赋值方案，即计算机找出了有助于识别出对应单词的语音数据的重要特征。

此后，科学家会对这个统计模型进行测试。他们输入一组新的口语单词，让该统计模型预测与之对应的文本。这一组新的口语单词被称为“测试数据集”。通常，统计模型（也被称作“算法”）还不够完善，不能完全放心使用，计算机科学家需要通过试错的方法，手动调整该模型。经过多次这样的迭代，统计模型达到足够的精度之后，该语音识别统计模型就可以毕业，进入下一阶段的学习。

苹果公司并没有立即将这一算法用于翻译，而是用它来生成更多的数据。该算法被用作苹果 iOS 和 macOS 操作系统中执行听写功能（触摸 iPhone 键盘空格键旁边的麦克风图标时，听写功能就会启动）。当上海人使用这一功能时，苹果公司会录下语音样本，然后，雇人将这些语音信息和相应的文字对应起来，创建一个包含语音文字配对的新训练数据集。然后，该统计模型又重新被送回“教室”，进行数千次或数百万次的权重赋值来调整和语音文字匹配的测验，直到苹果公司对该统计模型的表现感到满意为止。

这就是 Siri 学会“理解”一门新语言的过程。相较之下，学习“说”这门语言就简单多了：首先，找一些会讲上海话的人录制大量的单词和语段；其次，在回答人们提问或要求的时候，Siri 将这些单词或语段抽取出来，重新组织成话语即可。

人工智能已经有几十年的历史了，这个名称在 1956 年就问世了。事实上，就连机器学习也不是什么新鲜事儿。所以你可能会问：为什么现在人工智能才变得如此引人注目？为什么机器学习进步这么快？

为什么机器学习现在发展如此神速？

最简单的答案就是：计算力；或者说，更强的计算力。这就是摩尔定律的体现。

训练人工智能系统像人一样识别照片或理解语言所需的计算力十分惊人。说得专业一点，机器学习中的权重值调整涉及“矩阵反演”数学运算。若要对一个大型系统进行权重值调整，需要进行大量的计算。对于一个涉及上百万像素的算法来说，一次反演就需要进行数百万亿次的计算。[①] 这就要求计算机的算力足够强大。在过去，只有超级计算机才能完成这项任务，而摩尔定律消除了这种限制，2014 年还无法企及的计算速度在 2016 年已经变成了家常便饭。

另一个原因则是大数据集的收集、存储和传输成为可能。

快速计算能力和大数据二者联系紧密，这并不难理解——如果计算力是机器学习的喷气式发动机，那么数据就是燃料。摩尔定律提高了发动机的功率，而吉尔德定律则保证了燃料的供应。今天人们正在使用的巨大数据集几年前是想得到而做不到；而现在，大数据大得惊人。

例如，Flickr 网站（雅虎旗下的图片分享网站）就发布了 1 亿个视频和图像，可以用来训练图像识别算法。你若想知道这个数字有多大，我们可以这么来算：从 1 数到 1000 需要大约 17 分钟；若只是中途偶尔停顿一下，你可以在一小时内数到 3000。以这样的速度，你每周工作 40 小时，一年工作 50 个星期，你一年内能数到 600 万。若你要数到 1 亿，那么你还需要工作 16 年。而当你数到 1 亿时，Flickr 的数据集可能已经翻了好几倍。

既然计算机算力和大数据都达到了惊人的程度，为什么我们生活中并没有看到人工智能的广泛应用呢？一个原因是，一旦人工智能变得足够好，我们就不再认为它是人工智能。例如，光学字

---

① 求 $n \times n$ 矩阵反演的计算复杂度为 n^3。

符识别（Optical Character Recognition）是一种人工智能，它可以扫描文档并将其转换为 Word 文件，但大多数人只视其为计算机的标准配置。换言之，我们其实已经在广泛使用人工智能了，只是意识不到而已。

另一个原因是技能短缺。

培训像波比或亨利这样的 RPA 系统并不需要太多的计算机技能，但让高端人工智能系统发挥作用则需要教育程度高、经验丰富的人才能完成。而具备这些条件的人工智能科学家数量有限。据估计，具备构建像阿梅莉亚、Siri 或微软小娜（Cortana）这样复杂的人工智能系统的科学家，全世界只有 1 万人。不过，谷歌公司有一个解决办法。

谷歌开发了一套机器学习训练程序，减少了对机器学习高端人才的需求。该程序于 2018 年 1 月发布，名为“自动机器学习”（AutoML）。该工具真可谓科幻级的工作助手。AutoML 是一个机器学习程序，即学习如何自行设计机器学习算法。它就像一个制造其他机器人的机器人，或者至少是一个帮助人类制造机器人的机器人。根据谷歌的说法，其目标是让成千上万优秀但不是天才的程序员开发新的机器学习应用程序。如今，服务行业的许多公司都拥有庞大的数据集，但因为没有经过机器学习训练的人工智能系统，这些公司也无法利用这些大数据。AutoML 将能帮助这些公司突破这一限制，加速服务业的自动化。

虽然机器学习使计算机能像人一样完成许多脑力工作，但其本质与人类思维相距甚远。关于这一点有很多误解，部分原因是机器学习被称为“人工智能”——这个词似乎是专门用来迷惑人的。

AI 的意思是“几乎智能”（Almost Intellegent）

名字有时会令人产生误解，“人工智能”这个名称就是典型的例子。人人都知道什么是“智能”，什么是“人工”，但将这两个词放在一起，大家就会产生不祥的解释，甚至让人感到恐惧，抑或让人感到可笑。每个人对人工智能的解读都不太一样。

一些人会联想到一些古怪的科幻人物，比如《星球大战》中的 C3PO，或者 20 世纪 60 年代的电视剧《杰特森一家》中的机器人女仆罗茜。另一些人则会想到一些可怕的角色，比如《终结者》中不可阻挡的银色液体 T–1000，《2001 太空漫游》中心理变态的计算机“哈尔”，或者《黑客帝国》中操纵人类的计算机。

简单而言，人工智能就是能够“思考”的计算机程序，因此具有某种程度的智能。但智能指什么呢？心理学家将智能定义为“一种非常普遍的心理能力，包括推理、计划、解决问题、抽象思维、理解复杂思想、快速学习和从经验中学习的能力”。[11] 从这个意义上说，今天的人工智能并不聪明。

截至目前，机器学习只完成了心理学家列出的最后两项任务：快速学习和从经验中学习。即使是我们今天看到的革命性的机器学习应用程序，比如 Siri 和自动驾驶汽车，也只能根据数据识别模式，然后根据模式采取行动或提出建议而已。在某些领域，机器的模式识别能力惊人，但模式识别能力并不等于“智能”，即我们在谈论智能动物时所谓的“智能”，比如人类、黑猩猩或海豚这样的智能动物。因此，AI 的含义应该是“几乎智能”，而不是人工智能。

数字技术是惊人的发明，有些人为此着迷，有些人心存恐惧，但人人都应该明白一点：数字技术将改变我们的生产方式、生活方式和社会结构。

从技术革新到经济变革

前面已经提到，数字技术已经启动了新一轮的四步发展过程：变革、混乱、反拨、解决。第一步的变革已经在进行中，并由我们熟悉的经济发展双引擎驱动——自动化和全球化。

本次的全球机器人化变革与以前的两次技术革命有两点不同：其一，规模不同。数字技术革命影响的主要行业是服务业，由于现在大部分人都是在服务行业就业，因此本次技术革命造成的影响会比第二次工业革命的影响更大，因为第二次工业革命主要是对制造业造成了冲击。而即使在制造业发展的巅峰时期，在该行业就业的人也不到总就业人口的 1/3，因此第二次工业革命造成的冲击虽然惨烈，但波及的人口数量有限。而本次技术革命将会对大部分就业人口造成影响。

其二，时机不同。与前两次技术革命不同，本次技术革命使得自动化和全球化两大经济发展动力同时发力。这一次我们不能再问是全球化还是自动化对经济发展造成了影响，本轮全球化和自动化是由同一种技术驱动的“双胞胎”。

在前两次技术革命中，先是技术发展促进了新型自动化生产，然后二者共同促进新型全球化经济生产方式的发展。为了强调一个事实，即数字技术打响了白领全球化和白领自动化的发令枪，我们先来谈一谈全球化。

4
远程移民与全球机器人化变革

迈克·斯坎林是个不安分的人。他有三份职业：软件工程师、投资银行家和风险投资人，但他却决定搬到拉斯维加斯追寻自己的梦想——成为“备兑期权”（covered option）交易者。“备兑期权”是一种涉及出售所持股票的复杂的投资策略。

事实上，备兑期权投资只是迈克·斯坎林的第二大爱好。“我的头号爱好是旅游和徒步，”他说，“但我不在网上的时间从没超过36小时。”（是的，在珠穆朗玛峰的一号营地可以收到手机信号，在山脊上的信号比在山谷里好。）[1]

为了让自己在智利马丘比丘顶峰、美国大峡谷和锡安峡谷谷底徒步时，也能通过互联网经营自己的初创公司，他花了37000美元雇用了外国的IT工程师和网页设计师，而若要在美国雇用同样的技术人员，他得花费50000美元。现在，他都无法想象，如果不找国外的自由技术人员，自己的那些工程项目应该找谁来干。

类似斯坎林这样的做法还没有引起普通民众的注意，但他们应该而且可能很快就会注意到。因为，这样做的后果很严重：这使得美国、欧洲的白领直接面临外国白领的竞争，而外国白领可以接受相对低得多的工资。

当然，互联网是双向的，工资竞争并不总是由开价低的一方获胜。国际自由职业竞争也为一些发达经济体的工人创造了新的机会。若公司对质量要求高，即便需要花重金雇用经验更丰富的员工，也一定在所不惜。这就是为什么在金融、会计、工程、电信和物流等领域，世界市场的霸主往往来自高工资国家的服务公司——它们的竞争优势是优质而不是低价。

但是无论你站在哪个角度看，这一次的情况都与以往不同。在今天的数字技术出现之前，斯坎林要想雇用外国程序员的唯一途径是让他们移民美国。而一旦他们移民美国，他们肯定会要求自己的工资和福利待遇按照美国的标准来执行。

来自远程移民的工资竞争

这些外国网络技术人员，就是以虚拟的方式，暂时移民到斯坎林的公司工作，但只按照本国标准收取劳务费用。通常情况下，这些远程移民所收取的劳务费比美国和欧洲同行低 10 多倍。

图 4–1 显示，中国会计人员的工资约为美国会计人员的 5%。

中国会计师或许无法完成美国会计师的全部或者大部分工作，但中国会计师要价比美国会计师低 20 倍，因此应该可以从美国会计师手里拿走一部分工作。聘请中国会计师作为美国会计师的助理，可以帮助美国公司减少雇用本国会计师的成本。

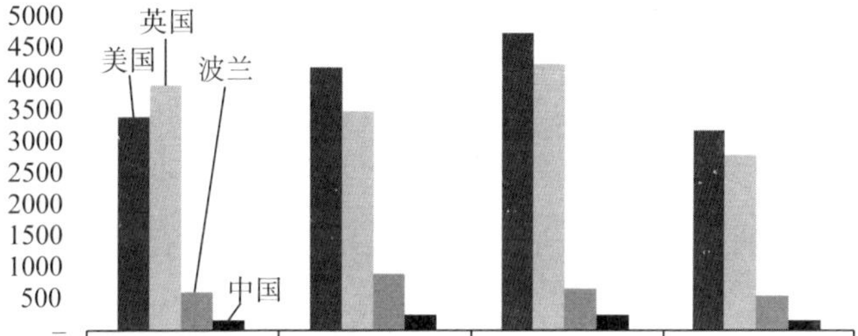

	会计师	程序员	工程师	专业护理师
■ 美国	3370	4141	4710	3168
■ 英国	3867	3476	4225	2782
■ 波兰	617	892	664	563
■ 中国	165	252	252	187

图 4–1　外国工人与美国工人的工资比较

（每月净收入，按 2005 年美元计算）

资料来源：国际劳工组织联机数据。

举个例子，要完成一项任务，一家公司可以用 7 名本地会计师和 7 名远程助理，这比聘用 10 名美国会计师更节省费用，而且可能会完成得更好。只需支付略高于中国平均工资的薪酬，美国公司就可以聘请到中国会计精英——一群最聪明、最勤奋的人。换言之，基础工作将由一流的外国工人来完成，而不是二流的当地人。

同样，远程聘请程序员、工程师和护士也能节约相应的费用。

当然，要完全换成外国专业技术人员是不可能的，但是用一些低成本的外国工人代替高成本的国内工人显然可以省下不少费用。

我就曾经雇用外国工人，而且省下了大笔费用。2018 年 4 月，我雇用了一位曼谷的文案编辑，为我伦敦的政策门户网站（VoxEU.org）审阅博客文章。她拥有哥伦比亚大学国际关系硕士学位，对我网站作者——很多人的母语都不是英语——所犯的错误有着敏锐的观察力。她的工资是每小时 25 美元，比我雇用的欧洲文案编辑便宜 35%。而且，并非只有公司才有经济实力聘请外国员工，个人不需花费太多也能聘请到远程私人助理。

例如，在一个名叫 avirtual.co.uk 的网站上，你可以找到迈凯伦 – 布瑞利，她是一个在线个人助理。她在南非开普敦工作，英语流利，曾在汤普森旅行社担任业务经理，有丰富的人力资源、招聘和旅行策划经验。在她的视频介绍下边有一句话："我热爱我所做的一切，因为我相信我能为客户的生产效率和生活带来真正的改变。"你也可以找到莫妮卡 · 曼西拉，她拥有圣巴巴拉大学的学士学位，拥有簿记和社交媒体方面的经验，英语和西班牙语都很流利。在该网站上，每月 15 个小时的助理费用，起步价是 270 英镑。

虽然关于世界各地自由职业者收费标准的系统调查不多，但还是有一些相关调查数据可用。一个刚起步的自由职业中介网站 freelancing.ph 就做过相关调查。该网站的宗旨是帮助菲律宾人实现网上就业。该网站的宣传材料写道："我们相信，只要心态正确，菲律宾人就能释放出世界级的潜力。"为了促进远程移民，该网站对自由职业者的收入进行了调查。结果显示，数字营销战略家的时薪为 6~8 美元，普通虚拟助理的时薪为 3~8 美元，内容编辑和财务经理的收入为 6~15.2 美元。[2]

尽管这样的收费标准在美国或欧洲听起来十分低廉（10 美元 1 小时，等于年收入仅有 20000 美元），但在远程移民国家也是高于平均水平的收入。比如，菲律宾的国民平均收入是 9400 美元。世界银行也做过调查，发现肯尼亚、尼日利亚、印度的全职网上工作者比他们从事传统就业的同行的收入高。

从这个意义上说，远程移民或者说国际远程办公，对公司和自由职业者来说是双赢的安排。比如，我的网站 VoxEU.org 节省了支出，而我曼谷那位文案编辑也比其当地同行赚得多。唯一对这种模式不太满意的人可能是欧洲文案编辑，因为他们的工作机会减少了。

低工资并不是外国自由职业者的唯一优势，更重要的是，他们也为发达国家的公司拓宽了人才选拔渠道。此外，新中介平台的出现使得寻找、雇用、管理、支付和解雇远程移民变得很方便。ThePatchery.com 的首席执行官对这一点深有体会。

网上自由职业中介平台

安柏·甘恩·托马斯喜欢为孩子缝制衣服，有一次，她灵机一动，心想，为什么不把它做成生意呢？为什么不让人们亲自为自己的孩子设计衣服呢？为了给她的新公司（ThePatchery.com）建立网站，她在明尼苏达州雇用了一家当地的网页设计公司。但网站还没建成，他们就花光了她的预算，于是她想求助于外国网页设计师。但她如何能在明尼苏达州就找到国外的网站设计人员呢？

她找到了一个中介平台。这类平台与易贝（eBay）相似，只不过其所售的不是商品，而是服务。在网上面试了几名自由职业者之后，甘恩·托马斯聘请了白俄罗斯的伊坎塔姆网页设计公司。“它改变了我们的商业进程。”她说。该设计公司不仅工作速度比本地公司快，而且比本地公司更专业。

雇用远程外籍员工不仅仅适用于 ThePatchery.com 这样的小公司，许多大公司也开始这么做。美国运通（American Express）就雇用了许多远程外籍员工。全球服务副总裁维克多·英格尔斯解释道：“雇用外国远程员工能让我们在人才聘用方面有更多的选择。”他还解释说，有处在不同时区的员工有助于公司在非工作时间处理客户需求，并且一般远程外籍员工都是做兼职或非传统的工作，对公司的开支也是有利的。[3]

一些大型公司会在自由职业网站上发布招聘广告。在 Flexjobs.com 上，你可以找到戴尔和德勤发布的计算机结构工程师远程办公职位，也可以找到施乐、联合健康集团（UnitedHealth Group）和甲骨文的远程项目管理职位，还可以找到哥伦比亚广播公司的通信工作，以及希尔顿的旅游和酒店工作。这样的例子不胜枚举。

外国自由职业者也为雇主提供了极大的便利。在自由职业中介平台上，找到、雇用、管理和解雇职员都十分方便，这对雇主来说是很有吸引力的。

寻找、雇用和管理外国工人

upwork.com 是世界上最大的自由职业服务中介网站，我就是在这个网站上找到了文案编辑。我在网上贴出所需要的服务及对服务人员的资格要求，即网上“自荐书”。自由职业者可以写“自荐书”来应聘。当时有十几个人应聘，其中一些是该网站的中介服务机器人推荐的。

在阅读了自荐信并查看了他们的网上资料（其中包括他们要求的薪资）后，我在网上面试了两个应聘者，每次约 15 分钟。在雇用了我喜欢的候选人之后，我开始通过 Upwork 的文件共享服务发布工作任务，并与网站上的文案编辑进行网上交流（当有新消息或文件发布时，网站会向我发送电子邮件）。为了保证文案编辑所报的工作时长是真实的，当她宣布她在为我工作后，网站会不定时地对她的电脑屏幕进行截屏，并将截屏图发给我。

我聘请的文案编辑也不会担心我不付款，因为 Upwork 会自动通过我绑定的信用卡进行收费。如果出了什么问题或工作质量不达标，我可以拒绝支付，但到目前为止一切都很好。既然这是双赢的，我们都有兴趣让它成功；如果确实有什么地方出了问题，或者工作完成了，或者我决定换一个自由职业者，我只需点击“终止合同”的按钮即可。

我绝不是唯一这样做的人。2017 年，Upwork 拥有来自 100 多个国家的 1400 万用户。该网站上的自由职业者收入总合达到

10亿美元。当然，Upwork也有很多竞争对手，比如TaskRabbit、Fiverr、Craigslist、Guru、Mechanical Turk、PeoplePerHour和Freelancer.com等几十家初创企业。用网络术语来讲，这个空间已经吸引了招聘网络巨头领英的注意。该公司的网站有注册用户4.5亿人。利用这一基础，该公司推出了ProFinder（职场招聘）服务外包中介平台，从而也杀入了这一行。此外，中国的公司也加入了进来。

中国经济的数字化程度已经很高，所以你不难想象服务外包经济在中国非常盛行。其中，猪八戒网（zbj.com）是最大的服务外包中介平台。该平台成立于2006年，现在已经有超过1600万自由职业者和600多万家企业成为其注册用户。该公司的英文门户网站witmart.com则面向全球用户。

该平台的首席执行官朱明跃解释说，这种新型全球化经济将比传统的全球化经济发展更迅猛："与在线商品贸易相比，服务贸易在物流和海关方面没有限制。服务贸易的前景非常光明。"该公司已经在美国休斯敦和加拿大多伦多设立了办事处。"我们立足中国，主要服务于中国客户，但我们的目标是全球市场。"[4]

我认为，其他新兴市场也会建立自己的服务外包中介平台，帮助本国公民加入国际自由职业的行列。这将是它们为迅速扩大的劳动力队伍创造就业的极好方式。

从某种意义上说，这些平台对远程移民的意义，就像铁路、集装箱船和航空货运对货物贸易的影响一样。通过降低货物的国际运输成本，运输设施和设备的提升使贸易公司可以从国际贸易的价差中获益，这促进了商品贸易的繁荣。通过大幅降低雇用外籍服务人员的成本，服务外包平台从国际工资差异中获益，这必然会导致远程移民的激增。

外国自由职业者群体画像

由于自由职业服务的非常规性，官方统计数据比较少，而有的统计数据也不太可靠。为了填补一些空白，牛津大学教授维利·莱顿维塔建立了一个创新项目——网上劳动力跟踪调查。[5] 他发现，1/4 的网上自由职业从业人员来自印度，另外有 1/4 的人员来自孟加拉和巴基斯坦；还有一个网上自由职业人才供应大国是菲律宾，而 1/8 的自由职业从业人员来自英国和美国。

在线支付公司 Payoneer.com 针对低收入国家的自由职业者也进行了一项大规模调查。他们询问了全球 2.3 万名自由职业者，约 1/4 的受访者来自拉丁美洲和亚洲，20% 的人来自中欧和东欧，约 15% 的人来自中东和非洲。[6]

绝大多数接受调查的自由职业者都在二三十岁，一半以上的人受过大学教育。雇用他们的公司大约一半来自北美和欧洲（平分），15% 来自拉丁美洲和亚洲，7% 来自澳大利亚和新西兰。

从远程移民国名单可以清楚地看出一点：语言是影响全球服务外包业务一个重要的因素。这不难理解：服务需要人与人的交流，而商品不需要。比如，你无法和组装你 iPhone 手机的人交谈，并不会有什么不良后果，但如果不能和帮你安排旅行计划的人交谈，后果就十分严重了。

大多数外包服务都要求从业者的英语要足够好，这极大地限制了潜在的远程移民数量，但随着人工智能的一项惊人应用——“机器翻译”的出现，这一限制正在减弱。即时翻译曾经是科幻小说中的桥段，而今它已成为现实，可以在智能手机、平板电脑和笔记本电脑上免费使用。当然，机器翻译距离完美还有很长一段路要走，但自2017年以来，这项技术取得的进步绝对令人惊叹——2017年，一位法国游客在冰岛的一段经历可以做证。

机器翻译和人才海啸

2017年8月，一个冰岛人发现一个法国游客在自己的地盘上非法钓鱼，于是报了警。面对警察，这位法国人突然不会讲英语了，但在技术发达的今天，这绝不会影响警察执法。警察用谷歌翻译对他进行了审问，最后给了他一个大大的罚单作为此次冰岛渔猎的纪念品。

同月，英国一家法院也使用了谷歌翻译，因为有人忘了为说汉语的被告安排翻译。即使没有人工翻译，审判也照常进行，因为谷歌翻译已经十分准确，被告对此十分满意。2017年6月，美军斥资400万美元购买了雷神公司的一套机器翻译软件，该软件可以让士兵在智能手机和笔记本电脑上与讲伊拉克语和普什图语的人交谈，也能阅读外语文档和数字媒体。

机器翻译曾经是个笑话。谷歌的研发主管彼得·诺维格曾经讲过一个著名的例子："心有余而力不足"这句话的英文（the spirit is willing but the flesh is weak）被翻译成俄语，然后人们用老式机器翻译对其进行回译，结果却变成了"伏特加酒不错，但是肉坏了"。[7] 即使是在 2015 年，机器翻译也只是派对上的一个玩具，或者顶多能做出一个非常粗糙的初稿。但现在，机器翻译已经可以与普通人类翻译媲美。

谷歌曾经找专家对机器翻译的表现评分，分值范围是 0~6 分——译文完全无意义得 0 分，译文完美得 6 分。根据谷歌提供的数据，经过人工智能训练的谷歌翻译在 2015 年的得分为 3.6 分，远远低于人工翻译的平均水平（5.1 分左右），而到了 2016 年，谷歌翻译的得分已经高达 5 分。[8] 如今，机器翻译的能力正在飞速发展。

就像机器人所做的一切事情一样，机器翻译与人类专家翻译相比还是逊色很多，但其优势也很明显：便宜、方便。然而，人类翻译专家对机器翻译却十分不屑。

例如，《大西洋月刊》在 2018 年发表了一篇道格拉斯 · 霍夫斯塔德的文章。[9] 霍夫斯塔德是一位观察十分敏锐的学者，对机器翻译要求很高。其父是 1961 年诺贝尔物理学奖的获得者，自己则是一位物理学博士，现在是一名认知科学教授，所以他的话绝不是胡说八道。他说："谷歌翻译和类似技术的实用价值不可否认，而且从总体上来说，这可能是一件好事，但机器翻译的解决方案仍然存在严重不足，用一个词来说就是——理解。"他对机器翻译的发展怀着极大担忧。

他写道，如果有一天，机器翻译做得非常好，人类翻译要做的只是进行质量检查，这将“会在我的精神生活中引发剧烈震荡。如果真发生这样的事情，我会感到恐惧和反感。在我看来，翻译是建立在一个人多年的生活经验和创造性思维基础上的精妙艺术”。对于霍夫斯塔德来说，翻译可能是一门精妙的艺术，但对于大多数在国际市场上苦苦挣扎的企业来说，翻译只是一种工具，只要质量过得去，那就足矣。

2018 年，一位专业翻译在《独立报》(*The Independent*) 上发表了与道格拉斯·霍夫斯塔德类似的观点。作者安迪·马丁是剑桥大学的一位讲师，教授学生如何翻译法国文学作品，尽管这基本上是很难做到位的事情。他写道：“这就像你花钱请人教你走钢丝，而教你的人却认定，你一定会被大风吹走，或者滑倒掉进废话的深渊。”虽然他承认机器翻译有实用性，但要完全取代人工翻译是不可能的。他写道：“谷歌翻译已经够好了，但这只针对那些初级翻译人员。”他认为，真正的翻译不是大数据和算法问题，而是艺术问题。“真正的翻译，其核心是不可言说的心领神会，因为不同语言之间不存在直接的对应关系。”[10]

这表明，高端翻译很可能会掌握在人类手中。然而，当这些初级译者使语言障碍大幅降低（但不能消除）之后，国际商务将发生巨大变化。

即时免费的翻译软件不是深藏实验室的实验品，而是人们日常生活中的必需品。像谷歌翻译和 iTranslate voice 语音翻译，以及 SayHi 和 WayGo 等手机上常用的翻译软件，在常见语言之间的翻译已经做得非常成功了。谷歌翻译软件每天为在线用户提供的翻译服务多达 10 亿次以上。

任何智能手机都可以运行机器翻译软件，你也不妨试一试。只要打开一个外语网站，然后运行谷歌文本翻译软件，即可对该网站内容进行翻译。你还可以用 iTranslate 应用程序进行实时翻译：打开智能手机上的 iTranslate 应用程序，将手机摄像头对准一个法语页面，就能在手机屏幕上看到英文翻译。即时还免费！

YouTube 也配备了机器翻译软件，可以即时将外语视频翻译成你需要的语言，你只需点击设置按钮，再点击视频上的文字说明，然后选择“自动文字翻译”即可。Skype（通信软件）也有即时、免费的语音翻译，这样你就可以和外国人用 Skype 进行实时交流了。虽然译文并不完美，但能够自由地与讲着外语的人进行交谈，的确是一件令人惊奇的事情。

微软和亚马逊也加入了竞争行列。微软的数字助手微软小娜可以听懂 20 种语言，并能将听到的语言用 60 种文本进行显示。微软的电子邮件系统 Outlook 在 2018 年添加了一个即时翻译插件。2017 年底，亚马逊推出了翻译应用程序 Amazon Translate。

拆除巴别塔

机器翻译正在进入人们的日常生活，这是人类发展史上的一个巨大变化。到过国外旅行或做生意的人都知道，语言障碍简直无处不在。《圣经 · 旧约》上说，人们之所以会讲不同的语言，是源于神的意志。《创世记》记载，人类欲建一座通往天堂的建筑物：“耶和华说，‘看哪，他们成为一样的人民，都是一样的言语，如今既作起这事来，以后他们所要作的事就没有不成就的了。我们下去，在那里变乱他们的口音，使他们的言语彼此不通’。”人类当时欲建造的建筑物后来被称为巴别塔，“巴别”是变化的意思。虽然听起来有些刺耳，但事实是，机器翻译正在拆除巴别塔，这加剧了欧美办公室职员与外国人才之间的竞争。

全球约有72亿人口，其中大约有4亿人的第一语言是英语，加上其他英语使用者，全球英语使用者大约10亿人。虽然有些网络外包业务要求用非英语完成，但到目前为止，网络外包业务大都要求用英语完成，所以在线自由职业的潜在参与者约10亿人。

但随着机器翻译的快速进步，这10亿人很快会发现，不会说英语的60亿人很快就会和他们展开直接竞争。请你想一想，再想一想。

有了机器翻译，外国人才很快就会说英语或其他发达国家的语言，比如法语、德语、日语或西班牙语。虽然不完美，但足够参与部分网络外包业务的竞争。这将引发全球人才海啸，世界各地的人才可能会突然发现自己的竞争力下降了。

以中国为例，自2001年以来，中国大学毕业生的数量超过了美国，现在每年有超过800万名毕业生。据牛津大学研究人员凯瑟琳·斯台普顿的研究，这些毕业生中只有8%的人不能实现就业。然而，大多数毕业生就业不充分，即他们找到了工作，但往往是兼职，或从事一些并不需要学位的低薪工作。毕业6个月后，1/4的中国大学毕业生的收入低于农民工的平均薪资。斯台普顿表示，中国大城市高昂的生活成本“迫使数百万毕业生成为在城市工作的‘蚁族’，他们的生活处境十分糟糕，通常住在地下室，长时间从事低收入工作”。[11]

不难想象，一旦这些“蚁族”在机器翻译的帮助下能说一口流利的英语，就可以通过互联网将他们的脑力向美国、欧洲、日本和其他富裕国家出口，这无疑会加剧劳动力市场的竞争。

但为什么这种情况现在才发生呢？深层原因是：在机器翻译领域，摩尔定律和吉尔德定律已经进入了爆发式增长阶段。

深度学习掌控天下

10年来，数百名谷歌工程师共同努力，帮助谷歌翻译取得了一些进展，但他们走的是传统、实操的技术路径。2016年2月，谷歌的人工智能开发领袖杰夫·迪恩带领谷歌翻译团队走上了一条完全不同的技术路径，他们称之为“深度学习”。

这项工作需要强大的计算能力作为后盾，但感谢摩尔定律，谷歌达到了这样的计算能力，缺的只是数据。2016年，联合国在网上发布了一组包含近80万份文件的数据集，这些联合国文件都被翻译成了6种官方语言：阿拉伯语、英语、西班牙语、法语、俄语和汉语。这为谷歌翻译团队提供了梦寐以求的数据。

值得一提的是，几年前，创建、存储和上传这么多数据还十分困难，下载一部常规电影还会让大多数人的计算机卡壳。然而，吉尔德定律改变了这一点，现在下载语言数据的网速就像瀑布一样快。

例如，欧盟联合研究中心发布了一个人工翻译句子的数据集（它有超过10亿个单词），该数据集包含22种语言。欧盟议会也公布了包含13亿个段落的数据集，这些段落已被翻译成23种欧盟语言。加拿大议会也将议员辩论数据库上传至网上，该数据库高达几百万句，都经过人工翻译成不同语言。

有了这样的算力和数据，谷歌翻译一个月内取得的进步比前4年取得的进步还要大。[12] 几周后，所有按照旧系统进行的研究项目都被叫停。6个月后，即2016年秋季，谷歌翻译全面采用了这一新的研发体系，但是他们并未对外宣布，他们希望别人来宣告这场革命的到来。

2016年11月，东京大学人机互动专业的教授历本纯一突然发现，谷歌的日英翻译准确度大增。他立即在自己的博客上宣告了这一发现，谷歌随后召开了一场媒体说明会，向外界公布了事实真相。

此外，通信技术的迅速发展让身处他乡的外国自由职业者可与我们并肩而坐，我将此技术命名为“先进的远程作业通信技术”（ACTFAR）。这种技术不再是《星际迷航》或《银河系漫游指南》中才有的桥段，而是当代生活的现实场景。

大规模远程移民通信技术

你拿着平板电脑坐在桌旁，戴上一副轻便的眼镜，顿时，房间里充满了生气。你看到，左边坐着你的同事杰西卡，她现在在纽约；右边是公司的CEO（首席执行官）贝丝，她现在在亚特兰大；坐在你对面的是哈桑，他在伦敦的办公室里。这就是法国人斯蒂芬·卡斯利尔想象中的未来工作场景，他是 Upwork.com 网站的创始人。[13]

原本只是为了让视频游戏更好玩的两项革命性技术——AR（增强现实）和 VR（虚拟现实），现在对远程办公也产生了革命性的影响。许多公司，无论是初创企业还是像 IBM 公司这样的巨头，都在使用 AR 和 VR 来强化远程合作的效果。它们正在重新定义“并肩”工作的内涵。

增强现实

AR 技术的卖点是，它能够让坐在其他地方的专家“增强”你手机、平板电脑或笔记本电脑上的视频所看到的现实，他们几乎可以像站在你身边一样指导你怎么操作。其工作原理如下：

通过视频连接，专家可以看到你身边的场景，他可以通过在屏幕上画图“增强”你对现场内容的理解。不只是用文字或语言，还包括用画箭头、画圆圈之类的告诉你该怎么看或怎么做。他们不用语言告诉你该松开哪个螺栓、按哪个按钮，或者关注哪个句子，而是用图示告诉你该如何做。总之，你不需要将专家的语言在脑海中转换成图像，专家会实实在在地在你的屏幕上为你绘出图像，这使你和专家之间的沟通变得容易。AR 最初只是为游戏爱好者开发的一个应用程序，但现在人们发现，这一技术在现实世界中有很多应用场景。

你可能已经听说过增强现实，不过不一定是这个词。你可能听说过《精灵宝可梦 GO》这款游戏。2016 年 7 月，这款电子游戏一推出便迅速走红，打破了 5 项吉尼斯世界纪录，第一个月的下载量高达 1.3 亿次。这款游戏可以在智能手机或平板电脑上运行，它通过 GPS 定位，将你所在的社区，无论是特拉法加广场、帝国大厦、埃菲尔铁塔，还是东京火车站，都投射到你的屏幕上。

当你靠近某个地方时，AR 技术会“增强”你在手机屏幕上看到的现实。例如，你肉眼只能看到中央公园里的一张长椅，但在你的游戏屏幕上，你会看到一个 3D 动画人物在长椅上跳来跳去。如果你想玩的话，你的任务是用一个精灵球捕捉口袋妖怪。如果你还不明白这款游戏到底是怎么玩的，那就去问问那些玩过这款游戏的亿万玩家吧。

用于工作的 AR 远没有这款游戏中用到的那么复杂。在现实工作环境中，AR 不是将 3D 卡通图像发送到智能手机或平板电脑屏幕上，而是为在野外或现场作业的工作人员提供专家指导。比如，当现场工作人员需要修理他们从未见过的设备时，就可以通过 AR 技术与设备制造公司的技术人员进行沟通。这种新型的双向沟通方式，使现场工作人员能够与千里之外的专家并肩工作。

这不是科幻小说，技术也不是很花哨。如今的大多数应用程序都需要智能手机或平板电脑才能使用，但有一些特制的头戴式耳机也可以实现实时通信。这种耳机也被用于远程小组会议。

这些新的通信方式让视频会议和 Skype 视频通话等技术显得十分老套了。AR 技术终于让远程工作中的“远程”被去除了。目前来看，在员工无法在一个办公室工作的情况下，这一技术的使用比较普遍。总体而言，目前这种技术多用于国家内部的远程工作，比如，荷兰警方就使用AR技术来指导首批到达犯罪现场的人员更好地处理现场。

荷兰警察和加沙地带的外科手术

消防员和急救人员通常是最先到达犯罪现场的，他们的首要任务不是保存证据，但即使有时间，因为接受的培训不足，他们也不知道该如何对关键证据进行存档、获取样本或检查犯罪分子是否仍在现场。他们需要犯罪现场勘察专家的帮助，但不可能在每辆救护车上都配一名犯罪现场勘察专家。

为了突破这一限制，荷兰警方使用了AR技术。赶到犯罪现场的第一批人员，比如急救人员，带着相机和智能手机，可以与身在其他地方的犯罪现场调查员进行沟通，后者会告诉急救人员避免接触哪些物体，因为这些物体对随后的调查取证可能至关重要。不过，调查人员不是通过语言来指导急救人员，而是通过在急救人员发来的视频上画圆圈来完成的。

圆圈会立即出现在医护人员的屏幕上，经过图像处理，圆圈会固定在指定物体上，即使急救人员来回移动，或晃动手机屏幕也不会消失。这就是AR技术能够使身在异地的专家与现场工作人员并肩工作的原因。这是一项会改变游戏规则的技术：远程双向沟通变得更快、更有保障。

与所有新的通信技术一样，AR技术的使用效果还不能与专家在现场指导相提并论，但使用该技术大大降低了获得专家建议的成本，同时速度也快很多。对专家而言，AR技术让他们有更多机会“推销”其专业知识。例如，有了 AR 技术，一位专业的机械师不必经常出差，并且可以同时为多个修理工提供指导。

另一个较多采用 AR 技术的领域是外科手术。比如，利用 Proximie 程序，专家可以在屏幕上标记肌腱、动脉、神经或切口的位置，远程指导操刀医生做手术。该应用程序自 2016 年问世以来，使用越来越广泛。黎巴嫩首都贝鲁特的医生就曾使用该程序协助加沙地带的外科医生做手术。AR 技术不仅适用于战场，也适用于其他场景。比如，一种被称为谷歌眼镜的设备（看起来像一副眼镜）已经在心脏手术中得到了应用。通过这个设备，远程心脏手术专家能够为手术医生提供实时建议。

另一种新的通信方式——VR 技术，是一种更加身临其境的体验。通过这种技术，你的视觉和听觉完全被计算机生成的现实所占据，你看不到周遭的现实环境，这可能会让你感到迷惑。

实验性的通信技术

VR 技术可能又是一个被过度炒作的例子，但在决定摒弃它之前，你有必要看看 YouTube 上的一些演示，想象该技术如何让远隔千里的人轻松共事，或者你亲自戴上 VR 头盔体验一下。

到目前为止，VR 技术的成像效果还不够细腻，但是它传达出来的身体语言却能深刻地影响我们看待周遭环境的态度。2017 年 5 月，全球咨询服务公司 IHS Markit 在伦敦举办了一个活动。在活动中，我试用了一款 VR 办公系统。这是一个虚拟的金融证券交易平台。我戴上头盔，专业演示人员给我讲解这款产品的功能，讲完后他说："你现在想出来吗？"当摘下头盔时，我有一种非常清晰的印象，好像我是从一个房间出来，进入了另一个房间。当然，虚拟房间里没有其他人，但不难想象，以后我可以和其他戴着类似头盔的人进行虚拟会议。

其他形式的远程信息通信软件正在测试阶段，其中许多似乎直接取材于电影《星际迷航》，而全息远程呈现技术已经触手可及了。这项技术可以实时显示人们的 3D 图像及声音，让你觉得远程联系人就在你身边。这是科幻小说里的情节，但并非不可想象。

2017 年，法国总统候选人让-吕克·梅朗雄使用全息投影技术，同时在里昂和马赛参加了竞选。2014 年，印度总理莫迪也曾使用全息技术多次参加竞选集会。

微软的全息传送产品，以及思科和谷歌的其他类似产品，在未来几年将使该技术得以普及。全息传送也是《星际迷航》里的一个梦幻技术，通过 VR 技术使身在万里之外的通话者如同共处一室。具体来说，这项技术能够将一个空间里某人的全息影像投射到另一个空间里，这样，两个空间里的人可以互动，就好像他们真的在一个空间里一样。

这项技术需要使用大量摄像头和高性能处理技术，将人们的视频实时转化为逼真的 3D 模型，然后将模型传输到身在另一空间中的通话人的可穿戴式设备中（如果两个人所在房间看起来一模一样，效果最好）。2016 年初，全息传送技术需要的设备系统十分庞大，但 2018 年底，微软把设备缩小到可以装进一辆小型货车内，并将带宽要求降低了97%，因此它可以在标准的高质量Wi-Fi网络环境中工作。

YouTube上关于全息传送技术的介绍做得相对出色。如果这种技术成为今后通信的主流方式，世界各地的人互动就更加容易了。换言之，你的公司可花更少的成本雇用到外国专业人士，或者你可以在办公桌前将自己的专业技能推销到世界各地。

另一种技术方法是将标准全息图投射到远程空间。例如，全息影像技术公司ARHT Media有一项服务，客户通过他们所谓的HumaGrams（人影电报）向观众投射信息。这项技术于2015年开始使用，远程演讲者的虚拟影像可以出现在观众面前。

AR和VR在两名或两名以上的工作人员必须与实物进行交互的情况下尤其有用。但办公室工作更需要定期召开会议，数字技术能让员工即使身在别处也能与同事在一个房间里开会，此项技术被称为远程呈现机器人。在线媒体网站Wired.com就正在使用这项技术。

远程呈现机器人

埃米莉·德赖弗斯住在波士顿，是位于旧金山的Wired.com公司的撰稿人。过去，她常常以20世纪常见的通信方式（如电话、短信和视频）远程参加工作会议以及与编辑进行交流，但对于需要即时发挥、富有创意的头脑风暴会议来说，这些方式就有点力不从心了。

作为一家北加州的公司，他们决定引入数字技术来解决这个问题，他们引进了由双机器人公司（Double Robotics）制造的远程呈现机器人。你可以把这个机器人想象成带轮子的 Skype。埃米莉·德赖弗斯可以远程操控这个机器人，它可以在办公室闲逛，参加会议，或与同事进行一对一交谈。你可以把这个机器人想象成一辆电动平衡车，车上插着一根棍子，棍子顶端有一个普通大小的 iPad，iPad 有一个前置摄像头，有麦克风和扬声器，iPad 屏幕上显示着德赖弗斯的脸。

起初，德赖弗斯觉得很不适应——很多人在使用新技术时都会有类似反应，但她很快就爱上了它。她甚至给机器人起了个名字，叫“恩博特”。德赖弗斯发现，当她使用恩博特时，其他作家和编辑对她的反应比打电话好得多。在员工会议上，她觉得自己和其他人联系更紧密了，这是前所未有的。别人讲话时，“她”会转身面对着讲话人。“虽然我和我的远程呈现机器人相距 3000 英里（约 4828 千米），但令人惊讶的是，一打开启动键，距离隔阂会立即消失。我一使用我的机器人，就感觉‘她’和我融为了一体。我的头是‘她’的 iPad；‘她’摔倒时，身处波士顿的我就感觉迷失了方向；‘她’摔碎了一块，我感觉自己也受伤了。”[14]

这种感觉是相互的。机器人给了她一种身临其境的感觉，其他人也本能地把“她”当成一个真实存在的人——或者说，差不多那样。有一次她因为有人不恰当地触摸了她的机器人而非常恼怒。

在机器人刚开始工作的时候，办公室里一个爱开玩笑的人在她聊天的时候，躲到机器人屏幕后面，然后拿起机器人晃个不停。这种“不恰当地触摸机器人”让德赖弗斯觉得受到了侵犯，但很无助。现在公司有一条规定：没有远程工作者的许可，不许其他人触摸机器人。但这一规则只适用于工作中的机器人。如果德赖弗斯的脸没有出现在机器人的屏幕上，人们会将其视为像扫帚一样的工具。如果有人必须把这个工具挪到某个地方，比如充电站，德赖弗斯就会先下线。

为什么恩博特机器人的使用效果会那么好？这背后有着深层的进化心理学原理。

远程呈现机器人背后的思维缺陷

根据社会心理学家的说法，移动的物体是有意义的，至少这是我们原始大脑的第一本能反应。有一个心理学实验有力地证明了这一点：被试者观看了一分钟电影，电影中有一个大三角形、一个小三角形和一个圆圈，环绕着一个不断开合的矩形不停地移动。这些形状一点儿也不像人。[15]研究人员弗里茨·海德和玛丽安·西梅尔让测试者描述他们看到了什么。

在没有任何提示的情况下，大多数测试者认为几何图形代表人类，他们通过将人类动机投射到彩色图形上来理解运动。你不妨自己试试，在网上很容易找到海德-西梅尔实验的视频。看看你会不会把这段视频理解成西部片里的爱情故事。实验中的许多测试者把那个圆圈解释为一个爱上小三角形的女人，把大三角形看成一个试图偷走“她”爱情的大男人。

社会心理学家把这种本能的反应称为归因，即把任何物体的运动都归因为某种动机或意义，对实际存在的物体尤其如此。这就是为什么有些人会给他们的汽车起名字，但很少有人会给他们的 iPhone 手机起名字，尽管他们会坐在车里用手机打电话。

信不信由你，海德–西梅尔实验解释了为什么远程呈现机器人会迅速流行起来。许多医院和公司已经开始使用远程呈现机器人，而且使用量正在迅速增长，因为这种机器人的团队互动性较好。当机器人的面部会移动时，面对面交流的感觉会更强烈。医生发现，当他们通过远程呈现机器人而不是 Skype 或电话与患者交谈时，患者会觉得他们的话更具权威性。

除了这种便于互动的远程呈现机器人，静态远程呈现技术正在兴起，远程会议因此变得更加轻松。

静态远程呈现系统

你可以把远程呈现系统想象成静态的恩博特机器人，它已经在大银行、咨询公司、律师事务所和政府部门广泛使用。目前，高端远程呈现系统仍然价格不菲。要建造一间用于远程呈现的房间，费用可能高达数十万美元。但是随着数字技术的发展和规模化生产的推进，远程呈现系统将变得更便宜，也更便于移动，而这又会加速远程移民的发展。

你可以把标准的远程呈现技术想象成高端版的 Skype，但体验完全不同。我在 2017 年春季使用该技术向挪威主权财富基金——挪威银行投资管理公司（NBIM）展示了我的新书《大融合》。

当时我和几位分析师在伦敦，与分别位于纽约和奥斯陆的挪威银行投资管理公司经济学家进行远程呈现连线。刚开始，整个通话过程与 Skype 视频通话差不多，只是屏幕更高档一些。但很快我就发现，其他远程参与者对我说话的手势和面部表情会做出反应，就像我们是在同一个房间里一样。我想他们也有同样的感觉。人际互动的真实感上升了一个层次，整个通话就好像我们都在一个房间里一样。

远程呈现技术利用人类大脑的社交“硬件设置”——在社交互动方面，每个人的大脑都像一台高性能的计算机，决定是否信任他人，这一决策机制是人类在进化过程中形成的一项重要技能。正如斯蒂夫·麦克内利和杰夫·马赫蒂希所言，人类“掌握了收集和处理非言语沟通线索的方法，这一信息的收集和处理过程已经成为人的第二天性，是我们认识自己和他人的基础，也是人性的重要组成部分”。[16] 远程呈现技术比 Skype 和 Facetime（苹果公司开发的一款视频通话软件）更先进的地方在于，屏幕上的图像跟真人一样大，图像分辨率高，音质非常好，因此能传递更多的非言语交流信息。

远程通信技术只是实现远程移民的手段之一，最近发展起来的“协作平台”也让远程移民越来越方便。

协作软件是如何促进远程就业的

电子邮件是所有协作软件的鼻祖。电子邮件使人们能够共享可编辑文件（文档、电子表格、演示文稿、照片、视频等），这使相距遥远的人们也能一起协作。虽然电子邮件很棒（而且不可替代，因为每个人都在使用它），但在协调团队合作方面还是存在严重缺陷。电子邮件是比尔·克林顿和约翰·梅杰执政期间推出的，其中一些设置在当今职场已经过时了。只要问问25岁以下的人对电子邮件的看法，你就会明白我的意思。

现在流行的公司协作平台虽然并不完美，如商业Skype、Slack、Trello、Basecamp等，但包含了许多新的、高度智能化的元素，更符合当今团队成员沟通的需要。这些新的协作平台能实现各种形式的团队沟通，从文本聊天、电子邮件、小组讨论到电话、脸书帖子和多人视频通话。Slack是最受欢迎和增长最快的平台之一，但它有很多竞争对手，包括脸书的Workplace、微软的Yammer和Teams、谷歌的Hangouts，以及许多初创企业的产品，如HipChat、Podi、Igloo、GitHub和Box。

与此相关的还有一些不那么新颖的组织工具：项目管理软件。其中一些已经存在多年，许多软件（Wrike、Microsoft、Basecamp、Workfront等）经过了优化和改进，以便于地理上分散的团队一起工作。还有一些工具，比如Mural，可以帮助远程协作的设计和头脑风暴。类似工具正在迅速发展，这些工具已经从根本上降低了远程协作的难度。

所有这些新技术都会发挥作用，使得国外的廉价人才与欧美办公室白领进行直接竞争。同样重要的是，我们的公司正在进行全面改造，以便让远程办公变得更容易。到目前为止，大部分的远程办公只涉及国内雇员，但不用多想，从国内远程办公转变为国际远程办公不是什么难事。

国内远程办公打开了服务业向远程移民开放的窗口，而通过国内远程办公完成的工作数量令人震惊。

国内远程办公为国际远程移民铺路

戴维·基特尔是一位工业设计师，他对自己的作品有着强烈的感情。产品应该兼具功能性和审美趣味，这种方法帮助他设计出了很多获奖产品，从有皱褶的电动灯笼到塑料游乐场设备，从摩托车杯座到过山车座椅。“当有人提出一个梦想，你可以帮他们实现，这非常酷，其中有很多乐趣。”他说。

令人惊讶的是，戴维是在家里完成这些设计的，你可以在网上以每小时 150 美元的价格雇用他。[17] 戴维绝对不是个例。对于像戴维和雇用他的美国公司而言，这种雇佣方式从经济和个性化需要方面来说都是合理的。但这一趋势会对国内服务行业的就业产生意想不到的后果——这是自由职业者走向国际竞争的第一步。自由职业是一个大趋势，而且发展迅速。

政府在统计远程工作者时，因为分类错误，所以数据往往不可靠，因此调查结果更可靠一些。最近的一项盖洛普调查涵盖了全职和兼职自由职业者，调查发现，2016 年，43% 的美国就业人员曾进行过远程办公，这一比例是 1995 年的 4 倍，而且他们每周远程办公的天数也比 1995 年增加了 4 倍。大约有 1/5 的远程工作者是全职。2016 年，在奥巴马政府执政期间，几乎 1/3 的联邦雇员曾经有过在家办公的经历。

2016 年，一个支持美国自由职业者的组织进行的一项调查显示，约有 5500 万美国人（占劳动力总数的 35%）在从事自由职业，比 2014 年的调查数字高出了几百万人。正如你所料，年轻人更有可能成为自由职业者。在 18~24 岁的人群中，几乎有一半的人是兼职或全职的自由职业者。事实上，很多千禧一代（35 岁以下）从未从事过传统工作，一直是自由职业者。在婴儿潮一代中，自由职业者则比较少见。

另一个促进远程移民发展的因素是欧美公司正在对自己的业务和办公流程进行重组，以便更好地适应远程办公的需要。

逐渐消失的办公室

传统的办公形式是所有的员工和领导者都在同一栋楼里工作。所有人都在同一个时间上班，咖啡时间和午餐时间也是固定的。这有助于领导者建立起等级制度，有助于团队合作，也有助于同事之间建立相互信任的关系。当办公室某人说“我得去办点事”，其含义不只是说他要去做某事，还包括要离开办公室去别的地方。然而，数字技术改变了这一切。

技术进步使企业能够更快地适应不断变化的需求，但快速适应的能力反过来又刺激了对更快速反应的需求。客户更换供应商和产品的速度更快，服务需求不断改变，新的竞争者不断涌现，这种竞争正在瓦解传统的办公方式，比如固定的等级制度、固定的办公桌、固定的工作时间、现场办公。按部就班的业务办理流程也正在被敏捷的、以项目为中心的业务办理流程取代，公司管理结构趋向于扁平化和跨部门联合（有时这种企业运行结构也被称为矩阵结构）。

挑战和机遇都在不断变化，为了适应这一新的趋势，越来越多的企业开始放弃传统的雇佣模式。雇用远程员工，尤其是非传统的全职员工，为今天的服务企业提供了必要的灵活性。

管理咨询巨头埃森哲公司发布的《技术展望 2017》中指出："职场的未来已来，为了跟上数字时代不断变化的步伐，数字科技领导企业正在从根本上对其劳动力进行重塑。这样一来，企业能更快地响应市场需求。在此基础上，企业需要迅速进行革新，并重建其组织结构，才能真正变成数字时代的企业。"这段话包含了很多商科专业人士的行话，但你只需抓住其基本要点即可：稳定的工作不再那么稳定了。

用有线娱乐行业的行话来说，这种企业运行模式就是"按点播次数计费的工作模式"。若有需求，公司会在网上寻找员工，并按照项目支付工资。如果需求量大，员工数量可以快速增加；如果需求量减少，员工数量也可以迅速减少。这种工作模式的关键就是能组织远程用工。这也意味着，工作组织方式将从现在的以办公室为中心转变为以云工作平台为中心，这样便于员工在任何时间、任何地点进行办公。这种工作模式已经在很大程度上成为现实。[①]

迈克尔·马隆是一位激进的思想家，他的理论总是比时代超前很多年。2009 年，他出版了一本书《昨日，未来已来》（*The Future Arrived Yesterday*），书中描述了一种“万能公司”，这种公司只与极小部分核心员工签署长期聘用合同，其他员工都由外包服务商提供。美国的社交媒体公司 Snapchat 就类似于这样的公司。2017 年，该公司市值为 160 亿美元，但只有 330 名正式员工。只要看一看传统企业的相同数据，你就明白这是多么不同寻常了——通用汽车公司目前市值约 500 亿美元，但在全球拥有 11 万名员工。

埃森哲公司为描述这种新型雇主与雇员关系发明了一个流行词：流动劳动力。目前，许多流动劳动力是在国内招聘的，但有大量的海外流动劳动力希望得到这些工作，而且要价比国内劳动力低很多。简言之，这种企业重组在网络高速公路上开辟了一条新车道，迫使欧美的白领和专业人士与远程移民进行正面竞争。

所有这些要素正在形成滚雪球效应：越来越多的人从事远程工作，公司于是对工作方式和团队结构进行调整以方便远程办公；随着远程办公越来越方便，更多的人开始进行远程办公。这一效应已经为提供远程办公技术和服务的企业提供了数百亿美元的

---

① 大型跨国公司通用电气就是一个例子。其决策模式正在从原来的基于办公场所的层级式模式转向初创企业根据具体项目进行决策的模式。通用电气将这种模式称为快速决策模式。该公司声称，正是采用了这一模式，公司才能提前对手几年制造出了符合新环保标准的轮船柴油机。

大单。

从某种意义上说，办公室里正在进行一场“逆向工业革命”。在工业化的第一阶段，纺织工作从农舍转移到大型纺织厂；如今，办公室工作正从大型办公室转移到21世纪版的农舍。

一个关键的问题是，哪些工作会受到这一趋势的冲击呢？

远程移民会夺走哪些就业岗位?

要回答这个问题，最简单的方法就是看看现在有什么样的远程工作——在同一个城市或者同一个国家内有什么样的远程工作。环顾四周，看看哪些工作适合远程工作，你就会知道哪些工作将最快受到冲击，而且受冲击的程度最严重。难度更大的途径是考虑每个职业涉及的任务，然后再考虑一下哪些任务可以由一位有才华的外国人来完成。

幼儿教师、农民和测量师的工作都要求“你必须待在工作地点”。这些工作不可能被远程移民拿走，因为这些工作的本质就是要求亲自守在工作地点。到底哪些工作可以被远程移民拿走呢？普林斯顿大学教授艾伦·布林德的研究让我们对此有了一些具体的了解。

艾伦·布林德是一个有情怀的知识分子。他是一位运用专业知识使世界变得更美好的政策经济学家。1988年，他出版了《硬头脑，软心肠：公正社会的硬头脑经济学》(*Hard Heads*, *Soft*

Hearts: Tough-Minded Economics for a Just Society）一书就证明了这一点。20 世纪 90 年代，他在担任美国央行副行长和克林顿总统经济顾问委员会成员期间，真的做到了硬头脑、软心肠。

在 20 世纪头 10 年，布林德就非常担心先进的信息技术（我们所谓的数字技术）可能会导致美国的工作岗位因服务外包而流失。他担心的是反向远程移民，即“我们”的工作被转移到国外。事实上，在许多领域，如呼叫中心和后台处理，反向移民现象的确发生了。

为了警醒世人，他按照可离岸的程度，给美国的各种职业进行了排序，其具体做法是：如果某项工作必须在美国的某个地点完成，则这个工作属于不能离岸；如果这项工作可以远程完成，布林德会根据工作完成的质量与传输效果之间的关联程度赋予该职业一个数值。

根据这个排序，他估计大约一半的管理、商业和金融工作可以转移到国外完成，另外 30% 的专业工作、办公室和行政工作可以转移到国外。他认为近 60% 的专业、科学和技术部门的工作岗位可能被转移到国外，而金融、保险和媒体行业，有一半的工作岗位易受到外国竞争的冲击。将他的研究推而广之，凡是可以通过网络完成的工作都可能被转移到国外。记住，彼时，科技还没有现在这么发达，数字科技还未将远程工作中的“远程”二字去掉。

随后的研究对布林德的预测数据进行了调整，但新的研究结论仍然认为约 1/3 的美国就业岗位可能被转移到国外。这是一个可怕的数字。如果现在从事这些工作的人，未来几年内哪怕只有一半的人与远程移民展开直接竞争，就一定会出现一场巨大的动荡——人们会大声疾呼，希望能免受冲击。

白领工作全球化竞争是一件大事，会给我们的生活带来巨大变化，但这只是推动全球机器人化的动力中的一个，另一个是白领工作自动化。

5
白领工作自动化与全球机器人化变革

詹姆斯·尤恩是美国加州人。作为一名主攻知识产权纠纷的律师，他生意不错，因为大型技术公司之间的发明权纠纷不少。现在，詹姆斯的收费标准是每小时1100美元。[1] 而1999年，詹姆斯的收费标准只有400美元。这不仅是因为他现在更加聪明睿智、经验老到，还因为他现在的工作性质已经被数字科技，尤其是经人工智能训练的计算机程序改变。

20世纪末，审理一桩特大专利纠纷需要3位合伙人律师、5位执业律师和4位律师助理，也就是说需要8位律师和4位训练有素的律师助理。而现在，詹姆斯是律所唯一的合伙人，只需要两位执业律师和一位律师助理便可以完成工作。相比过去，现在他用人的规模比原来缩小了3/4。

詹姆斯·尤恩是怎么做到这一点的呢？当然不是法律条款简化

了或者档案卷宗减少了，而是他使用了白领机器人帮自己完成了很多工作，尤其是那些类似于知识流水线的工作。机器人律师擅长查找文书和邮件，并标记出哪些是有用信息。

詹姆斯·尤恩使用了两套计算机程序（Lex Machina 和 Ravel Law）来辅助查询信息，以确定采取何种诉讼策略。这些软件能够轻松查找相关案件的裁决书，以及法官和反方律师提交的文件。尽管机器人律师也无法包揽所有工作，但它们可以取代部分法律从业人员。用机器人律师取代真人律师是詹姆斯·尤恩生意兴隆的原因之一。

机器人律师只是人工智能机器人如何促进全球机器人转型的众多例子之一。

迎接白领工作自动化的到来

开发 Lex Machina 程序所用到的计算机系统和机器学习算法的成本十分昂贵，且安装和操作这套程序，需要计算机博士文凭的人才能完成。如果把这些复杂的人工智能平台比作餐厅，那么这家餐厅至少需要一两位米其林厨师才能营业，大部分中小型律所没有财力使用这样的系统。不过有“快餐”（简易）版的法律软件供这些企业使用，这些软件被称为 RPA 软件。我们在第四章提到的机器人波比就是这样的一个软件。

提到机器人大灾难，大家可能不会联想到 RPA，但它将是全球机器人转型的关键，值得我们认真了解。事实上，RPA 是实现白领工作自动化的直接推手。

低端竞争：RPA

蓝色棱镜（Blue Prism）公司是一家顶尖的 RPA 开发企业，公司总裁贾森·金登解释道："这些程序会模仿人类行为，它们的行为跟人类一模一样。倘若看到机器人具体的操作，你可能会感到惊悚——你会看到机器人在打字，电脑屏幕上会出现他们打出的单词，你还会看到他们在复制粘贴。"这些软件"知道自己该干什么，就像你的同事知道自己该做什么一样"。[2]

这就是蓝色棱镜公司将其开发的 RPA 程序称为机器人而不是软件的原因。本质上，这些机器人就是人造员工，它们能承担金融、会计、供应链管理、客服以及人力资源等领域的后台工作，从而减少相关雇员的数量。这些 RPA 机器人操作起来十分简单。

美国高德纳咨询公司（Gartner）的研发副总监弗朗西丝·卡洛莫斯表示，"这些机器人操作简单，成本低廉"。[3] 目前采用 RPA 软件的公司越来越多。一家咨询公司——透明市场研究公司（Transparency Market Research）预计，到 2020 年，RPA 软件的年增长率将达到 60%；另一家市场研究机构预测其年增长率为 50%。总之，RPA 软件正呈爆发式增长，主要原因有以下几点。

首先，RPA 机器人比人力成本低得多。美国 RPA 研究院估计，一套 RPA 程序的成本相当于本土劳动力成本的 1/5，是外国（比如印度）后台工作人员的 1/3。其次，机器人工作更稳定，还能留下数据痕迹，便于合规监管。最后，这些程序可以根据公司工作量的季节性变动，调整自身的处理规模或运行时长，这样公司就可以轻松处理额外工作，不需要招聘和训练临时工。

从某种意义上说，RPA 可以称为全球机器人转型的“今日浪潮”，而“明日浪潮”涉及一些更复杂的系统，比如微软小娜和 DeepMinds。这些机器人可以处理各种场景中的任务，对人类就业构成的威胁更大。当然，由于这些系统更复杂，用于解决实际工作任务就更困难，因而其到来的时间会晚一些。

高端白领机器人

我们在引言提过的白领机器人阿梅莉亚，她不仅是一个高效的客服人员，她简直就是一个奇迹。研究表明，客户对客服热线电话的满意度与接听电话的工作人员所表现出的同理心直接相关，因此亚阿梅莉亚的设计者在算法里增加了一个心理模块，这样，她可以识别客户的情绪，并对自己的回复、面部表情和手势进行相应调整，以便更好地与客户交流。

在最高级版本中，客户可以使用智能手机或带摄像头的笔记本电脑与阿梅莉亚对话。由于安装了面部识别系统，她不会视客户为陌生人，而是像朋友一样：在她每一次与客户对话前，都会事先充分了解了客户的相关信息。

当阿梅莉亚遇到无法应付的情况时，她会将所有相关信息传送给她的人类同事，以便他们可以继续与客户接洽，但阿梅莉亚好奇心很强，她不会挂断电话，而是在一旁静静地倾听人类同事与客户交谈的内容，特别是问题的解决方案。之后，她可以将这些新技巧添加到自己的知识管理系统中。一旦她的学习成果得到人事主管的批准，下次她就可以自己回答类似的问题了。

如果你认为阿梅莉亚像以前许多的人工智能技术一样，只是昙花一现，那我得告诉你，阿梅莉亚已被全球20多家领先的银行、保险公司、运营商、媒体公司以及医疗公司采用。当然，她也有一些竞争对手。自2016年前后起，许多公司都推出了与阿梅莉亚类似的软件。

美国银行于2018年夏季推出了机器人艾丽卡，她的存在通常能够为大额储户提供一对一服务。（或者说，真正高端的客户享受的是一对一人工服务，而普通储户享受的是艾丽卡的一对一服务。）在智能手机或者自动提款机上，艾丽卡会称呼客户的名字，如果你银行账户上的存款余额不足，她还会提示你。不仅如此，她还可以运用人工智能技术给你提出有效的理财建议："根据你每月的消费情况，你有150美元富余，你可以将这笔钱存入你的维萨信用卡（Visa），以赚取利息，这样你每年可以节省300美元。"[4]

摩根大通集团的白领机器人被称为智能合约机器人（COIN），第一资本集团推出的同款机器人名叫恩诺（Eno）。IBM公司推出的虚拟助手名叫沃森（Watson）；赛富时公司（Salesforce）也有类似的机器人，名叫爱因斯坦（Einstein）；思爱普公司（SAP）有汉娜（HANA）；Infor公司（企业级应用软件和服务供应商）

有科尔曼（Coleman）；印孚瑟斯公司（Infosys）有妮娜（Nia）；等等。公共服务行业也加入了这一队伍。澳大利亚政府推出了名为“纳蒂亚”（Nadia）的机器人，可以帮助市民为残疾人提供信息服务。

微软的机器人名叫“微软小娜”；亚马逊的叫亚历克萨（Alexa），是亚马逊居家机器人“回声”（Echo）的核心组件。苹果公司的语音助手 Siri 非常有名，尽管至今“她”仍然未用于办公自动化。谷歌公司也长期使用人工智能机器人，其搜索引擎就是一个没有名字的机器人，如果你想要与这个没有名字的搜索机器人沟通，只需对它说一声“嗨，谷歌”就可以了。

人工智能系统中的“贵族”，比如阿梅莉亚、沃森、艾丽卡，以及人工智能系统中的“乡绅”RPA，都会夺走服务行业中的部分岗位，问题是哪些岗位会被取代呢？

机器人会减少工作，但不会减少职业

把你的职业想象成一张任务清单，列出所有需要完成的日常事务或任务。注意，这张清单不是一成不变的，而是处在不断变化中。

近年来，许多科技发明，比如笔记本电脑和智能手机，加上更好的软件和网站，我们能做的事情越来越多。现在，办公室人员都集打字员、档案管理员、旅行代理、接待员等角色于一身，而在我们父辈所处的时代，每一项工作都需要专人完成。这些事情既然可以由一人完成，当然也可以将其分解开来，由多人完成。

机器人就能为你分担部分任务。这意味着你会更高效，但同时也意味着你的公司不再需要那么多员工。不过，机器人并不会让你的职业消失，毕竟，很多职业中的某些任务还是需要至少一个真人来完成，但白领机器人可以降低人类员工的数量，这只是一个算术问题。

若银行的服务热线每天会收到 100 个咨询电话，为了应对这些咨询，银行需要雇用 10 名人工客服。然而，如果让在线客服机器人接手了这 10 位客服的任务清单中的一些事项之后，所需员工的数量就相应减少了。因此，若该银行的服务热线工作量不增加，那么有些员工就必须下岗。

自动化技术会减少工作岗位，但不会导致整个行业消失。这并非什么新鲜事，自动化发展的历史早就证明了这一点。比如，拖拉机使一些农活儿自动化了，但农业并没有消失，只是需要的农民数量减少了。未来几年，整个服务业也会经历这一变化。现在是关键时刻，我们必须在大混乱到来前做好准备。

白领机器人会让很多人下岗，但大多数职业仍然会存在。根据这一思路，让我们思考一下：哪些就业岗位接下来会被机器人取代？我们要做的是弄清楚白领机器人现在真正擅长的是什么。这并非易事。

白领机器人的工作技能

据美国政府官方数据显示，世界上大约有 800 种不同的职业，比如驯兽师、CEO、劈石匠和锚杆钻机工人。每一种工作都需要一些技能。要说明问题，我们得先把问题简化。要做到这一点，我们可以看看管理咨询专家们是怎么做的。

麦肯锡全球研究所的商业和经济专家将所有工作技能分成 18 类，这里我将这 18 类工作技能大致划分成四大类：沟通技能、思考技能、社交技能，以及物理技能。麦肯锡专家在 2015 年对人工智能技术在 18 种技能方面的表现进行了评估。鉴于只是一个粗略的评估，他们只划分出了三个等级：一是低于普通人水平（“低于”）；二是与普通人水平相当（“相当于”）；三是相当于高级技术人员水平（“高于”）。他们得出的评估结论很有意思，但也令人不安。

沟通技能

大多数工作要求员工们能够理解他人的言语，用麦肯锡研究术语来说，即“自然语言理解能力”。

与 Siri、Alexis、微软小娜或者其他类似机器人交谈过的大多数人都认为，白领机器人有较好的自然语言理解能力，但我们必须明白，这些软件机器人并不是像真人那样能完全理解词语的含义。

有声话语只是一些特别的声波模式，计算机首先将这些声波模式数字化，然后用机器学习数据模型来猜测这些声波分别代表什么单词。其次，再看看这些单词会组成什么样的短语。最后看这些短语可能代表什么含义，从而理解讲话人说的话语。当训练数据库和计算机算力够大，白领机器人也许能完全理解我们的话语，但到目前，白领机器人的理解错误还不少，因此麦肯锡研究团队将人工智能的语言理解能力评定为“低于”普通人水平（见表 5–1）。

表 5–1　人工智能的沟通技能

沟通技能	技能描述	人工智能与普通人相比较
自然语言理解能力	理解语言，包括细微的人际交往	低于
自然语言生成能力	用自然语言传递信息，包括细微的人际交往和一些肢体语言（如手势）	相当于
非言语表达能力	通过不同媒介而非自然语言传递输出信息 / 将信息可视化	相当于
感知能力	通过感官自动参考以及合并复杂的外部直觉信息	相当于

资料来源：作者根据下述资料整理而成：McKinsey Global Institute in “A Future That Works: Automation, Employment, and Productivity,” January 2017, Exhibit 16。

但在讲话（自然语言生成能力）方面，机器人的表现就好得多，其得分被评为“相当于”人类水平。在前文我们提到 Siri 软件学习上海话的例子，就解释了为什么机器人“说话”要比“理解”容易。接下来提到的沟通技能更特殊一些，这个技能就是“非言语表达”。

除了说话和写字外，还有许多沟通形式。制作视频、幻灯片、演示文稿或者音乐都是非常规的沟通方式而已。现在人工智能正在接手一部分这样的工作。比如，脸书的机器人会根据不同的使用场景，为用户推荐幻灯片。最新版 iPhone 内置的人工智能程序也有类似的图片推荐功能。麦肯锡团队的研究人员将人工智能的非言语表达能力评定为“相当于”人类水平。

最后一种沟通技能是感知能力，指使用各种感官感知事物的能力。实际上，沟通就是与我们身边的各种实物产生联系，这在许多工作中非常关键。在大多数工作中，我们需要通过视觉、听觉以及触觉来识别物体。比如，自动驾驶汽车必须识别路上的物体，会区分道路上坐着的狗和减速带；一个可以抬起并将老人放在轮椅上的机器人必须能感觉到自己机器臂中有人。在这一技能上，人工智能获得了及格分数，与普通人的能力差不多。

上述 4 项沟通技能可谓通关技能，只有拥有了这些技能，白领机器人才能更广泛地在日常工作中应用。然而，单单掌握这些技能，机器人并不会破坏服务业，真正具有破坏性的，是经过大量数据学习之后它们将具备的超凡模式识别能力。

思考技能

思考技能是所有服务工作都需要的能力，这也是服务工作尚未被机器取代的原因。思考包括许多类型，可以用一个线段表示：线段的一端是创意思考，另一端是逻辑思考 / 解决问题能力。麦肯锡专家们认为，在这两端之间，还包括识别新模式能力、优化和规划能力、搜索和检索信息能力以及识别已知模式能力（见表 5–2）。

表 5-2　人工智能的思考技能

思考能力	能力描述	人工智能与普通人技能相比
创意思考	产生各种新奇的想法或者新奇想法的组合	低于
识别新模式能力	创造和识别新模式 / 类型（如假设类）	低于
优化和规划能力	对受限的客观结果进行优化和规化	高于
搜索和检索信息能力	大范围搜索和检索信息（宽度、深度以及整合程度）	高于
识别已知模式能力	无须利用感官感知识别简单或复杂的已知图案和类型	高于
逻辑思考 / 解决问题能力	运用环境信息有组织地解决问题，增加不同复杂输入，而非优化和规化	低于

资料来源：作者根据下述资料整理而成：McKinsey Global Institute in "A Future That Works: Automation, Employment, and Productivity," January 2017, Exhibit 16。

据麦肯锡调查研究表明：在创意思考、识别新模式、逻辑思考 / 解决问题能力方面，人工智能低于普通人，而在规划、搜索和检索信息以及识别已知模式能力方面则高于普通人。

请注意，这是在单一维度上比较人类与白领机器人的技能。用人工智能专家的术语来讲，这些只是弱人工智能，这些技能背后的算法就像是一匹小马驹学会的唯一把戏。相反，人类有通用智力，这意味着我们会抽象思考。

通用智力即抽象思考能力。我们可以提前规划一件可能发生的事情，可以在无须弄清细节的前提下大致解决问题，也可以依赖以往经历产生创新的想法和观点。

计算机算法“思考”的内涵，与人类“思考”的内涵完全不同，甚至赶不上小狗或小马的“思考”内涵。人工智能所谓的“思考”只是对数据进行处理，并猜测数据可能对应的结论罢了。其最擅长的是快速处理数据、比较数据和某个可能结论之间的关系，但是人工智能也只能识别那些预存在训练数据集中的模式。不过，研究人员正试图打破传统的模式识别方式，其中的一个尝试是让计算机进行“非结构化学习”，即让计算机独立自主地识别数据模式。

举个计算机进行非结构化学习的例子。谷歌公司研发了一个计算机系统——谷歌大脑。通过观看 YouTube 上数百万的视频，算法试图自主学习识别某类物体。谷歌大脑的非结构学习成果令人工智能研究界大为惊叹：通过观看海量的视频，该算法自主识别出了一个模式——猫。当然，算法并不理解其识别出的模式是一只猫——得人类告诉它才行。不过，算法的确自主发现了所有的猫都具备的一种结构。

未来，非结构化学习也许会成为非常重要的机器学习模式，但目前还存在不少问题。谷歌大脑在实验中还识别出来一个“模式”——一个长沙发椅和一只山羊的结合体。[5] 没有人知道该算法是如何得出这一结论的。总之，目前，机器学习还是以结构化学习为主，这需要一个训练数据集，且这个数据集所包含的问题（“这是一张脸吗？”）和答案必须明确（“是”或“不是”）。

当训练数据集中数据不足时，机器学习的效果就会很差。例如，要创建一个关于“创造性”的数据集，就比较困难，因为创造性的含义就是与众不同。同样，当问题和解决方案两者都含糊不清时，软件机器人并不好用。比如，要让机器人进行新模式识别就比较困难，因为新模式就不可能存在于已知的大数据集中。举个例子，人类象棋大师可以在棋盘规格发生变化时，继续运用原来的规则下棋，但人工智能却无法做到。在 2017 年的一次会议上，AlphaGo Master 的研究团队承认，如果对棋盘稍做调整，比如用一个 29 × 29 的棋盘取代 19 × 19 的标准棋盘，围棋智能软件将毫无用处。[6]

接下来，我们要谈谈白领机器人的社交技能。

社交技能

我们有些人患有社交信号盲视，但我还不得不与他们共事。他们似乎无法或者不愿意体察他人难过、沮丧或欣喜的微妙心情。整体而言，白领机器人也是一样的。

这些社交技能对于经常与人打交道的职业十分重要，如大型人力协调、团队合作或管理工作。

麦肯锡专家将社交技能划分为 4 种：社会与情感推理能力、与人合作的能力、合适地表达情绪的能力以及社交和情感感知能力，并将人工智能的各项得分均评定为“低于”普通人（见表 5–3）。

表 5–3　人工智能的社交技能

社交技能	技能描述	人工智能与普通人比较
社会与情感推理能力	对社会和情感对话准确地得出结论，决定合适的回复或行动	低于
与人合作的能力	在团体活动中与他人（包括人类）交流合作	低于
合适地表达情绪的能力	产生合适的情感输出（比如话语、身体语言）	低于
社会和情感感知能力	识别社会和感情状态	低于

资料来源：作者基于下述资料整理而成：McKinsey Global Institute in "A Future That Works: Automation, Employment, and Productivity," January 2017, Exhibit 16。

人工智能的社交技能研究十分活跃。时至今日，人工智能的社交技能可能已经超过了麦肯锡当时提出的评估值。当前的研究热点是人工智能解读人类个体的社交和非言语线索的能力，而不是社会群体的反应。例如，迪士尼公司正在让机器学习判断观众的反应，具体而言，是判断人们是否在“正确”的时间发出笑声。为了收集训练数据，该公司在一间有 400 个座位的放映厅配备了多部可以监控观众面部表情的摄像头，迪士尼研究团队总共播放了 9 部影片，共计播放 150 次。最终，总共收集了 1600 万张面部表情照片。[7] 用这些数据进行训练后，算法只须跟踪某位观众的脸几分钟，就能预测接下来这位观众会出现什么样的面部表情。

物理技能

物理技能对于许多工作都很重要。有些物理技能是用来长距离搬运物体，即“大运动技能”，有些则是用来完成短距离动作，即“精细运动技能”，还有一种是“灵活跨越未知地形能力”和“导航”能力（见表 5–4）。

与白领机器人对应，工业机器人可以称为“钢领机器人”，毫不意外的是，工业机器人的大多数物理技能都高于人类的平均水平，但它们在未知地形上移动的能力弱于人类。比如，机器人在亚马逊仓库中移动毫无困难，但要穿越崎岖或不寻常的地形，机器人的表现就不如人类了。

表 5–4　人工智能的物理技能

物理技能	能力描述	人工智能与普通人比较
灵活跨越未知地形能力	能够在不同环境和地形中灵活移动	低于
精细运动技能	熟练并灵活操控物体	相当于
导航能力	在不同环境中自动导航	高于
大运动技能	运用多种运动技能移动物体	高于

资料来源：作者基于下述资料自行编制：McKinsey Global Institute in “A Future That Works: Automation, Employment, and Productivity,” January 2017, Exhibit 16。

大概了解了人工智能软件机器人的各项技能后，我们来谈谈白领自动化问题。白领机器人到底会让多少人下岗呢？事实上，许多研究人员已对此进行了预测，你可以像考察狗直立行走一般来考察这个预测：关键不在于它是否走得好，而是看它是怎么做到的，而且，要怀着一颗敬畏之心。心脏不够坚强的人不能肩负思考未来的重任，但社会需要思考未来的人。

到底多少人会下岗？

许多研究试图推测人工智能对未来就业形势的总体影响，这些研究结果有一定价值，但也并非完全可靠。毕竟，这些研究讨论的都是未来情形，故不论其方法多么严谨，仍然只是基于现有数据的猜测。

在讲述细节之前，先提供几个重要数据。几年后，被白领机器人取代的工作数量在“多”和“很多”之间，即 10%~60%。

两位牛津大学教授卡尔·弗雷和迈克尔·奥斯本是此类研究的鼻祖，他们于 2013 年启动了这项研究。两位教授首先从美国政府那里获得了美国各类工作的大型数据库，并将这些工作分解成更细的任务，然后筛选出那些可以自动化的任务，最后归纳出哪些是自动化可能性最高的工作。根据他们的研究，美国一半的工作岗位面临风险，精确的数字是 47%。最近，麦肯锡公司用同样的研究方法进行相同的研究，他们的结果显示，由于白领机器人越来越完善，60% 的工作岗位面临自动化的风险。① 但最终有多少工作岗位会被白领机器人取代，现在我们还不得而知。

福瑞斯特咨询公司（Forrester）最新的研究结果表明，未来 10 年，美国 16% 的就业岗位将被自动化取代，[8] 也就是说，每

① 具体来说，麦肯锡全球研究所在 2017 年 1 月发表的《一个可行的未来：自动化、就业和生产效率》（A Future That Works: Automation, Employment, and Productivity）一文中指出，对于有些职业而言，其中至少有 30% 的工作岗位可以使用经过验证的技术实现自动化；在未来，这些职业中 60% 的岗位可以实现自动化。

6 个工作中就有 1 个工作被取代。这家公司预测，办公室工作面临的风险最大。然而，该研究还指出，虽然自动化会夺走一些就业岗位，但也会产生相当于目前 9% 的新就业岗位。新增加的就业岗位主要包括：机器人管理员、数据科学家、自动化专家和文案策划等。该研究预测，自动化导致的净失业率为 7%，即每 14 人会有 1 人下岗。然而一个名为“世界经济论坛”（World Economic Forum）的机构根据其对高层企业人力资源所做的一项调查显示，未来会被自动化取代的工作岗位数量要远低于这一数字。这一研究结果预示着，几年后，全球范围内将近 700 万人会因自动化失业。[9]

不过，日本的一项调查得出的结论与上述研究结果截然相反。日本经济产业省下辖的一所研究机构做了一项调查，问题只有一个：你如何看待人工智能和机器人技术对你工作前景的影响？答案有三个选项：（1）我可能会失业；（2）我不会失业；（3）我不知道会怎么样[10]。结果显示，选择选项 1 的人约占全部受访者的 1/3。对于像日本这样一个技术先进、自动化技术发展快于欧美的国家而言，这个数字十分庞大。更值得一提的是，选择这一答案的年轻人占比更大，30 岁以下的青年人中有 40% 的人认为机器人会让他们失去工作，而 60 岁以上的人中只有 20% 的人持相同观点。

2014 年，皮尤研究所采访了 1800 多名技术专家，并向他们提出了一个问题：“在 2025 年，集网络化、自动化、人工智能化于一体的应用和机器人设备取代的工作多，还是创造的新工作岗位多？[11] 受访专家分成了两个阵营，但几乎所有专家都推测，人工智能会导致大量裁员。他们争论的焦点是：各个行业裁员的数量会不会大致相当。

近半数专家认为，大批蓝领、白领工作将会被取代，从而会导致社会混乱，比如大规模失业、社会不平等加剧、社会秩序崩溃；另一半则表示乐观，他们相信人类有足够智慧创造出大量新工作。

以史为鉴，我们相信，未来会出现大量新的职业和就业岗位。当然，数字技术本身也能创造新工作岗位。

数字科技创造的新工作

突飞猛进的数字技术可以创造三种新就业岗位。第一，是与网络和电话服务相关的工作。随着上网的人越来越多，人们使用计算机会更频繁，对网络和电话服务的需求会不断增长。同时，物联网的发展，即机器之间的连接，则会进一步放大网络和电话服务需求。

要应对这股庞大的数据浪潮，唯一的方法是启用白领机器人。但人工智能，如阿梅莉亚和“她”的同事还是无法处理一些棘手的任务，所以还是需要雇用人工。因此，虽然人工智能可以代替部分人工，但工作量整体呈爆发性增长，对劳动力的需求总体而言还是会增加。

由此观之，人工智能不应被视为彻头彻尾的岗位终结者，而只是帮助人们处理海量数据的帮手。就现在的情况来看，如果不启用人工智能，我们就得放弃很多数据（当前情况正是如此）。伦敦政治经济学院的莱斯利·威尔科克斯和玛丽·拉塞蒂教授写道："那些担心自动化会造成失业的人通常忽视了一个事实，即很多企业现在有越来越多的数据需要处理，而它们的数据处理工作人员已经无法应付日益增长的庞大数据，因此才出现了自动数据处理需求。"[12] 两位教授研究了不少公司，其中大部分都采用了 RPA 解决方案，但这些公司向员工承诺：公司不会裁员。当然这也意味着公司各部门不会招聘新员工。

威尔科克斯和拉塞蒂两位教授研究了一家英国公用事业公司，他们发现该企业采用了 300 多项 RPA 解决方案来处理公司每季度多达 300 万次的交易记录。他们估计，如果全部工作由人工来完成，需要雇用 600 名工人。这些机器人没有取代一个工人，只是帮助公司省掉了大笔信息处理费用。

因为工作有保障，工人们更乐于训练和使用这些数字助手，因为机器人可以帮他们减轻工作负担，让他们有更多时间来处理非重复性的工作。

第二，是与数字产品的一个神奇特点有关——很多时候，获得数字产品不需要花钱。

给工厂和农场就业岗位造成冲击的机械自动化与对服务业造成冲击的电子自动化之间存在许多显著差异。首先是价格，使用白领机器人成本很低，因为几乎没什么成本，它们就是一些计算机程序，企业也无须为它们完成的工作付费。我们使用谷歌地图、猫途鹰和新闻网站本应支付服务费，但现在这些服务统统免费。免费本身会促进消费需求的增长——原本需要雇用许多人从而导致价格十分昂贵的服务，现在都是免费的，于是使用这些服务的人就会更多。比如，数字服药提醒仪、远程医疗系统和金融投资顾问机器人等就是很好的例子。

美国银行的机器人 Rachel、亚马逊的机器人 Alexa 以及苹果公司的机器人 Siri 都供人免费咨询，所以使用者众多，为了应付不断增加的咨询业务，这些公司不断招人。这其中的原因很简单。首先，由于使用了人工智能，这些服务的成本几乎为零，而在这之前，咨询服务的成本很高。其次，人们非常热衷于使用这些服务。最后，这些公司的雇员更多的是从事管理、会计、人力资源管理以及人工智能软件管理等工作，具体的重复性工作则交给机器人来处理。

第三，对于发达国家而言，人工智能会有助于一些后台管理工作从海外（如印度）流回国内，这就能增加不少新的工作岗位。

为了减少人工成本而将一些常规的数据处理业务外包给外国公司的做法已经过时了。自 20 世纪 90 年代起，许多欧美公司开始将一些工作分包至海外，这催生了一个业务流程外包产业（BPO），印度的印孚瑟斯技术公司就是这一产业的代表性企业。

RPA 擅长处理业务流程外包服务公司所做的许多工作，但成本更低。2017 年被埃森哲公司收购的一家英国自动化服务提供商 Genfour 公司指出："雇用国内全职人员每小时成本是 5 万美元，外包给海外公司则只需要2万美元。而只需花费5000美元或更低的价格，机器人就能完成相同的工作，而且还不用费力去管理和培训。”[13]但人工智能软件还是无法处理全部工作任务，所以将后台工作岗位转移回欧美，既能给欧美的白领工人提供更多的就业岗位，也能为白领机器人提供更多的就业机会。

人工智能的发展可以创造新的就业机会，亚马逊雇员数量的增长就是一个明证。不过，亚马逊的例子也说明，净就业岗位和总就业岗位是两码事。这就像你把一块布的顶端剪下来一截，然后再把其中的半截缝到底端，下面虽然变长了，整体长度却缩短了。在职场大量应用机器人可以提高单个工人的生产效率，同时也意味着员工总人数会相应减少。但是，机器人可以降低产品的价格，提升产品的生产效率，因此也有利于产品的销售。亚马逊很好地诠释了生产力和产量之间的角力过程。

亚马逊的例子——裁布条

亚马逊已经部署了一支白领机器人军队来加速所谓的从下单到发货的时间。自动化加快了亚马逊的商品配送速度，也让亚马逊及其网络零售商的实体店数量减少。电子商务蓬勃发展，亚马逊从未停止过招聘新员工。据彭博社报道，2017年，美国有近百万人在仓储行业就业，这比以前增加了近40万人。[14]2016年，仅英国亚马逊就新增2500个全职岗位。2017年夏，亚马逊宣布拟招聘5万人。

对于亚马逊来说，机器人大大降低了成本，提升了效率，这意味着如果工作量不变，则所需员工数量会减少。然而，服务品质的提升为亚马逊带来了更多的业务，因此亚马逊需要招聘更多的员工。不过，亚马逊提供的工作岗位增加，意味着传统零售商店的工作岗位就会减少。

亚马逊的大部分业务都是传统的零售店铺的业务，但亚马逊更有效率，因此网络销售更受欢迎，这导致工作岗位总体上减少了。美国各地的购物中心正面临关闭，英国商业步行街上的店铺也没能幸免。简言之，亚马逊并没有使全社会总的工作岗位增加。

亚马逊的例子表明，细节非常重要。正如那句老话：理论与实践是两码事。因此我们得观察实际情况，才能看清问题。我们得从服务行业开始，从机器人正在取代工人的那些职业开始。

实际情况：工作正逐渐自动化

世界纷繁复杂，因此有必要区分事物的轻重缓急。人工智能很可能会导致无线电运营商数量减半，但由于美国有 870 家运营商，这显然不是什么大事情。[15]

图 5–1 显示了哪些职业类别的从业人员最多，对这些从业人员多的职业，我们需特别关注。美国从业人数最多的是办公室管理类工作，人数高达 2200 万，许多人的工作可以轻易被人工智能取代。

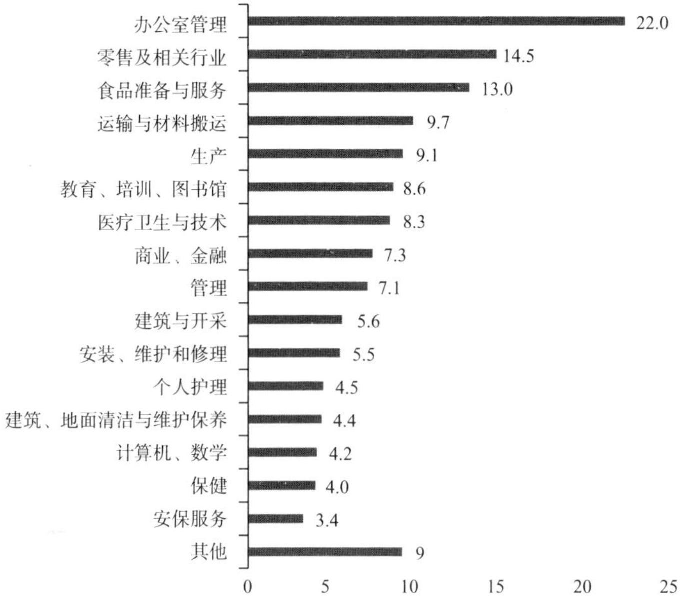

图 5–1 美国各行业从业人数（单位：百万，2016 年 5 月）

资料来源：作者根据 BLS 在线数据库制作。

办公室工作自动化

RPA 正在将程式化的信息处理与传输工作自动化。很难预测办公自动化会导致多少办公室人员失业，但这一趋势已经在发达国家蔓延。2016 年，毕马威会计师事务所发布了一份研究报告，其标题就说明了一切：《从人类到数字化：全球商业服务的未来》。该研究覆盖了数百家全球服务公司，并发现这些公司正转向用数字技术来取代人工。具体来说，它们都启用了 RPA 软件。毕马威认为这一自动化进程将产生巨大的社会影响。“我们认为 RPA 不只是传统大规模制造流程自动化的延续，相反，它是一个分水岭，因为在全面降低服务成本这一点上，该技术是独一无二的。”[16] 调查发现，在就业保护十分严格的欧洲，公司对 RPA 十分感兴趣，有 80% 的欧洲公司对这种人工智能感兴趣，而美国只有 50%。

当有人问蓝色棱镜的负责人贾森·金登，RPA 软件多久会导致工人下岗，他直言不讳地答道：“我预计在接下来的几年里，这种软件会出现在每间办公室，人人都知道有这种软件。”股市似乎也支持这位负责人的说法，贾森·金登的公司 2016 年初上市时的市值为 5000 万英镑，现在已经上涨了 650%。[17]

图 5–1 也显示了美国从业人数第二大类别为零售及相关行业，人数也高达 1450 万。

“步行工作”自动化

服务行业的自动化不只是软件机器人会取代脑力工作者，它们还将取代所谓的“步行人员”。“步行人员”就是到处走动和操控实物的工作人员。取代这类人员的机器人与阿梅莉亚和 RPA 软件不同，它们是“钢领”机器人，即能搬动物体的机器。

零售行业自动化

零售商店对自动化并不陌生，自助结账终端已经取代了许多商店中的部分员工，商店里虽需要一些人工来处理一些特殊情况，但所需雇员的总数减少了。一系列创新正在进一步推动自动化进程，美国一些商店安装了 App（应用软件），顾客可以通过手机来扫描条形码或拍照获取产品信息，这意味着销售人员的数量减少了。

另外一些零售商店也正在使用人工智能来使商店货架智能化，它们使用一种叫作“附近信号搜索”（proximity beacons）的室内微定位技术。当消费者靠近有特殊标签的商品时，标签就会自动向顾客的手机发送商品消息。该技术还有一个诡异的功能：随时跟踪你，给你发送附近的商品打折信息，仿佛有幽灵跟着你似的。美国的百货公司诺德斯特龙已经启用了这项技术，沃尔玛正在试用苹果公司开发的 iBeacon 技术。

美国零售业巨头克罗格（Kroger）是继沃尔玛之后的第二大零售商，该公司引进了一种新型货架，其边缘（面对顾客的狭窄部分）已经被数字化了。被数字化的部分有点像可编程屏幕，使用传感器和各项分析工具为客户提供购买建议、价格以及详细的产品信息。这也意味着服务升级、雇员减少。

零售业中与仓储相关的工作也正在自动化。美国家居装修和家电零售商劳氏公司（Lowe’s）推出了一款名叫劳氏博特（LoweBot）的机器人，这是一款可自由活动的自动驾驶机器人，它可以回答客户的简单问题并且帮助他们找到需要的产品。顾客可以在触摸屏中输入查询内容，或者直接发出询问。这款机器人不仅会说英语，还会说西班牙语和其他几种语言。

这个 5 英尺（约 152 厘米）高、其貌不扬的机器人还能盘点存货。它是由大量传感器、一个触摸屏和几个轮子构成的，可以自动扫描货架并实时识别货物。2017 年，劳氏博特在硅谷的众多商店首次亮相，而它的竞争对手是一款名叫塔利（Tally）的机器人。塔利会在超市过道上巡视，检查有无缺货，货品摆放是否正确，标价是否正确。

2017 年，高端百货公司布鲁明戴尔（Bloomingdale）的试衣间配备了壁挂式屏幕，顾客可以扫描他们正试穿的商品来查询库存中是否还有其他颜色或尺寸。如果顾客想完善整个搭配，系统还可以推荐其他单品。这些设施减少了店员数量，却为顾客提供了更好的购物体验。

这些技术很新，对就业的影响还没有相关研究，但使用这些技术的目的很明确，就是取代人工。

建筑工作自动化

对于那些身强力壮，但受教育程度不高的人来说，建筑工作是最好的选择之一，但这一工作也可以被自动化。纽约一家名为建筑机器人（Construction Robotics）的公司以每月 33000 美元的价格向美国建筑公司出租一台名为“山姆”的机器人（半自动工匠）。山姆可与人类建筑工协作（有趣的是，2014 年时“人类建筑工”一词中的“人类”给人的感觉还是多余的）。让我们来看一下山姆是怎么工作的。

首先，通过机器人身上的传送带将砖块运送至机器臂，然后将砂浆抹在砖块上，最后用激光传感器恰到好处地将砖块垒到墙上。工人需要将砖块装到传送带上，将砂浆铲入料斗，刮去墙上多余的砂浆，同时用平板电脑操控机器人。山姆每天可以砌 1200 块砖，这一效率比人类建筑工高出 2~4 倍。

建筑机器人公司估计，山姆将砌墙成本降低了大约 50%，这意味着每个工地的砌砖工人会减少，但山姆不会令砌砖这一职业消失。那些保住工作的人会更有效率，而那些失去这一工作的人将不得不另谋生路。

和建筑工人一样，安保人员也是身体素质好而学历不高，因此他们的工作也同样面临威胁。

安保工作自动化

为了防患于未然，安保工作十分有必要。安保人员的主要任务就是守护一片区域，一旦有事故发生，他们要迅速做出反应。但因为有安保人员在，所以发生事故的概率大大降低。这一悖论使得这个职业也有自动化的必要。

有鉴于此，加利福尼亚州的奈特斯科普（Knightscope）公司推出了安保机器人，它们可以执行现场值守的任务，同时与人类安保人员保持联系。一旦有事故发生，人类安保人员便可以接管现场。一些商场和旧金山街道已经投入使用了该公司的安保机器人，这些机器人配置有摄像头、激光扫描仪、麦克风和扬声器，它们在工作现场巡视并驱赶流浪汉。

虽然机器人保安还是不如人类保安好，但它成本便宜得多，每小时租金只需 7 美元（低于最低工资标准），而且它们不需要休息或度假。不过，机器人也存在缺陷，比如 2017 年，在华盛顿特区的一购物中心巡逻的一个机器人滚入喷泉后失灵。

处在食品服务行业底端的是食品准备人员，其薪资通常很低，但该行业的从业人员多达 1300 万人，大约每 11 个美国人中，就有一人从事这个职业。

食品准备工作自动化

麦当劳和另外几家美国大型快餐连锁店，比如 Chili’s Grill & Bar、Applebee’s 和 Panera Bread，都正在将部分工作自动化，也就是减员。一个正在迅速传播的做法是让顾客使用平板电脑点菜。

一般来说，餐馆会在每张餐桌上配备一台平板电脑，这就减少了餐馆所需的服务员数量，同时也意味着人们不必苦苦等候服务员。[你有没有想过 waiter（服务员）和 wait（等待）的关系？] 令人意想不到的是，这样一来，顾客点菜的数量反而增加了。

根据自助下单平板电脑制造商 Ziosk 公司的研究，在没有服务员协助的情况下，每张账单的总额更高。也许是顾客在没有服务员在场的情况下，可以毫无顾忌地说，“嗯，我想要个巧克力冰激凌作为甜点”，或者仅仅是自助点餐更方便。Ziosk 公司已经卖出几十万台平板电脑，并且这一趋势仍在不断增长。

餐厅自动化也可以通过智能手机实现。历史悠久的收银机制造商 NCR 通过为顾客提供一个 NCR 移动支付 App，从下单、查看账单到更改菜品、呼叫服务员、付小费、买单等都可以在手机上完成，发票也会通过电子邮件发送给顾客。

餐馆厨房自动化也已经起步。比如，一个名叫卡里汉堡（CaliBurger）的食品连锁公司与一家科技开发公司联合开发了一款名叫 Flippy 的机器人。这款机器人大致上就是一个装在推车上的带有传感器的机器臂。工作的时候，它就像一个低级厨师一样，能举起标准烤架或铁锅，然后开始烹饪。使用它，餐厅无须重新设计厨房。

这个机器人会将预先制作好的汉堡坯放在烤架上并及时翻面，整个过程全部由热量传感器、相机和内置人工智能程序来完成。它还可以集成到餐厅的系统中，直接从顾客那里接受订单。到目前为止，这款机器人仍然需要人类及时填料（比如奶酪和其他配料），但一家名为动力机器（Momentum Machines）的公司发明了一种机器人，可以取代人类进行所有的食品准备工作。

2012 年，动力机器公司的联合创始人亚历山大罗斯·沃德卡斯塔斯宣称："我们公司的设备并不是为了提高员工效率，而是取代人工。"[18] 这款机器人与塞得下一个人的冰箱差不多大。将生的原材料放进去，这款机器人就能"吐"出做好的汉堡，而且还能用袋子将做好的汉堡装起来，其速度大约是一小时做 100 个汉堡，这还是其早期的速度。

2018 年，沃德卡斯塔斯与人合伙开了一家自动化汉堡餐厅，也许该公司意识到自己之前的观点过于激进和高调，沃德卡斯塔斯换了个调调，他说道："在我们的构想中，未来人们的生活应该更富于创造性和互动性，因此我们的员工也应该变得更有创意，更善于社交。"[19] 该公司现已更名为创造者公司（Creator），并得到了谷歌公司的风投资金支持。为了避免引发人们对快速自动化的不满，该公司承诺向员工支付比最低工资高得多的薪酬，并允许他们用 5% 的工作时间来阅读自选的教学资料。

美国一些州的最低工资标准上调，这促进了自动快餐设备的销售。麦当劳美国前首席执行官艾德·伦西说得很直白："购买价值 35000 美元的机器臂比雇用效率低下且最低工资要每小时 15 美元的员工更划算。"[20]

机器人也开始跻身比萨业务。旧金山湾区的创业公司 Zume Pizza 启用了一款面团机器人，该公司称其为"豆博特"（doughbot）。它可以在几秒钟内将面团打造成完美的比萨面饼，然后其他机器人在面饼上抹上酱汁并将其放入烤箱烘焙。这家公司没有柜台，也没有店面，顾客用智能手机在线上购买。

该公司的厨房里只有 4 名员工，但每天能够制作 200 多个比萨饼。他们计划通过投入更多的机器人和人工智能软件来减少员工数量。该公司的联合首席执行官亚历克斯·加登说："如果计划成功，我们就跟达美乐比萨连锁公司（Domino's Pizza）一样，你可以想见，这利润得有多大。"[21] 目前，达美乐公司 30% 的收入用于支付员工工资，而员工工资仅占 Zume 公司收入的 14%。

运输岗位自动化

在美国，14 名工人中就有一个专门从事某种类型的运输工作，总数达到近千万人。这些工人中，有约一半的人是驾驶员，这些驾驶员的工作也正在逐步实现自动化。事实上，一谈到服务行业自动化对就业的影响，大家谈论得最多的就是自动驾驶技术对驾驶员的威胁了。

自动驾驶卡车和汽车已经成为现实，但目前尚不清楚这一技术的应用什么时候会在社会上全面铺开。《麻省理工学院科技评论》的编辑戴维·罗特曼说："所谓的自动驾驶汽车仍然需要一名司机，尽管他通常是被动的。但数百万人可能会失业，也不是无稽之谈。"原本被认为不会被人工智能取代的工作现在也面临着风险。[22]

奥巴马总统执政时期的白宫经济学家和科学顾问团队曾经发布了人工智能分析报告《白宫人工智能白皮书：人工智能、自动化和经济》，其中提到自动驾驶汽车可能会威胁到 200 万 ~300 万美国就业岗位。对于那些受教育程度不高的大约 170 万名卡车司机而言，驾驶工作是他们可以获得的最佳工作。

实际上，实现自动驾驶并不容易，开展也并不顺畅，因为交通涉及公共安全问题，监管十分严格。如果将来所有汽车都实现了自动驾驶，它们之间可以互相协调，还比较乐观；如果部分车辆由人类驾驶，另一部分由人工智能驾驶，就比较难办了。

但并非只是技能要求不高的工作面临自动化风险，许多专业人士，比如医生、律师、记者、会计师等，都是凭借大量的知识和丰富的经验而获取丰厚的报酬。然而，如果将"经验"替换为"数据"，那么专业人士的经验积累模式就等同于人工智能的数据模型识别模式，而这正是人工智能的强项，人工智能的学习能力将会（或者已经）超过一般人。在医学领域，这已经发生了。

医疗工作自动化

医疗保健是一个非常大的行业。在美国，约有 1200 万人从事医疗与保健相关工作，其中 5% 的人是医生，20% 的人是护士。英国国民保健服务雇用的员工人数多达150万人。大部分医疗服务是非常常规化的，且几乎所有医疗服务都是基于经验的识别模式，这正是人工智能的强项。

白领机器人在处理图像和患者病史信息方面表现优异，且正在逐步优化中，它们已经被用于疾病诊断。不过，白领机器人还不能取代医生，只是另一种诊断设备而已。

白领机器人在心理学上也有一些创新运用。

埃利是一个带有屏幕的白领机器人（有些人称之为“阿凡达”）。埃利的外貌和行为与人类相似，这使患者在与它交流时感到十分放松。计算机视觉和身体动作传感器使它能够记录患者的身体语言以及微妙的面部信息，然后将其编码，发送给人类心理学家进行诊断。研究表明，埃利在数据收集方面比人类表现更好，其中部分原因是患者在面对机器人时更容易敞开心扉。

在美国国防部高级研究计划局的资助下，南加州大学的研究员发明了埃利。设计埃利的初衷是帮助治疗患有创伤性应激障碍（PTSD）的退伍军人。联合发明人路易斯–菲利普·莫伦斯称：“用埃利收集患者的行为证据，优点在于‘她’是一台计算机，不会对患者进行评判，因此人们也似乎更容易向埃利敞开心扉。”[23] 此外，还有为患者提供治疗的人工智能应用。例如，一款名叫Woebot的机器人会通过与患者进行日常对话来帮助他们解决心理健康问题。该机器人的绝招是向患者提问，鼓励他们将消极的想法用更客观的语言进行重述。现在，医疗机器人在各大医院的应用越来越广泛。

在新加坡的伊丽莎白诺维娜医院，IBM公司发明的沃森机器人可以检测患者各项重要生命体征。该医院的首席执行官路易斯·谭指出，沃森只是一名机器助手，对患者来说更有效、更安全，但并不意味着护士不用承担责任。[24] 还有一些人工智能可以减少医生在常规检测上花费的时间。

Your.MD公司总裁马泰奥·贝卢基认为，“大多数去医院看病的人（多达3/5）都只是些小毛病，去药房找药师问问，完全可以买药自行解决。”Your.MD公司发明了一款智能手机应用程序，患者可以通过此程序就自己的病情和治疗进行咨询，就像跟普通医生咨询一样。贝卢基说：“这款应用还不能取代医生，只是从医生手中接过了一些常见疾病的处理任务。”

这只是初步诊断，帮助那些感觉不舒服的人决定是否需要看医生。英国国家卫生署看到了机器人的这种潜力，所以批准了这一程序的应用。

还有更多精彩的医疗机器人应用案例。

2016年，一名日本医生接诊了一名患者，医生判断其罹患急性骨髓性白血病，然而经过各种治疗，都没有效果。于是医生向沃森机器人咨询，沃森花了10分钟，查询了其数据库中的2000万份癌症研究论文，寻找与患者基因和医疗记录相匹配的疾病，最后，沃森推测，患者罹患的是一种罕见的白血病，而医生从来没有想到过。

沃森做出诊断后，医生们认为机器人是正确的，于是改变了治疗方法。但请注意，机器人并没有取代医生。显而易见，机器人可以减轻医生的工作量。需要注意的是，一旦这种机器人被广泛使用，沃森将取代最专业、收入最高的癌症医生，但对普通医生来说它只是一个更好的工具。总之，该案例很好地说明了一点：机器人比普通工人的技术水平高。

药房自动化

数药片要占用药剂师大量时间。比如，在加利福尼亚大学旧金山医院每天约有 600 名患者，每位患者平均服用 10 种不同的药物，这需要数百名药剂师和制药师才能完成配药工作，但是如果没有一个名为 PillPick 的配药机器人的话则需要更多医师。这个机器人可以选择、包装和分发各个患者的药品。通常，机器人还会在药包上贴一个条形码，以确保患者不会拿错药品。

人们把常规工作交给机器人后，会发现准确度提高了，PillPick 也不例外。安德鲁 · 扎列斯基于 2016 年 11 月在 CNBC.com 上发表了一篇文章，该文写道，休斯敦一家医院进行的一项研究发现，人类药剂师填写的每 10 万份处方中会出现 5 处错误。[25] 为了避免这些错误，加利福尼亚大学旧金山医院启用了机器人。负责人马克 · 拉雷说："一次，我们的一名护士点错了小数点的位置，结果导致患者服药过量，我们于是下定决心不再犯类似错误。"机器人在试用期间填写了大约 350000 张处方，没出现一处错误。

新闻编写自动化

《华盛顿邮报》有一位产量惊人的记者，他在 2016 年 11 月美国大选启动后的一段时间内共发表了500多篇文章，对众议院、参议院和州长选举的情况都进行了实时报道。这位记者的名字叫何利奥格拉夫（Heliograf），是一个机器人。该报的60位人类政治记者将注意力集中在引人注目的、戏剧性的或难分伯仲的选举上，而何利奥格拉夫就像一个实习生一样，被安排去报道那些没有太多悬念的选举活动。[26]

在2012年的大选中，《华盛顿邮报》指派了4名人类记者来报道没有太多悬念的选举活动。在25小时内，这4名记者撰写的报道比何利奥格拉夫同期撰写的稿件少了很多。

法国也用相同的技术来报道其总统大选。2015年大选期间，一家IT公司与法国《世界报》合作，使用自动编辑软件在4小时内为15万个网页撰写新闻稿件。这家IT公司的首席执行官克劳德·德卢皮评论说："机器人虽然不能完成记者的工作，但它们能完成一些很惊人的工作，这对媒体来说无疑是一场革命。"[27]其他新闻机构，比如美联社，也购买了机器人编辑软件，并投入使用。

但机器人编写的新闻质量怎么样？美国国家公共电台（NPR）组织了一场人机决斗，这有点像1997年的国际象棋比赛，世界国际象棋冠军加里·卡斯帕罗夫对阵IBM公司的深蓝计算机。美国国家公共电台白宫站记者斯科特·霍斯利对战一位名叫沃德史密斯（WordSmith）的机器人记者。新闻事件是快餐公司Denny's的财务报表，需要输出一则简短的广播新闻。沃德史密斯耗时两分钟完成，而斯科特花了7分钟。评委是美国国家公共电台的在线听众，他们认为人类撰写的新闻稿内容更丰富，更有吸引力。

机器人新闻是否会取代人类记者？到目前为止，《华盛顿邮报》新闻编辑室对此持积极态度。虽然他们没有给机器人取一个可爱的名字，但他们认可这个机器人。新闻工作者的工会代表弗雷德里克·孔克尔说："当然，我们对任何可以取代人类的技术都很谨慎，但这项技术似乎只接手了一些笨拙的工作。"[28]

法律工作自动化

2016年底，摩根大通的人工智能软件COIN能够自动阅读和解释商业贷款协议。在COIN之前，律师和信贷员需要为此工作大约36万个小时。现在机器人接管了这项工作，它们速度更快，错误更少，每年阅读大约12000份合约，中途不用休息。将COIN用于阅读和解释复杂的法律文件，比如信用违约互换和托管协议，也已经提上日程。

摩根大通首席信息官达纳·迪西声称，COIN并没有消灭就业机会，只是将律师和信贷员从繁重的劳动中解脱出来。"人们说机器人会造成失业，但我认为机器人只是将人们从繁重的劳动中解放出来，让他们有更多的时间去从事更有价值的事务，这就是为什么机器人对公司来说是个很好的机会。"[29]对于顶级律师来说，这么说也许是对的，但美国约有100万人从事法律相关的工作，而他们今天所做的许多工作已经或很快会自动化。法律人工智能创业公司RAVN的联合创始人简·范赫克指出："在法律行业，阅读卷宗是最基本的工作。"他的公司"旨在将阅读自动化"。该公司的人工智能软件可以读取和阐释法律文件，还能提取信息，速度比人类更快、更准确。这款软件已被广泛用于顶级律师事务所，并且越来越多的大公司的法务部门也开始采用这一软件。①

人工智能可以代替年轻律师熬夜的另一项任务是“证据挖掘”，就像你在许多法律影视中看到的那样，绝顶聪明的年轻律师在一大堆文件里寻找可以帮委托人免除罪责或者指认另一方有罪的证据。现在，这个过程大部分可以由人工智能驱动的白领机器人完成。

还有一款不那么严肃的法律机器人，名字叫“DoNotPay”（不用付钱）。这是一个免费的网络程序，它通过脸书聊天软件与你就交通罚单问题进行交谈，谈话结束后，它会给你提供法律意见及文件，教你如何合法地拒绝支付交通罚款。

这款法律机器人是由一个英国年轻人发明的。“18 岁时我开始开车，收到了许多违章停车罚单，所以我开发了 DoNotPay，主要是为了好玩。没想到的是，大概仅一年之后，这款软件就处理了超过 25 万张罚单。《福布斯》杂志的采访报道中写道：乔舒亚 · 布劳德在 12 岁时自学计算机编程，编写该软件只花了 3 个小时——从晚上 12 点到凌晨 3 点。[30]

20 岁出头的布劳德现在在斯坦福大学学习法律。作为一个理想主义者，布劳德对这款软件进行了完善，现在它可以帮助美国和

---

① 2016 年，德勤会计师事务所的一份报告《培养法律人才：未来律师事务所畅想》中提到，未来 20 年内，美国 2/5 的法律岗位将实现自动化。另一项研究显示，人工智能现在可以取代 1/8 的法律工作时间（Dana Remus and Frank Levy, “Can Robots Be Lawyers? Computers, Lawyers, and the Practice of Law,” *SSRN.com*, December 11, 2015.）。

加拿大难民完成移民申请，帮助难民获得英国政府的财政支持。[31]

金融服务自动化

许多人都得管理自己的财务，而且大多数人都得安排好自己的金融大事，如退休金等。然而，人们的金融知识和经验比较欠缺，若咨询银行的理财顾问或金融师，费用比较高，而且很多所谓的理财师不过是为了赚点佣金的销售人员而已。

个人理财的新趋势是使用白领机器人来处理以上这些事情。比如，瑞银（UBS）采用了亚马逊的 Alexa 机器人，可以为简单的财务咨询作答。美国政府赞助的抵押贷款公司房利美已经用白领机器人取代了撰写年度报告的金融分析师团队，这使得公司能够每季度而不是每年对公司的绩效进行审查，而且能够覆盖更多的借款人。

高盛集团也已经将许多柜台交易工作自动化。2000 年，该公司在其纽约办事处雇用了 600 名交易员，现在只雇用了两名交易员和 200 名计算机工程师。在其外汇交易部门，过去高薪雇用了许多员工处理大量的资金交易；而现在，该部门 1/3 的工作人员都是计算机专家，员工总人数也减少了。这可能对公司高层有好处。巴布森学院教授汤姆·达文波特说："高盛总经理的平均薪酬可能比以前更高了，因为参与利润分配的基层员工减少了。"[32]

这样的例子不胜枚举，因为金融行业中的许多工作都是白领机器人十分擅长的事情，比如，基于大量数据快速进行决策。因此，裁员可能还会进一步加剧。

高盛集团副首席财务官马蒂·查韦斯指出，投资银行正在迈向全球机器人化。参与并购的投资银行家平均每年赚取 70 万美元，但他们通过减少岗位以增加利润的动机还是十分强烈。虽然提供投资建议和人际互动还是要依靠人工，但该公司已经认定，他们有 100 多项具体任务可以通过人工智能来完成。

2018 年，德意志银行前首席执行官约翰·克莱恩预测，该银行高达一半的员工可以被科技取代。巴克莱投资银行首席执行官蒂姆·思罗斯比指出："如果你的工作需要大量敲击键盘，那你的就业前景就不太光明。"高盛集团总裁理查德·格诺德则将其推而广之："如今科技已经接手了许多工作，我想这个进程不会停止。"[33]

自动化将带领人类走向何方？

全球机器人化，即以白领机器人形式出现的远程移民和认知计算机的普遍应用，正在推动一场新型变革。新型自动化和全球化这个新版本的破坏性二重奏，将给人类带来巨大挑战。

过去许多不受它们影响的职业现在正面临冲击，尤其是办公室工作，形势十分严峻。

当然，因为还有大量白领机器人和远程移民无法处理的工作，所以将被淘汰的职业很少，但全球机器人转型肯定会使服务行业就业人员减少。同时，数据技术也会创造出新的工作，但只有掌握某项具体技能的人才能得到这些岗位。

这意味着，许多白领会像1973年以来的工厂工人一样，经历竞争、失业、恐慌。因为数字化技术的发展出人意料地快，因此相比于全球化在19世纪对农业的破坏和20世纪对制造业造成的破坏，全球机器人化对专业人士和服务行业的破坏速度要快得多。

如果历史将重演，那么飞速发展的创新最终能让人们拥有不受全球机器人化影响的工作，但在这个过程中，情况会变得非常糟糕，世界将会出现剧变，甚至出现反拨。

6

全球机器人化变革引发大动乱

比尔·盖茨担心，数字技术将引发一场大动乱。我们所有人都应该为此担心。盖茨无法预知未来，但他已经一次又一次地证明，他知道数字技术的威力。他带领微软走过数十年，经历了许多“惊变”时刻，成了世界上最富有的人之一。

盖茨认为，失业的节奏太快，经济无法承受。“许多行业几乎一下子就踏进了失业的门槛。人们应当提升科技公司的税率，甚至应该人为地降低其发展的速度。”[1]盖茨并不是唯一一个有此担忧的科技富豪。

企业家埃隆·马斯克是火箭发射公司的创始人，也是电动汽车制造巨头特斯拉的首席执行官。他对技术的破坏力也了如指掌。2017年，特斯拉的市值比其他任何一家传统汽车制造商都要高。马斯克和盖茨有同样的担心，他说：“若出现大规模失业，该怎么办？这将是一个巨大的社会挑战。越来越多的工作，机器人都比人类做得更好。我不希望这样的事情发生，但我认为这些事情很可能发生。”[2]

亚马逊首席执行官杰夫·贝佐斯也是一位成功的科技弄潮儿，他说：“未来20年，科技对社会的影响之大，无法用语言来描述。”[3]易贝首席执行官德温·维尼格指出：“尽管多年以来，人们一直都知道人工智能的前景可观，但目前的发展速度仍令人震惊。得益于专用硬件的进步、大数据的积累，以及机器学习新算法的提出，在越来越多的任务上，机器的能力将达到并超过人类。”

已故物理学家斯蒂芬·霍金对商业知之甚少，但作为世界上最杰出的物理学家之一，他有资格对未来数字科技的走向做一下判断。他认为：“工厂自动化已经大量削减了传统制造业的工作岗位，而人工智能的崛起很可能会令很多中产阶级失业，剩下的就只有看护、创意和监管类工作了。”[4]

使全球机器人转型变成全球机器人化大动乱的技术掌握在富人手中。目前，衡量一个人生活是否成功的要素有两个：（1）拥有一份好工作；（2）住在稳定的社区。到目前为止，生活成功的人大多是从事白领和专业工作的人。而且，到目前为止，这样的工作既未受全球化的影响，也未受机器人化的影响。然而，全球机器人化正在改变这一现状。

所有的改变都有得有失。但是，当变革发生太快，人们就不得不采取紧急措施，这可能需要付出极高的人力、经济和社会代价。这就是为什么政府总是选择缓慢地分阶段实施改革。只有这样，人们才会有时间重新安排他们的事务。然而，全球机器人化引发的大动乱并非是有序进行的。

当数千万或数亿的欧美和其他发达经济体的公民被迫换工作时，这种变革——未来不论以何种形式——都将产生经济、社会和政治上的动乱。然而，实际情况却更加复杂。

发展不同步导致动乱

技术变革和太阳一样古老，至少和日晷一样古老。从这个意义上说，全球机器人变革并不新鲜，它的方向也没有错。技术进步是一件好事，而且在任何情况下，它都是不可抗拒的。

让计算机能够思考、让外国人可以远程移民到我们办公室工作的技术是计算软件和互联网平台，这些都是西方民主国家很难控制的。这意味着全球机器人终将改变我们的生活。政府可能会减慢其发展脚步，但无法阻止其发展。从长远来看，结局是光明的。一旦解决了这些难题，全球机器人化会让世界变得更美好。全球机器人化会帮助人们提高效率，避免枯燥、重复的工作，从某种意义上说，它们将使人类的工作更人性化。此外，人们今天不得不做的重复、机械性劳动都可以交由它们完成。

然而，大动乱永远不是由还未发生的事情所导致，反而是受到当下正发生的事情所驱动。这就是危险所在。真正的问题在于变化的速度过快，或者更准确地说，问题在于新技术创造新工作的速度赶不上人们失业的速度。数字技术正以惊人的速度引发大规模失业，但在创造大规模就业方面贡献寥寥。这一点非常明确。

今天，许多高科技公司企业家正在通过（或是希望通过）雇用低成本的外国自由职业者，或成本更低的白领机器人，以取代薪酬高的雇员，从而获得巨额财富。这就是他们的商业模式——通过降低高收入国家的人力成本来节约资金。引发失业的企业家自然不愿直接谈论这个问题，但人工智能科学家却十分乐于宣传这一点。

以降低人力成本为核心的商业模式

我们应该听听吴恩达的看法，他是数字技术领域的重量级人物，也是中国在线搜索巨头百度的首席科学家，领导着 1000 多名研究人员。[①] 在此之前，他在谷歌工作，开发了突破性的机器学习方法，即深度学习。这一方法是谷歌自动驾驶汽车技术的主要支撑。此外，他还曾经是斯坦福大学教授，与人合作创办了在线教育平台 Coursera。他在 YouTube 上关于人工智能的演讲播放量已达到 150 多万次。

数字技术对就业的破坏，吴恩达十分清楚，他说："我有很多朋友在从事许多重要的研究项目，这些项目的目标正是取代成千上万人的工作，可以说，这些工作就是靶心。"在 2017 年拉斯维加斯消费电子展上，吴恩达用怜悯的口吻补充道："坦白地说，成

---

① 吴恩达已于 2017 年 3 月从百度离职。——编者注

千上万正在从事这些工作的人现在还不知道，许多正在进行中的重要项目会让这些工作实现自动化。”[5] 他典型的美籍华人口音中还夹着一丝香港味儿。在展望人工智能的未来时，他说，一个人即便能够在不到一秒的时间内完成一项脑力任务，人工智能驱动的计算机在处理同样的任务时也会完成得更快、更稳定、更廉价。

一家领先的白领机器人供应商很准确地说出了发展人工智能的目的。蓝色棱镜公司将其自己编写的计算机程序称为“数字劳动力”。其官网上写着：“多技能软件机器人作为数字劳动力，已应用于要求最苛刻的企业后台办公环境中，以取缔那些低回报、高风险，人类不应从事的手工数据录入和处理工作。”[6]银行、电信、能源、政府、金融服务、零售和医疗保健等后台工作现在已经广泛采用这一解决方案。

需要注意的是，在谷歌、亚马逊、微软、印孚瑟斯、IBM 等公司工作的天才们不是在努力创造新的就业岗位，而是在努力消灭现有就业岗位。

全球机器人化的另一个组成要素——远程移民——对就业的不利影响就没有这么明显了。网上自由职业正在蓬勃发展，但到目前为止，还是以国内远程办公为主，跨国自由职业还没有成为主流，其发展前景也不十分明确。追求利润当然是雇用自由职业者的主要目的，但到目前为止，这项技术一直在创造新的国内就业机会。

例如，在线支付公司 Paychex 研究了 Indeed.com 求职网站上 40 余万份自由职业者的简历。他们发现，20 世纪 70 年代、80 年代甚至90年代的大部分时间里，就业通常意味着典型的朝九晚五式工作，但自2000年以后，自由职业经济快速发展。通过筛查简历，我们发现，2000—2014年，自由职业岗位增长了5倍多。欧洲的情况也差不多，2004—2013年，从事自由职业的人数年均增长了45%。[7]

领英和财捷（Intuit）两大公司在2017年进行的一项大型调查发现，担心白领机器人会让传统的朝九晚五工作不保，是人们选择自由职业的一个重要动机。[8]但是，正如一句老话所说："才出虎口，又入狼窝。"一旦雇主发现很容易就能雇用到国内自由职业者，就很少再有什么能阻止他们招聘成本更低的外国自由职业者。如前所述，机器翻译的巨大进步、国际自由职业平台的兴起、电信技术的进步，使得远程移民越来越现实。一旦远程移民的成本优势被挖掘出来，越来越多的公司会转而雇用国外的远程移民。

创造就业岗位的过程则完全不同。

创造就业和人类创造力

正如我们前面提到的，数字技术的发展也创造了一些新的就业岗位。今天的数据浪潮正在为一些人创造新的就业机会，他们可以利用数据获得报酬。尽管WhatsApp等应用软件的免费服务大部分是由白领机器人提供的，但这些免费也带来了新的就业机会。例如，以前外包给印度公司的业务现在可以转移回国内来完成，因为这样更划算一些。

但这类工作的数量相当有限。即使是像Alphabet这样极富创新性和快速增长的公司，2007—2017 年新创造的就业岗位也仅为 7.13 万个。[9] 这对于总数达 1.4 亿人的美国就业市场来说只是杯水车薪。对于美国酒店行业的员工而言，要转行成为一名谷歌员工绝无可能，而未来几年内他们的工作将被人工智能取代。

一个明显的事实是，利用数字技术创造就业机会并不是当今研究和投资的焦点。很少有公司试图利用数字技术创造新的工作岗位，但从技术上讲，数字技术是可以做到的。

例如，具有强大诊断能力的白领机器人可以创造出全新的医学行业就业岗位。从设想来看，从事这种职业的人能完成的任务比护士多，但比医生少。有了像阿梅莉亚一样的数字助理，那些只接受过有限医学训练的人也能提供基本的医疗服务。在医疗救治现场，它们也可以成为医务人员的耳朵和眼睛，判断哪些人需要就医。它们也可以帮助传播预防疾病的相关知识，这样，人们能以更低的成本获得更好的医疗服务。

其他行业也可以开发出类似的工作岗位。有些人所接受的教育程度可能比不上律师、工程师、会计师、税务专家和投资顾问，但人工智能可以让他们的技能得到“提升”，从而创造出大量新的“半专业人士”的就业岗位。这样一来，各种专业服务收费会更便宜，人们对这类服务的需求就会扩大。

问题是，创造新的就业岗位需要制度的完善和社会持续不断的投入，需要制定新的法律，改变客户的态度，还需要现有专业人士的接纳。换句话说，创造就业岗位需要很长时间。这一过程不会让任何人在 5 年内就变成富翁。

可悲的是，通过裁员获利比通过创造就业获利要容易得多，也快得多。简言之，从技术上讲，就业岗位减少和就业岗位增加的错配是完全可以避免的。之所以存在不平衡的现象，完全是因为利润差距太大，但这并非一成不变。

过去的几次经济转型并没有导致永久性失业。在第一次工业革命期间，自动化和全球化使农业领域的就业岗位减少，但在工业和服务业领域创造了新的就业机会。同样，从 1973 年开始的服务业转型导致工厂的工作机会减少，但服务业领域出现了新的就业岗位。

在第一次工业革命时期，企业家发明了许多闻所未闻的产品，结果卖得很好，于是他们雇用了很多工人来制造这些产品。在服务业转型过程中，企业家创新了服务项目。由于大多数服务存在于人与人之间，所以新服务项目创造了大量新工作。随着收入的增加，人们对服务的需求增加了，例如，人们开始购买更多的医疗、教育和娱乐服务。

但新发明和新服务是怎么产生的呢？

这部分取决于新的技术，但同时也取决于人们的创造力，当然，最为重要的则是找到一个有抱负、有企业家精神、能把想法变成现实的人。

换句话说，之所以创造新的工作不容易，正是人类自身的缺陷造成的：我们的大脑都是按照步行的运动方式来感知事物变化的，所以我们倾向于认为事物是以大脑感觉正常的速度变化的，而不是按照数字技术的爆发式速度变化的。这一点至关重要。这意味着我们不能指望新工作岗位出现的速度与旧工作岗位消失的速度一致。人类的创造力和企业家精神不遵循摩尔定律。人类的聪明才智和企业家精神最终会担起责任，让所有人都能实现“乐业”。但如果以史为鉴，这可能需要很长时间。

工作岗位消失的速度如疾风扫落叶，而新岗位增加的速度如闲庭信步，在这种情况下，许多原先拥有稳定、高薪职业的人会发现自己岌岌可危。这将是引发全球机器人化大动乱的一个重要因素。还记得从 1973 年开始的服务业变革导致多少制造业工人下岗的情况吧？许多工人离开工厂后找到了新工作，但这些新工作使他们的社会经济地位大幅降低。未来几年，受全球机器人化而下岗的工人将面临同样糟糕的选择。

人工智能技术导致的失业速度与其创造新就业岗位的速度之间的不平衡关系，可以将一句拉丁俗语——“母亲是确定的，但父亲从来就是不确定的”——稍加改造来形容，那就是“失业是确定的，就业从来就不是确定的”。

但是，这一切会来得有多快呢？

失业将会以多快的速度超过就业？

大规模失业什么时候会到来？这个问题没有一个明确的答案。你可以将其与飓风预报进行类比。大西洋每年都会有飓风，飓风出现的月份也十分确定，但在飓风真正形成之前，人们无法预测其到来的时间和破坏力度。

原因在于天气受到各种因素的影响，大规模失业的情况也类似。此外，现有公司之间、现有公司与尚未出现的公司之间的竞争结果也无法预测，而要预测以后会出现什么新的岗位则更难。很多工作我们现在完全无法想象，就像工业革命前的人们无法想象工业革命后出现的工作一样，而无法想象的事情就更难预测。美国前财政部高官费德勒说得好，如果要预测，那么“给出一个数字或日期，但绝不要同时给出这两者”。[10] 费德勒补充道：“靠水晶球谋生的人很快得学会吃地上的碎玻璃——算命的人最后都混不到饭吃。”

费德勒的俏皮话解释了为什么技术和商业专家更乐于给出大规模失业的人数而不是时间。他们可以给出一个数字，但无法给出一个日期。这很自然，因为商业转型并不是一门硬科学，所以很难预测未来会发生的事情。

经济学人智库在解释为什么 2016 年许多公司都加大了在人工智能方面的投入时指出：“按照经久不衰的商业模式来看，这种追加投资是希望和恐惧两种心理造成的。”[11] 竞争压力一直是推动企业前进的动力，许多行业经理都担心跟不上行业发展的步伐。他们的研究显示，超过 1/3 的受访首席执行官认为，新入行者如果有数字技术的支持，会给他们的业务带来风险，所以他们不甘落后。当恐惧和竞争交织，而且当变革主要来自那些现在还不存在的公司时，要做出预测是不太现实的。

不过，RPA 软件供应商的增长速度可以作为一个参照，尽管这个参照十分片面。蓝色棱镜公司就是一家全球领先的 RPA 供应商。

蓝色棱镜公司软件的卖点是帮助客户减少公司雇员的数量。

该公司 2017 年底的收入为 2500 万美元。据投资银行预测，到 2020 年，这一数字将达到 1 亿美元，而仅仅几年后将能达到 5 亿美元。[12] 专业咨询集团 HfS 的菲尔 · 费希特预计，RPA 软件的销售将以 36% 的年复合增长率增长，这意味着每两年 RPA 软件的销量将翻一番。[13] 这种增长主要是由希望节约成本和害怕落后的心理所推动。德勤公司解释得很好："如果你不采用自动化，你的成本将大大高于竞争对手。"他们预测，RPA 将以与工业革命相当的速度"释放"今天的劳动力。[14]

在讨论大规模失业发生的时间节点时，大多数专家认为是 5~10 年。许多人认为，2020 年或 2025 年最有可能发生大规模工作转移现象。例如，塔塔咨询服务公司（Tata Consulting Services）2017 年的一项调查显示，80% 的公司认为人工智能对它们的业务至关重要，约一半的公司认为人工智能是一项革命性的技术。他们的调查还显示，全球 13 个行业的 800 多名高管中有 2/3 的人认为，公司要想在 2020 年前保持竞争力，数字技术对公司是"重要的"或"非常重要"的；半数高管认为，到 2020 年，他们在数字技术方面的大部分投资将用于业务转型，而不是优化现有商业模式。[15]

综上所述，再加上为了节省成本，有些公司开始裁员。为了保持竞争优势，各个公司必然纷纷跟进，这就会引发滚雪球效应，大规模失业现象有可能在 2020 年出现，更大的可能性则是 2025 年。但这一预测只是给出了日期而没有数字。

速度并不是全球机器人变革会引发大动乱的唯一因素。另一个事实是，几乎没有人对此做好了准备，当然，这是有原因的。没有人能预测全球机器人化会如何影响人们的生活，所以人们也很难进行调整和准备。也许，它不会以一种趋势出现，而是以一系列变化和转型的方式出现。这就意味着，研究过去两次大转型中的失业模式对于研究未来的失业模式没有太多指导意义。

为什么全球机器人化的出现方式难以预测？

2008 年圣诞节前两天，威斯康星州简斯维尔的汽车装配厂永久关闭。紧接着，当地汽车座椅供应商关闭了。在一个 6 万人口的小镇，成千上万的人突然失业，当地的商业受到了很大影响。高中生虽然还在上学，但他们又饿又脏。下岗后的工人接受了再培训，但新找到的服务业工作的工资比原来低很多。成千上万的家庭因为失业而陷入贫困，许多人陷入绝望的旋涡，自杀率翻了一番。

2017 年，艾米·戈德斯坦所著的《简斯维尔：一个美国故事》（*Janesville: An American Story*）精彩地记录了制造业向服务业转型过程中大规模失业造成的影响。但全球机器人转型导致的大规模失业，将以一种新的方式出现。人工智能技术对我们工作的影响，就像智能手机对我们生活的影响一样。这需要一些解释。

全球机器人化会像苹果手机一样渗透进我们的生活

就在几年前，iPhone 还是安装在普通手机上的一款很棒的音乐播放器。这种手机电池寿命短，摄影效果不好，网络浏览器没什么用处（无线网络连接速度慢，而且很少）。然而，在将多功能集于一体之后，以及随着通信成本的降低，智能手机就全面融入了我们的生活和社会。

智能手机现在集诸多功能于一身：它是我们的邮件和信息接发设备，还是报纸、相机、摄像机、相册、秘书、议程表、日历、旅行服务商、票据、钱包、健康追踪器、地图、商家黄页、网络浏览器、计算器、炒股神器、社交媒体中心、家庭连接器、健身成绩记录器、视频会议设施、电影票务代理等。此外，它还是一个相当不错的电话（尽管电池寿命仍然很短）。

智能手机已经彻底渗透进我们的生活。对很多人而言，没带手机就如同没穿衣服一般，非常不习惯，甚至还会感到孤单。出了问题，最多的解释就是“我手机没电了”。这项技术让我们紧密地联系在一起，还能让陌生人围观你和家人的晚餐，或是参加你组织的会议。因为有这些新成员的加入，我们还得制定新的社群规则。

然而，问题的关键是，这一变化过程不是任何人的刻意规划，而是自然发生的。

这一过程没有政府规划，没有顶层设计，没有任何计划，但智能手机就这样一步一步地深刻地改变了人们的社交方式、人与环境的互动关系，也改变了人们的商业和政治组织模式。就像温水煮青蛙一样，手机一点一滴地改变了我们的生活，而我们毫无知觉。不知道从什么时候开始，手机不再只是一个通信工具，但仅仅几年后，我们开始问自己："没有智能手机之前，我们是怎么过的？"

全球机器人变革也将会以类似的方式出现。就像 iPhone 入侵我们的生活那样，全球机器人化会在我们不知不觉间接管专业人士和白领的工作。一旦机器人和远程移民技术像智能手机那样"集多功能于一体"，且"费用低廉"，公司就会大量采用这项新技术。我们不会看到工业革命时期工人怒砸织布机的情节，因为机器人和远程移民并不像织布机那样显眼。只有在 5 年、10 年之后，我们才会意识到全球机器人化给我们的就业和生活带来了彻底且不可逆转的影响。那时我们也会问自己："没有这些技术之前，我们是怎么生活的？"简言之，全球机器人化大动乱，是我们和我们的公司做出的数以百万计的貌似毫无关联的选择引发的。

数字技术对经济发展产生的渐进、持续的影响需要一个专有名词来表述，我建议用"iPhone 渗透"。

但是，有什么具体的方法让我们能感知到这一发展过程呢？答案不难寻找，只需看看统计数字——离职率和雇用率。

全球机器人化对信息技术行业的影响

坏消息是，美国每月有 500 万工人辞职、被解雇或下岗；好消息是，美国每月约有 500 万人找到新工作。这个数据对经济学家而言可谓尽人皆知，而这一事实为了解全球机器人化会对中产阶级的经济生活产生怎样的影响提供了一个重要视角。远程移民和白领机器人将以三种方式影响专业人员和服务业工人：降低雇用率，增加离职率，或者两者兼而有之。下面我们将举例说明。

信息产业是一个以信息的收集、处理和传输为主的产业，包括出版、电影、音乐和在线服务（包括谷歌搜索）等工作。如图 6–1 所示，与美国其他非农业经济相比，该行业的离职率和雇用率极其特别。

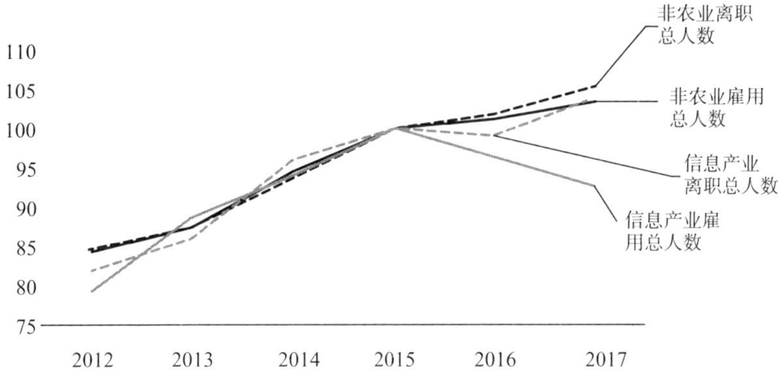

图 6–1　美国信息产业的雇用与离职情况

资料来源：作者根据美国劳工统计局公布的数据绘制。

2008 年全球金融危机之后，美国经济逐步恢复，现在发展十分喜人。尤其自 2012 年以来，就业岗位总数大幅上升。然而，岗位总数虽有增加，但这是失业和重新就业综合作用的结果。

2012—2015 年，全年新增就业率跃升，并持续增长。这个比率在图 6–1 中以实心黑线表示，标记为“非农业雇用总人数”。非农业离职总人数（退休、辞职、下岗或解雇）也上升了，但没超过新增就业总人数（参见图中的黑色虚线）。非农经济整体上的雇用人数多于解雇人数，就业人数整体增加。

这就像同时打开浴缸的进水阀和出水阀。如果进水速度（即雇用人数）快于出水速度（即离职人数），那么浴缸中的水位（即就业人数）就会上升。简单地说，当新增工作岗位超过减少的工作岗位时，总就业人数就会增加。然而，信息产业却出现了相反的情况。

图 6–1 中灰色虚线表示的是信息产业的离职情况，这与非农业离职情况非常接近。不同的是，信息产业离职总人数（图中显示为灰色实线）在 2015 年后显著下降。对比这两条灰线，我们发现，离职总人数超过了雇用总人数。该行业失业人数超过就业人数，就业总数下降。事实上，自 2015 年 1 月以来，信息产业减少了约 22000 个工作岗位，尽管在图 6-1 中看不到确切的数字。

记者和其他曾经在这个产业谋生的人肯定有一种危机感，但这与 2008 年美国简斯维尔工人感觉到的危机不一样。在这个过程中，人们失业是全球机器人不断渗透进新闻编辑部、后期制作室和广播工作室的结果。许多工作被自动化软件取代，其他工作则被转移到自由职业者手中——其中一部分来自人工成本低廉的国家。

引发全球大动乱的另一个关键因素与技术发展速度太快毫无关联，这个因素就是不公平，这一点更难掌控。全球机器人化的本质决定了机器人不会和人类展开公平竞争。这一点影响非常大，因为没有什么比不公平竞争更让人愤怒的了。

19 世纪和 20 世纪出现的强烈社会对抗，在很大程度就是人们觉得社会发展带来了极大的不公平。2016 年出现的反拨事件，比如特朗普胜选、英国公投脱欧，正是因为人们普遍感觉到社会的发展越来越不公平。这是一个标准步骤。

不公平使人们怒上加怒

前面我们提到的 19 世纪早期的卢德运动就是个典型案例。织布机的出现导致许多工人失业。有了织布机，工厂主只需要雇用工资低廉的童工就可以取代熟练工了。然而，这是极不公平的，违反了长期以来的惯例。工人有一大家子人要养活，而工厂主为了自己的私利，破坏了原有的社会规则，那么工人也可以破坏原来的其他规则——打砸工厂。事情最后失去控制，许多人因此丧命。

但愿这次事情不会变得如此糟糕。这个例子旨在说明工人如何看待自己失业的公平问题很重要，而全球机器人化的一个重要事实就是不公平。

欧美中产阶级不欢迎白领机器人和远程移民带来的新竞争，他们认为这两种“人”都是不公平的竞争对手。

过去，全球化仅仅意味着外国商品带来的竞争，而现在，全球化意味着外国人会和本国人争夺就业机会、公司福利。远程移民要求的工资低，更不会要求福利，因为他们国家的生活成本低，且他们在本国的工作机会也不多。

另一种类型的机器人——白领机器人，也有类似的不公平之处。这实际上是它们的卖点之一。一家全球领先的白领机器人供应商在杂志的显要位置上打出广告，上面写道："想象一下，你可以雇用这样的员工：可以学会无数技能，学得越多，效率越高。这位员工可以一直工作，从来不需要休假。业务少的时候，这位员工可以处理好所有的任务；业务量大增时，也没有一点问题，照样能处理得井井有条。这位员工可以让你最得力的人放手去干他们真正需要解决的问题。现在请让我隆重向你介绍你的数字员工——软件机器人。"[16]

另一款自动化软件可能更让人怒火中烧。一家销售此软件的公司解释道："WorkFusion（工作融合）软件能让选择和学习算法的过程自动化……WorkFusion 的虚拟数据科学家使用历史数据和实时人工操作来训练模型，让其学会在业务操作过程中做出判断，比如分类和提取非结构化信息。"换句话说，这个软件是一个白领机器人，它能判断哪些部分的工作可以由白领机器人来完成。它是通过观察人类正在做什么和已经做了什么来做到这一点的。这个程序甚至还有一个提示音，"当软件达到或超过了完成该工作所需要的精度级别时，WorkFusion 就会通知用户"。[17]

该公司声称，该软件能让企业"减少 50% 的雇员"，然后机器人接管常规事务。"在针对历史会话进行训练后，Chatbot（聊天机器人）就像人类代理一样，能通过对话了解事情的来龙去脉，分析客户意图，并在后台执行流程来为客户服务。"不能解决的问题才交给人类处理，但是，就像前面提到的阿梅莉亚机器人一样，Chatbot 会学习人类解决问题的过程。所以即便那些还未下岗的人，实质上是在训练未来终将会取代自己的机器人。

不仅如此，全球机器人正在破坏人们的一项隐性福利或者社会的一种稳定力量。这种福利或稳定力量就是，虽然制造业的许多工人下岗了，但他们又在服务行业找到了新的工作；尽管许多新工作没有以前的工资待遇好，但他们至少没有受到外国竞争和自动化的影响。然而，全球机器人转型正在改变这一点。

全球机器人化破坏隐性的社会稳定力量

大多数富裕国家的服务业从业者的工资都比国际平均水平高。在很大程度上，这是因为他们的工作不受竞争的影响。经济学家甚至给这种现象起了个名字——鲍莫尔“成本诅咒”（Baumol “cost curse”），或者巴拉萨-萨缪尔森效应（Balassa-Samuelson effect）。其基本逻辑很简单。

大致说来，人们获得的报酬与他们创造的价值相当。当然，也有人得到的报酬远远高于他们创造的价值，但从宏观上看，这条规律是成立的。从世界范围来看，薪资的差异与各国员工创造的价值差异相关。

富裕国家的工人通常比贫穷国家的工人每小时创造的价值更多，这部分多余的价值主要表现在生产效率或价格上。如果富裕国家的工人每小时生产更多的产品，那么这些产品的价格就不会有太大差别；如果富裕国家的工人的生产效率与贫穷国家的工人差不多，那么其生产的产品价格会更高。对于服务业而言，重要的是产品价格，而不是生产效率。

举一个例子。德国经济十分具有竞争力，但并非每个德国人都是如此。那些极有竞争力的德国人是如何帮助那些不具竞争力的德国人的呢？一个很重要，但在很大程度上未被人们注意到的方式是“超额支付服务报酬”。但这一行为不过是将收入从全球化的赢家转移给输家而已。

现代资本主义的这种奇怪伎俩帮助那些没有竞争力的工人昂起了头。说白了，许多富裕国家无技能的员工得到的报酬高于国际标准，但从社会的角度来看，这也是他们应得的。下面我们将解释为什么如此。

德国汽车工人的竞争力很强。比如，与波兰汽车工人相比，德国汽车工人的工资非常高，这是由于他们每小时的产量要高出很多。所以德国汽车公司仍然愿意雇用德国工人，因为成本效益更高。

相比之下，德国餐厅服务员的竞争力就没有德国汽车工人那么高了。德国服务员的工作内容和工作方式都与波兰服务员差不多，然而，他们得到的报酬要高得多。在我们这个已经全球化的世界里，这是怎么实现的呢？

关键在于餐饮业还没有全球化。德国法兰克福的调酒师与波兰华沙的调酒师并没有产生直接竞争。法兰克福人去法兰克福的餐馆就餐，只能要求法兰克福的服务员提供服务——远在波兰华沙的服务员不可能来法兰克福服务。

为了吸引服务员，法兰克福的餐馆必须支付高工资，因为他们必须与诸如银行、制药业和制造业等其他产业竞争——至少是间接竞争。当然，服务员挣的钱没有银行家多，但竞争力强的德国工人获得的报酬很高，这就拉高了整体工资水平。还有一点，因为德国人收入高，他们有能力也乐于为餐馆或酒吧服务支付高价。

高价服务背后的隐性福利支出

如果你仔细想想发生的事情很容易就会发现，这是一种税收和再分配的机制，保护了免于国际竞争的低技能就业岗位。从本质上讲，餐馆的高价格和高工资是具有全球竞争力的德国人支付税赋的一种方式，然后这些税赋再被直接分配给那些没有竞争力的人，以提高他们的收入。

这种机制并不是劫富济贫，而是富人为抢劫者提供工作机会，这样他们就不用以抢劫为生。通过这种方式，最有竞争力的公民为缺乏竞争力的公民提供就业机会，让他们能过上较为体面的生活。较之于直接的慈善支持，这对于施予者和受赠者都更易于接受。

从某种意义上说，在缺乏全球竞争力的服务业工作，一直是富裕国家工人的一个重要逃生出口。当远程移民或机器人发展起来，将此逃生舱门关上时，就会有很大的麻烦了。

全球机器人接手这类服务业工作后，服务业下岗员工将经历20 世纪 80 年代以来蓝领工人所经历的一些困难。

不满是大动乱的温床

19 岁时，阿尔弗雷德·佩里从一个日渐衰落的制造业小镇搬到了北卡罗来纳州一个蓬勃发展的高科技小镇。他满怀希望，手里拿着高中文凭，“当时感觉自己前面是一道彩虹，前途一片光明”。[18] 然而，他随后从事的都是一连串没有上升空间的低收入工作，21 岁时，他成了无家可归的游民。如果佩里继续沿着大多数没有任何技能的人所走的常规道路走下去，他未来可能会遇到一些至暗时刻。

在服务业变革过程中，自动化和全球化淘汰了低学历工人。随后，制造业的就业裁员之风就没有停止过。每次遇到经济衰退，制造业就会进行裁员，而每一轮经济复苏又会进行招聘，但招聘数量总是低于裁员前峰值期的员工数量。自 1979 年以来，美国制造业就业形势起起落落，但整体呈下滑态势。此外，去工业化也强化了教育的重要性。

许多下岗工人的孩子接受了大学教育，以便能在服务行业找到就业机会。工人们虽然学历不高，但他们中的许多人因为有工会保护，有经验或资历，勉强能混到退休年龄。又因为罗斯福新政，许多人靠养老金过着体面的生活。

大量的工厂关闭还引发了一系列区域性经济问题。

自工业革命以来，工业生产趋于集群化。大部分工厂位于纽约或伦敦等大城市附近，但也有些工厂位于较小的城镇，比如美国中西部和英格兰中部地区。工业蓬勃发展时，当地经济兴旺发达，一旦制造业不景气，这些小地方的经济就一蹶不振，关闭一家工厂就可能会让整个地区的经济陷入泥沼。美国所谓“铁锈地带”就是众多这样的工厂型小镇没落后的结果。

接下来发生的就是“绝望至死”。

绝望至死：社会失范进行时

没有好的工作，也就没有医疗保险和其他福利、培训，以及上升空间的工作，导致失业的美国制造业工人的婚姻问题难以得到解决。20 世纪 50 年代，许多人即使没有掌握什么特殊的技能，也能在 30 岁左右找到结婚的对象。而在 1980 年出生的白人中，这一比例降至一半。[19] 这些没有稳定工作的美国人，在身心健康方面也很差，社会孤立、肥胖、离婚和自杀等问题也更严重。

自 20 世纪 90 年代末以来，只有高中学历、年龄在 45~54 岁的白人（包括男性和女性）死亡率显著上升。诺贝尔经济学奖得主安格斯·迪顿和他的合著者、普林斯顿大学经济学教授安妮·凯斯在一篇文章中写道：“50 万人死了，他们本不该死。”他们把这种现象称为“绝望至死”。他们发现，在美国，无论城市大小，绝望至死的人数一直在上升。

死亡率升高的直接原因很清楚——毒品、酒精和自杀。但凯斯和迪顿认为：“不管用枪快速自杀，还是用毒品和酒精慢性自杀，从某种意义上说，都是自杀。”他们认为，较高的失业率、较低的结婚率以及不良身心健康状况是推高死亡率的间接因素。在过去，人们因为有社会和经济保障，能让他们在遇到困难时支撑下去，但现在随着制造业的没落，这些社会和经济保障已经不复存在，这些人没有工作，没有家人，身心不健康者就失去了支撑。

凯斯和迪顿的观点与埃米尔·迪尔凯姆的“失范自杀”（anomic suicide）理论不谋而合。“失范，即与社会脱节，没有归属感，社会凝聚力减弱，这些都会让人们感到被社会抛弃，于是选择自杀。”[20] 迪尔凯姆在其 1897 年出版的著作《自杀论》中指出，经济和政治动荡导致人们日常生活和社群关系产生迅速而极端的变化，社会失范显得十分突出。[21]

凯斯和迪顿用现代术语对迪尔凯姆的理论进行了阐释，他们指出，“失范自杀”是“劣势累积”的结果。

劣势累积

凯斯和迪顿认为，人的一生不得不面对各种各样的负担。负担越重，时间越长，事情就变得越困难。从 20 世纪 70 年代开始，从事制造业工作的群体，其负担越来越重。

儿时的生活经历让他们对生活有着美好的期望，而长大之后，他们发现生活与想象中的完全不同。“美国梦”变成“美国梦碎”的那一刻，绝望悄然而至。人们开始暴饮暴食、酗酒或吸毒，他们不再求助于传统的社会组织，如教堂、婚姻和家庭；没有了这些稳定的社会结构，情况就会失控。正如迪顿所说：“如果低就业率和低收入持续时间太长，社会组织结构就可能遭到破坏。而正是社会组织结构给予了人们归属感和安全，从而免于自杀。”[22]

这一现象是美国特有的现象，自里根总统取消新政措施之后，美国的社会市场资本主义更倾向于市场化。在欧洲，那些受教育程度低的中年人虽然也面临全球化和自动化的影响，但政府为他们提供了更多的社会保障。这些国家的政府一直为公民提供财政支持、医疗保健、儿童抚养和养老支持，这些都大幅减轻了弱势人群的劣势累积。

当年罗斯福口中“被遗忘”的阶级，现在重新被社会遗忘。美国的政治体系非但没有减轻自动化给制造业工人带来的痛苦，反而让事情变得更糟。新政实施半个世纪之后，全美国 1% 的人凭借金钱和政治权力，把控着政策的制定权，就像 19 世纪的英国一样。

富人的税负减轻了，因为美国政府削减了大众福利开支。其中一个重要的变化是，每个美国人一生只能享受 5 年社会福利，超支后，民众将得不到任何政府资助。不仅如此，各州和联邦政府还通过了反工会权力的法案，罗纳德·里根总统是这项政策的著名拥护者。政府放松了对劳动力市场的监管，工会成员日益减少。打着促进市场化改革的旗号，政府削减了很多社会福利。

从大动乱到反拨

自 1973 年的服务变革以来，很多美国人下岗，而政府提供的社会福利不足，民众的不满情绪就像一个火药桶。全球机器人转型就如同在火药桶边玩火。

当代最伟大的经济历史学家之一、加州大学伯克利分校的巴里·艾肯格林教授，在2017年出版的《民粹主义的诱惑：现代社会中的经济疾苦和政治应对》一书中，从历史的视角对2016年出现的反拨进行了剖析。在对19世纪以来的多个案例进行了一番分析之后，他总结道："民粹主义的根源有三，即经济不安全、国家身份威胁、政治体系落后。"由此引发的民粹主义反拨破坏性很大。民粹主义导致普通民众排斥知识分子，国人排斥外国人，占统治地位的种族、宗教和种族团体排斥少数团体。

1973年以来，全球化和自动化这对组合对欧美经济产生了极大影响，让人们因为没有经济保障而感到不安和绝望，最终导致了2016年出现的政治后果。而全球机器人化所带来的经济上的不安全感、国家身份丧失的危机感必然会导致进一步的反拨。然而，面对这些挑战，美国和欧洲的政府反应迟缓，要么是没有意识到变革的速度有多快，要么否认这些变化对中产阶级生活会造成冲击。

全球机器人转型会引发大动乱，已经初露端倪，其背后因素也显而易见。以史为鉴，我们可以预见，接下来将发生某种形式的反拨——很可能是新一波民粹主义浪潮。

这是有先例的。

7

新反拨与新保护主义

1999 年 11 月 30 日上午，西雅图警方一醒来就发现“反全球化运动”已经开始了。这真的是太快了。11 月 30 日之前，先是出现了零星的反全球化事件；11 月 30 日，这一系列事件演变成了一场运动。

11 月 29 日晚上，10000 名抗议者包围了西雅图派拉蒙剧院和华盛顿特区会议中心。支持全球化的世界贸易组织原定于第二天上午在华盛顿特区会议中心举行开幕式。西雅图警方对此毫无察觉，也毫无准备。群众非暴力反抗获胜，开幕式也因此取消。但这一天远未结束。

该市的另一边，25000 名工会成员开始了一场和平游行示威活动。当他们到达市中心时，环保主义者和工会成员汇聚一堂，警力已经无法维持现场。身着黑色连帽衣的无政府主义者乘势打砸商店，焚烧汽车。中午时分，西雅图陷入一片混乱。

政府动用了国民警卫队和军队，并实施了宵禁。警方使用催泪瓦斯和警棍镇压抗议人群，500 人被捕。此次骚乱导致该市遭受了数千万美元的损失，后来这一运动被称为“西雅图之战”。

随后，这一运动席卷全球。

反全球化运动以惊人的速度在全球爆发，这令多国政府措手不及。2000 年和 2001 年，华盛顿特区、布拉格、尼斯和瑞典哥德堡爆发了大规模的反全球化抗议活动。在瑞典，这一抗议活动演变成暴力事件。由于抗议者人数太多，瑞典警方动用警棍、警用马、警犬，最后还动用了枪支来控制抗议人群。警方击毙了三名抗议者，部分激进分子向警察投掷砖头和燃烧弹进行了回击。接下来在热那亚举行的八国集团（G8）峰会上，情况变得更加失控。

在 2001 年意大利热那亚举行的八国集团领导人峰会上，30 万名示威者聚集在会场外，与数万名警察正面对峙。警方在做准备工作时，搭起了一个 13 英尺（约 4 米）高的围栏来保护各国元首；前往热那亚的火车和飞机停运，高速公路出口被封锁，政府还拟定了一个黑名单，以阻止已知的无政府主义者进入意大利。尽管做好了准备，骚乱还是爆发了。23 岁的抗议者卡洛·朱利安尼被警方击毙，数百人受伤，数百人被逮捕，市中心看起来就像一个战场。

从这些案例中，我们可以学到一些重要的教训，以帮助解释为何全球机器人化大动乱会演变为一场暴力的全球机器人化反拨。

各类反拨力量集结

之所以一场由环保主义者发起的和平抗议会演变成“西雅图之战”，是因为环保主义者、工会主义者和无政府主义者这些本不可能达成共识的人群，在某个时刻，不可思议地集结起来。一名《华盛顿邮报》的记者当时写道：“真正令人惊讶的是，那些反对自由贸易的人、工会成员、环保主义者、特立独行者、不明原因发怒者竟然能相互看得惯，进而一起组织了一场大规模抗议活动。”[1]

20 世纪 90 年代，全球化遭到了各种团体的诟病，但它们的理由却各不相同，因此，长期以来它们没有形成同盟。然而，在西雅图，愤怒的人们却汇集起来。如果全球机器人化大动乱真的演变成暴力反拨，我想一定会出现类似的各类团体大融合。

几十年来，美国的数百万蓝领工人一直在与海外制造业和国内工业机器人竞争，这两项竞争都不顺利。自动化和全球化对这些工人未来的经济收益不利，使他们的社会结构失衡。这些蓝领工人很快就有同伴了。

许多专家预测，全球机器人将取代数百万、数千万甚至数亿个服务业岗位和专业岗位。如果最终结果“只有”数百万，而且一直保持这一数据，那么全球机器人化大动乱将得到控制；如果在短短几年内就达到数亿，其结果会是革命性的。简单来说，全球机器人化大动乱对服务业和专业岗位的破坏就像把点燃的香烟扔进烟花工厂一样。

蓝领和白领选民的这种结合是不稳定的，过去就出现过，后来二者分道扬镳。20 世纪初，挥之不去的经济衰退使欧洲民众渴望有权威出来主持公道，保障自身经济安全。这促使他们寻求一些极端的方案，如法西斯主义。也许现在事态不会恶化到这个地步，但当前的形势与当年十分相似，尤其是在美国。

愤怒的底层：无效的 2016 年反拨

帕蒂·斯特劳德对于全球机器人化对美国去工业化进程的影响有着切身的体会。在过去的 25 年里，她丈夫一直在宾夕法尼亚州的一家钢铁厂工作，然而，就在 2016 年美国总统大选前几周，这家工厂倒闭了。

这位 56 岁的妇女靠做清洁为生，她把自己的选票投给了特朗普，因为她希望特朗普能给自己的生活带来改观。2018 年 3 月，她在接受《纽约时报》采访时说道："我觉得这个社会需要一个很大的改变，呃，天啊，我们确实有了改变。"[2] 不过，她所希望的改变并没有发生。

2016 年，选民们之所以投票给特朗普，之所以投票支持英国脱欧，是因为他们对原来在台上的政治家感到失望——下岗人员越来越多，社区环境越来越差，经济下滑势头无法控制。这些人是数字技术发展的直接受害人。自 1973 年以来，伴随自动化和全球化而来的"苦乐"中的"苦"都被他们吸收了。投票退出欧盟，选举特朗普这位不守规矩的局外人担任美国总统，是他们表达"受够了"的方式。

然而，2016 年的反拨几乎没啥成效。2016 年，面对诸如“去工业化”“薪酬停滞”等现实问题，民粹主义政客们提出了基于幻想的解决方案，比如修建边境墙，或者脱离欧盟，然而，这些选民如今仍在经济上苦苦挣扎，无论是特朗普还是英国脱欧，都没有给他们带来实质性的改善。经济灾难仍在继续，尤其是在美国。

制造业工作岗位的大量丧失使很多美国人的生活前景变得十分暗淡。一个 50 岁的下岗工人，要找到收入可观、福利不错、收入稳定的工作，其机会微乎其微。这让人十分绝望：不会有好工作，即便找到新工作，工资也不会上涨；凋零的社区永远不会再恢复往日的凝聚力。更糟糕的是，整个经济形势江河日下。

在美国，有 4000 万人生活在贫困之中，其中半数的收入比贫困线还要低 50%。[3] 另外有 1/4 的儿童生活在贫困之中。美国是发达国家中肥胖率最高的国家，在饮水和卫生设施条件方面不及黎巴嫩。美国人入狱的比例是世界上最高的，比发达国家的平均水平高 5 倍。

美国男性，特别是最高学历为高中的男性，是最受打击的人群。自 20 世纪 70 年代以来，处于黄金就业年龄段的男性（25~55 岁）的就业比率持续下降，高中及以下学历人群更为明显。1974 年，最高学历为高中的男性就业率为 92%；2015 年，这一比例约为 82%。有大学毕业文凭的男性的就业比例也有所下降，但仅从 97% 降至 94%。

这些人的前景看起来并不光明。自 20 世纪 70 年代以来，美国的经济流动性一直稳步下降。20 世纪 70 年代出生在普通家庭的孩子，有 80% 的人成年后的收入比父母高；而 80 年代出生在普通家庭的孩子，只有一半人成年后比父母挣得多。在遭受去工业化重创的中西部各州，情况更糟糕。普通家庭的孩子，有超过一半的人成年后的收入比父母低，几乎一半中年人没有足够的存款来安度晚年。最近一项调查显示，40% 的中年人无法拿出 400 美元现金来应付紧急情况；1/4 的人没有购买任何医疗保险，因为他们无钱支付保费。

在美国，医疗保健费用越来越贵，减税措施只对富人有利，政府也没有为下岗工人再就业提供帮助。在英国，公共服务继续恶化，政府为解决下岗工人问题提供的政策扶持无法真正实施。英美两国的选民都认为，自己的国家有面临外国文化和经济入侵的威胁，排外情绪日益高涨。

一群愤愤不平的人只是一盘散沙，除了发发牢骚，终将一事无成，这样的例子历史上多如牛毛。但偶尔，在一群零零散散的人中，一些人会凝聚成一个群体，从而改写历史。当然，这个过程很凌乱，不易理解，所有复杂的社会事件都是如此。

反拨会引发暴力冲突吗？

在谈到 20 世纪 90 年代许多反全球化事件转变为巨大的反全球化运动时，英国《卫报》专栏作家乔治·蒙比奥特说：“我认为，绝大多数加入这场运动的人只是隐隐觉得事情有些不对劲，但他们说不清楚具体问题是什么。”[4]今天，大多数人也有这样的情绪。在欧美和发达国家，很多人都感到不安、不公，感觉自己被剥削，却不知道该把责任归给谁。

“隐约感觉到有什么不对劲”不会引发大规模示威游行和街头暴力事件，只有将愤怒聚焦到一个目标上，才会形成一个运动。最终，反全球化运动的目标锁定在跨国企业身上，这可不是凭空产生的一个目标。

蒙比奥特认为，各种活动人士都“感觉权力正从自己的手中被剥夺，然后他们逐渐对某些领域的状况有了深刻的认识”。起初这些人关心的领域似乎各不相干，“有人非常关心农业，有人关心环境，有人关心劳工标准，有人关心公共服务私有化问题，还有人关心第三世界债务问题”，后来，人们逐渐意识到，把这些问题联系在一起的是跨国企业。蒙比奥特写道：“这些问题相互关联，而它们的连接点是企业权力。”

如果全球机器人化带来的反拨真的走向全球，走上街头，那么，跨国公司，尤其是大型科技公司，很可能会成为人们反对的目标。

谁可能成为反拨的目标？

当本书出版时，脸书、亚马逊和谷歌等大型科技公司才刚刚开始在公众舆论的“场地”上接受批判。2018年初，脸书首席执行官马克·扎克伯格被要求在美国国会和欧盟议会就滥用用户数据丑闻做证。

这些人是民粹主义反拨者的完美目标。从个人角度来说，他们超级富有。扎克伯格的财富估值超过700亿美元；相比之下，美国海军陆战队的年度预算仅为270亿美元。最重要的是，他们为大众所熟知，而他们的公司从事的研发项目，正是白领工作自动化和在线自由职业者从事的业务。此外，这些人（全都是男性）和他们的公司为了自己的利益，正在利用最人性化的偏好——与他人分享需求。这一略微有些模糊的感觉正让他们成为公众反拨的目标。

到目前为止，对这些企业最重要的一个指控是：企图操控他人的行为。特里斯坦·哈里斯现在是谷歌设计伦理学家和产品哲学家，他曾经创建了一家技术公司，后被谷歌收购。他说道："大家谈论网瘾问题时，都以为这只是意外而已，殊不知，这其实都是企业有意为之，公司用了很多技巧，想方设法让孩子们上瘾。"[5]

哈里斯主要想通过发起一场针对5.5万所美国学校的反电子设备成瘾运动，加强人们对这一问题的认识。其他人的说法则更尖锐。脸书早期员工、风险投资家查马思·帕里哈皮蒂亚指出："谷歌和脸书这两家公司拥有世界上最大的超级计算机。这两家公司针对的是人们的大脑，是儿童。"他认为，其结果是"破坏了社会运作的结构"。持这一观点的人对数字科技公司的不满情绪，与20世纪初期推动"禁酒运动"的人对酗酒者的不满情绪一样高涨，而后者成功地促成了20世纪20年代反酒精法案的出台。

人们对大型科技公司的指控主要包括邪恶和贪婪两点。扎克伯格在欧盟议会做证时，比利时前首相居伊·伏思达直截了当地问道："你必须问问自己，你希望死后让世人如何记住你？是像史蒂夫·乔布斯和比尔·盖茨那样为世人敬仰，还是作为一个毁灭人类社会和民主制度的数字怪物发明人？"

当然，这些指控还未触及机器人全球化造成的大规模失业这样严重的问题，但反全球化运动让我们明白，反拨的目标一定是众矢之的。大型科技公司的金矿——大数据——将有可能成为引发反拨大潮的导火索，从而给这些公司带来致命打击。

激进市场和数据控制者

芝加哥大学的两位学者埃里克·波斯纳和格伦·韦尔在2018年出版了《激进市场：战胜不平等与经济停滞的经济模式》一书。书中指出，数据经济是偶然出现的，没有人刻意策划。他们认为，数据经济是人们在贪婪和好奇心的驱使下，不知不觉自发形成的。他们认为，数据经济发展的结果是生产效率变低、收益变差，同时还会导致社会不公，因此需要采取激进方案加以解决。

他们提出的解决方案，极有可能成为反全球机器人化努力的一个组成部分。

该书作者指出，现在科技公司都视数据为资本，收集大众的数据，并视其为可以随心所欲支配的资产。就像你把一本书捐赠给了一个公共图书馆，图书管理员便获取了该书的处理权。两位作者提出了一个全新的解决方案——数据即劳动力。此方案强调，既然数据是用户生成的，就应当由用户所有。如果大型科技公司想要使用此数据，必须向用户付费。你能想象只是简单地变更一下数据的所有权会带来多大的影响吗？

根据“数据即劳动力”这一前提，数字技术公司如果收集使用用户数据，就得向用户付费。假设所有发达国家的议会都通过立法，要求脸书之类的科技公司每年向每个用户支付100美元，以获得使用其数据的权利，这就能保证财富分配更均衡一些，有利于培育“数据人格尊严”的理念。

欧盟的数字法《通用数据保护条例》（General Data Protection Regulation）就朝着这个方向迈出了一步。该法致力于保护欧盟公民的数据隐私和数据所有权，现在已经开始改变科技公司与在线用户的互动方式。

英国《金融时报》专栏作家约翰·桑希尔这样写道：“消费者应该觉醒，认识到自己是数字工作者，用马克思主义术语来讲，我们要形成‘阶级意识’。”他还建议成立“数据工会”，为用户的集体权利而斗争。他半开玩笑地指出，当人们开始“用数字方式围堵大型社交媒体公司时”，“数据即劳动力”运动就不只是口头说说了。他甚至已经想好了一句口号：“不付费，不发帖！”

这种“激进市场”的解决方案确实够激进。显然，卡车司机、律师和办公室人员，这些可能会被白领机器人和远程移民取代的群体应该十分欢迎这个解决方案。

如果全球机器人化大动乱和反拨会演变成大型暴力运动，我们认为这个过程将会与反全球化的过程相似。那么，这些过程背后的运行规律是什么？一群各自为战的人是如何凝聚成一个集体的？关于这个问题，我们可以从社会学中找到答案，尽管这些答案并不精确。

从个人到集体行动

社会学先驱埃米尔·迪尔凯姆认为，人以两种形式存在，即显性和隐性存在。一方面，每个人都关心自己和亲人，这是显性的一面。但有时人会放弃自己的个体特性，将自己的利益和群体的利益等同起来，即使会损害其个人利益，人们也会跟随团队的行动，服从团队的指挥，这是他们隐性的一面。

迪尔凯姆认为，所有人都有这样的两面性，这两面不会同时展现。人类的这一特性会引发看似矛盾的行为。例如，一个年轻人可能会为了一己私利而损害国家利益，比如逃税，但在某些情况下，他却愿意为国捐躯。

那么导致这一转变的因素是什么？什么因素会让人们从追求个人利益转为追求群体利益？乔纳森·海特有一部颇具影响力的著作《正义之心：为什么人们总是坚持“我对你错”》（*The Righteous Mind: Why Good People Are Divided by Politics and Religion*），书中提出了“蜂巢开关”的概念。打开蜂巢开关，自我就会关闭，群体本能就会占据主导地位，人们会感觉自己是一个更高存在的组成部分。

海特认为，唐纳德·特朗普的当选就是许多美国选民打开了自己“蜂巢开关”的结果。特朗普的独裁主义吸引了许多美国人，这些人觉得自己的社群正在遭遇威胁，而不只是个人利益受到了威胁。海特写道，很多美国人“感觉道德秩序日益沦丧，国家正在分崩离析，外来入侵激增，领导人犹疑不决”，于是相当一部分人本能地希望用强有力的独裁政治体制应对威胁，“就如同他们额头上写有‘在道德受到威胁时，封锁边界，驱逐异族，惩罚道德越轨者’标签的按钮被齐刷刷地按下了一般”。[6]

当然，全球机器人化带来的冲击，不会像去工业化那样显著地影响美国人的生活，因为办公自动化不会造成整栋办公大楼关闭。相反，全球机器人化会在不知不觉中进行。整个过程就如同iPhone渗透进人们的生活一样平静，而不是像英国简斯维尔纺织厂被打砸时那样激烈和引人瞩目。因此，其发展趋势很难把握，但总会有民粹主义者为了攫取权力，会针对某些目标夸大其词地进行指责。

杨安泽的竞选网站上明确写道：“好工作正在消失。像机器人和人工智能这样的新技术对企业来说非常有用，但很快就会取代数百万美国工人。在未来的12年里，1/3的美国工人面临着永久失业的风险，这场危机比大萧条还要严重得多。”[7]

杨安泽巧妙地将饱受困扰的蓝领工人和最近刚受冲击的白领人士绑在了一起。一场“大规模的就业危机已经开始，人工智能、机器人和自动化软件将取代数百万工人。这不再是猜测，而是正在发生的事实”。他认为，数千万美国人——从卡车司机、律师到呼叫中心的工作人员和会计师——都面临着一个非常真实的威胁。

杨安泽认为这会导致暴力反拨。“仅仅自动驾驶汽车就足以破坏社会稳定。我们将有100万卡车司机失业。单单这一项技术就足以引发街头骚乱。”

杨安泽是一个典型的政治外行和民粹主义者，但他试图为民众（纯洁的人）挺身而出，反对精英（腐败的人）。“我不是一个职业政客，而是一个熟悉技术和就业市场的企业家。我知道，事情会变得更糟，执政者虽然不愿承认这一点，但事情会变得比他们想象的更糟糕。”

他在2018年出版的《普通人的战争》一书中写道：“我们有两种选择。我们可以保持不变，让数百万辛勤工作的美国人陷入失业和绝望。我们也可以一起面对挑战，创造一个人类与市场同等重要的社会。”他的解决方案并非什么创新，也不是一种什么新的“主义”，但我们正处在一个动荡的时期，事情很容易失控。

鉴于全球机器人化的破坏性，像杨安泽这样的民粹主义者的出现并不意外。随着2020年总统大选的临近，他的竞选主题肯定会变得更加主流，但至于什么时候这种观点会达到高点却难以预测。

社会心理学家认为暴力抗议是一种非理性行为，是由不公正感引发的情感大爆发。[8]举一个典型的例子。1992年，一名黑人司机罗德尼·金涉嫌超速驾驶，4名洛杉矶白人警察抓住他殴打，然而，这几名警察最终被判无罪。许多洛杉矶市民看到相关视频报道后，认为这一裁决有失公允，感到十分愤怒，结果引发了持续5天的暴力反拨。政府不得不调集国民卫队，并实行宵禁来应对民众的反抗。在这次反拨中，有50多个抗议者死亡，数千人受伤，1000多栋建筑被部分或完全摧毁。全球机器人化不会引发这种突发骚乱，但这个例子说明了反拨是情绪化的产物，是暴力和血腥的。

最近的社会科学研究表明，将愤怒转化为暴行的过程是难以预测的。

众人义愤更可畏

在一项所谓“愤怒动力研究”的实验中，诺贝尔奖得主丹尼尔·卡尼曼和他的同事邀请了3000多人，组成了500个陪审团。实验目的是检验单个陪审员和由多名陪审员组成的陪审团，审案时的严厉程度是否有区别。简而言之，就是看看集体审案得出的结论是否比个人审案更激进。

研究者首先为6人陪审团提供了一个模拟个人伤害案件的证据，然后单独询问每位陪审员，有罪方应该向受害者赔偿多少钱。然后让这6个人集体讨论，并决定该如何判罚。[9] 这项研究有助于理解为什么很难预测社会大动乱何时会演变为暴力。

研究结果显示，如果单个陪审员都觉得模拟犯罪行为很严重时，整个陪审团的结论会更严厉。换句话说，集体讨论之后的结论比单个陪审员的结论更极端。当然，用“暴民心态”来描述这一现象是不科学的。当和别人分享愤怒时，人们的愤怒会放大，而对于技术性犯罪或轻微犯罪行为，在经群体讨论后，众人的态度则会比个体更宽容。

总之，群体介入会让社会激愤变得不稳定、不可预测。卡斯·桑斯坦最近写了一篇文章，分析了人们的“义愤”在反性骚扰运动“我也是”（#MeToo）中起到的关键作用。他指出，触发人们愤怒情绪的可能是一些意料之外的因素，“也许只是事件在发端时出现了细微的变化，或者事件发展迟滞，人群中的愤怒情绪就会滋生或放大”。[10]

另一个关键是，愤怒通常是长期不满情绪积累的结果。因此，我们认为，一旦白领和蓝领工人都对全球机器人化感到愤怒时，就可能引发反拨。历史上，经济困难和极端主义二者一直是相伴相生的。

经济史学家经过研究发现，长期的剧烈经济震荡会对政治产生不良影响。一个经济史学家研究小组研究了1870年以来20个国家的政治史之后发现，在遭受剧烈经济震荡之后，特别是金融危机之后，民主国家往往会出现极右政治倾向。[11] 在遭遇经济震荡5年后，投票支持极右翼政客的选民人数平均增长约1/3。更重要的是，在遭遇经济重创之后，国家治理变得更加困难：议会中多数席位减少，政党数量增加，各派政治见解纷纷登场，导致国家在最需要政治决断时，各派意见纷争，难以统一。

经济震荡对政治的影响不仅限于选举。研究显示，在遭遇重大经济危机后，人们举行罢工的可能性增加了三倍，暴乱发生的可能性增加了两倍，反政府抗议游行发生的可能性增加了三倍。

此外，伯克利大学教授巴里·艾肯格林和牛津大学教授凯文·奥罗克领导的另一组经济史学家研究发现，经济衰退持续的时间越长，右翼政党赢得的选票越多。[12] 当经济困难持续多年时，极右翼民粹主义政党的支持票数增长最快——最近几十年来，美国的情形正是如此。

那么，全球机器人化会导致极端事件和暴乱吗？对于这个问题，没有一个确定的答案。目前还不能确定是否会出现暴力反拨，但我认为这种可能性是存在的。可以肯定的是，温和的反拨形式一定会出现，我称之为“保护主义”。

保护主义指的是人们为了躲避发展带来的风暴而希望获得的政策支持。

事实上，保护主义已经开始了。受数字技术威胁，政治实力强大的集团正在呼吁社会的抵制并希望得到监管机构的庇护，以减缓或逆转社会变化。

最佳尝试性反拨：保护主义

2016 年 2 月，8000 名伦敦出租车司机举行了一场慢速行驶抗议活动，导致伦敦市中心陷入停滞状态。他们抗议的对象是数字技术，或者更准确地说，是优步，优步抢走了出租车的业务。出租车司机协会秘书长史蒂夫·麦克纳马拉在发言中提出的抗议焦点却不是经济竞争，而是优步经营模式存在的不公平和不安全因素。“优步一上路就违反了法律，该公司盘剥司机，拒绝承担乘客的安全责任。”[13] 优步既不是白领机器人，也不是远程移民，但它把出租车从一个受庇护的行业变成了一个开放的行业，就像全球机器人对许多服务行业造成的冲击一样。而且，就像 1811 年英格兰北部的机器织布机一样，使用这项技术似乎极不公平，因为原本只属于熟练工人的岗位突然向不太合格且监管不严的工人敞开了大门。

当工人的生计和社区受到技术（或全球化）的威胁时，特别是当这些威胁是基于不公平竞争时，罢工是经典的回应。伦敦司机希望避免受到冲击，2017 年秋季，他们如愿以偿。

在一位具有左倾思想的市长的敦促下，伦敦交通局吊销了优步的牌照，称该公司不适合运营，其中乘客安全是一个大问题。伦敦交通局指出，一名优步司机曾在运营期间犯下罪行，包括一起性侵案件，但该公司没有将这些不安全因素报告给管理当局。但安全问题并不是伦敦出租车司机反对优步的唯一动机，甚至不是主要动机。由于新技术的出现，出租车司机付出了相当大的代价，禁止优步运营是分担出租车司机所承担的经济痛苦、减缓数字技术入侵该行业的一种方式。尽管有 4 万名优步司机和 85 万名乘客在网上签署了请愿书，强烈要求撤销这一规定，但这一裁决仍然成立。这项禁令已经蔓延到英国其他城市（优步正在法庭上提出上诉）。

提出健康、安全、环境和最重要的隐私方面的监管法规，是减缓全球化和自动化对就业冲击的重要手段。在已经受到严格监管的行业，比如银行和汽车行业，实施这些监管法规相对容易一些，而对其他行业的机器人，比如新闻机器人，要实施类似监管则困难得多。当然，要对这些行业进行监管也是可行的，只是所需要的时间比取缔优步的经营执照要长得多。

保护主义正在行动的另一个例子是美国卡车司机正在鼓动监管机构对自动驾驶汽车的运行进行监管。

以加强监管为诉求的保护主义

下面这则案例可能会让人认为，是一个机器人杀死了约书亚·布朗。2016 年 5 月，约书亚·布朗驾驶一辆特斯拉汽车与一辆卡车相撞，当场死亡。人们认为是驾驶机器人导致了他的死亡。尽管自动驾驶事故引发了不少安全问题，美国各州仍在推进相关法律，以加快由软件机器人驾驶汽车技术的发展步伐。例如，2016 年 12 月，密歇根州允许在公共道路上测试和运行自动驾驶汽车，包括自动驾驶汽车开展汽车共享业务和多辆自动驾驶卡车成对运行。密歇根州的法律不要求自动驾驶汽车必须配备人类司机，这让卡车司机很担心，卡车司机工会也正在对此采取一些保护行动。

卡车司机工会——国际卡车司机兄弟会已经有 100 多年的历史，最初的成员都是马车司机。工会主席詹姆斯·霍法说："我担心公路安全问题，同时也担心失业问题。运输安全事关人命，运输领域涉及的问题很多，当前技术发展过快，必须确保我们不会犯错。国会必须确保新技术能让交通工具更安全、更有效，这是至关重要的。"霍法声称，大企业正在执行这项规定。他认为一些大型科技公司正在着手制定相关管理措施，但它们的目标是"减少人工成本以多赚钱。卡车司机一年可以赚 10 万美元，如果下岗了，他到哪里还能找到这样的工作呢？"但他不想被视为害怕技术进步的现代卢德分子，所以补充道："当然，自动驾驶是一个科技潮流，我们很难阻止。"[14] 但卡车工会仍然希望发出自己的声音。纽约州的两个游说团体——北部交通协会和独立驾驶员协会——都在积极游说政府，以避免数千卡车司机下岗。

在这场企业对工会的大战中，工会取得了不错的成绩。美国众议院审议了一项关于自动驾驶汽车的法案，该法案支持在卡车以外的领域使用自动驾驶技术，允许多达 10 万辆汽车在没有安全许可的情况下进行测试，但该法案也明确指出，商用卡车除外。[15] 当本书付印时，这项法案还未正式实行。

由于约书亚·布朗事故涉及一辆机器人驾驶的汽车和一辆人类驾驶的卡车，人们很容易联想到不允许自动驾驶卡车运行不仅仅涉及安全问题。在美国，全面运行自动驾驶汽车可能会导致 400 多万工人失业，其中最主要的是出租车、公交车和卡车司机。[16] 卡车司机工会在中西部各州拥有众多成员，他们将在 2020 年的美国大选中发挥关键作用，这或许是该法案能获得通过的原因。

美国物流巨头联合包裹在北美有 26 万名员工是工会成员。2018 年 1 月，联合包裹在与工会的谈判中，工会将自己的诉求表达得更加明白。联合包裹的卡车司机要求公司承诺不使用无人机或自动驾驶卡车以代替卡车司机。这些诉求都不是要求废除相关科技，只是要求对特定人群进行保护。正如美国电视节目主持人马尔科姆·格拉德威尔所言："我想，我们现在正处于这个国家长期反拨的初期阶段……面对短期内发生的巨大变化，人们只想说'消停一下吧，真是受够了'。"[17]

人工智能驱动的汽车也许是保护主义抵制的最主要目标，但其目标范围正在扩大。美国国会已经着手扩大监管范围。2017 年 12 月，参众两院都提出要建立一个联邦咨询委员会来评估人工智能对美国经济和社会的全面影响。议员约翰·德莱尼说："是时候严肃对待人工智能带来的问题了。人工智能造成了很大的破坏，现在亟须出台相应政策，我们应该开始想办法让人工智能为社会、企业和工人谋福利。”

政府的这一态度是有民意基础的。2017 年，皮尤研究中心调查了美国人对全球机器人转型的态度。超过 3/4 的受访者认为，机器人和计算机正在导致很多人下岗并非危言耸听。

调查还显示，受访者支持实行保护主义。[18] 近六成的美国人认为，政府应该限定使用机器人的企业的最高裁员人数；只有 40% 的人认为用机器人取代人类员工是合理的，因为机器人的成本更低；超过 80% 的人赞成机器人只用来“从事有危险或不利于人类健康的工作”。

综上所述，这些观点表明，美国选民已转向保护主义，即通过政策施压以减缓失业进程——至少在理论上是这样。欧盟为应对移民（非远程移民）所采用的政策，也是一个以政策手段减缓失业进程的例子。

欧洲的社会倾销

“对于保护工人权益、确保公平竞争、建立一个欧洲社会来说，这是重要的一步。”在谈及应对欧盟内部与远程移民类似的问题时，欧洲议会成员、荷兰工党领袖阿格尼丝·荣格里乌斯强调。她对与远程移民类似的一项改革做出了回应，但这里说的远程移民与我们之前提到的并不是一回事，它指的是欧盟内部一个国家的工人到另一个国家做的临时工作。

欧盟原则上是一个统一的市场，一国工人可以前往另一个国家从事临时工作。这意味着一个欧盟成员国的公司在其他欧盟国家开展项目时可以带上自己的工人。例如，一家波兰建筑公司可以在德国建筑工地雇用波兰工人，并按照波兰标准用波兰货币支付工资和社保（相当于美国的工资税，比如社会保险）。即使工人们是在德国工作，也要继续向波兰政府缴税。随着远程移民的普及，欧美国家的工人可能会做出怎样的反应，我们可以从中获得一些经验。

这种雇用低薪外籍工人的做法引起了德国工人的愤怒。德国人借用了一个国际贸易术语——社会倾销——来指责这种不公平竞争，认为成本低廉的外国工人的大量涌入，破坏了本国工人的工作环境，包括工作场所监管放松、工资和福利水平降低等。国际贸易律师使用“倾销”这一术语，指的是以低于生产成本的价格出口商品；在“倾销”一词前加上“社会”一词，则是指商品是在社会保障薄弱的国家生产的。欧洲劳动力的社会倾销引发了强烈的反拨，于是欧盟出台了富有保护主义意味的“外派员工管理办法”。

这种保护主义发展过程很好地说明了一点：社会暴行和大动乱的触发动因是难以预测的。自 20 世纪 90 年代以来，尽管在欧盟内部自由移民已成为现实，但人们对于社会倾销并不过分担心。然而，欧盟内部国家间存在的工资和税收方面的巨大差距，以及 2008 年后出现的经济增长放缓，导致各国失业人数攀升。对于劳动力社会倾销问题，政治上出现了反拨。2014 年，欧盟主席容克指出："在欧盟，所有在同一个地方做同样工作的人，应该得到同样的报酬。"[19]容克因此要求对"外派员工管理办法"进行修改，外派员工在外国工作12个月以后，必须根据当地法律，获得跟当地工人相同的工资和福利待遇。

远程移民的增加将引发类似反应。当地人肯定会将远程移民视为社会倾销，因为这违反了当地企业与工人之间的隐性社会契约。他们会要求政府出台类似于"外派员工管理办法"的管理条例，对企业使用远程移民的时间和最低工资加以限制。

这些有关保护主义的例子并不是什么新事物。在保护具有政治影响力的行业方面，保护主义有着悠久的历史。

历史上的保护主义：红旗法和超额雇工

在19世纪，威胁数百万人失业的不是自动驾驶汽车，而是人类驾驶的汽车。机动车辆威胁到英国马车和铁路部门许多工人的生计。在英国，这些行业的员工要求政府通过了一项法律来保住自己的饭碗，这项法律被称为"红旗法"。美国的一些州甚至也采纳了相同的法案。这些法案的限制条例看起来虽然非常荒谬，但的确减缓了自动化发展的步伐。

"红旗法"指的是1865年颁布的《机车法》。该法案要求"每辆蒸汽机车或任何其他机车"都"至少雇用三个人驾驶或管理"。"红旗"这一名字来自第二个要求："其中一人……应当在该机车前面，以60码（约55米）以上的速度步行，并不断挥舞红旗，以警告骑马人和马车夫，有机车驶近。"

真正让汽车失去竞争力的是该法案对速度的限制："沿着任何收费公路或公共快速路以高于每小时 4 英里（约 6.4 千米）的速度——步行速度——驾驶任何机车都是不合法的"；并且"在任何城市、城镇或村庄以高于每小时 2 英里（约 3.2 千米）的速度行驶也是不合法的"。这个法律使英国的汽车工业停滞了 30 年（1896 年被废除）。

世间奇葩的事情真不少，比如 2018 年，旧金山市规定大多数人行道禁止自动驾驶送货机器人上路，即使在测试期间，送货机器人的移动速度也不能超过每小时 3 英里（约 4.8 千米），人类操作员距离机器人的距离也不能超过 30 英尺（约 9 米）。要么是向历史保护主义的致敬，要么纯属巧合，在华盛顿特区，在人行道上行驶的送货机器人上面也插着一面红旗，以提醒行人和司机。

就像当年火车的燃煤发动机被柴油发动机取代一样，货物装卸自动化技术也导致了保护主义政策的出台，这项政策就是"超额雇工"。这项规定要求企业继续雇用被自动化技术取代的员工。未来的保护主义政策一定也会包括这一项内容。

从 20 世纪 60 年代起，集装箱运输对贸易和制造业发挥了重要作用。由于改用标准化的集装箱运输方式，火车或卡车上的集装箱可以直接用大型起重机装卸，这大大节约了运输成本。然而，这种省时省力的技术剥夺了码头工人赚钱的机会。

问题的核心在于：技术变革带来的经济和社会的代价，最终该由谁承担？应该是由工人还是由公司承担？在美国，码头工人有自己的工会，他们控制着经济建设的一个关键节点，所以讨价还价的能力很强，他们利用这一点来回避技术发展带来的冲击。在因为工人罢工、港口封锁而付出巨大代价之后，航运和港口企业只得继续雇用失业工人，尽管他们中的许多人无事可干。这种做法被称为“超额雇工”。

铁路行业也经历过类似情况，一直持续到20世纪70年代末问题才得到彻底解决。即便燃煤机车被柴油机车替代后，每辆火车仍然需要配备“火夫”。工会争取通过了诸如《全员法》《火车构成法》《工作保护法》等法律。《全员法》规定了每列火车必须配备的最低员工数量，《火车构成法》对火车的大小进行了限定，《工作保护法》要求对下岗或转岗的员工进行赔偿。

瑞士金融业因为其隐私保护法而免于受到业务离岸外包的冲击。瑞士银行业的隐私保护法十分严格，规定故意泄露客户机密可判三年有期徒刑，非故意泄露客户机密则至少罚款25万美元。这一规定抑制了瑞士银行将后台业务外包给海外公司的热情，与美国和英国银行热衷于将银行后台业务外包的做法相反。尽管这项法律的初衷并非保护银行员工的就业机会，但无意中确实保护了瑞士银行员工，使他们在全球机器化的浪潮袭来时能有一处庇护所。

同样，我们可以通过实施数据隐私法来保护员工免受远程移民的影响。因此，基于保护主义的政治动机，医疗、会计和数据存储部门今后可能会受到隐私保护新规定的约束。

虽然为了保护员工的就业机会，各国出台一些具体的法律法规不可避免，但这些法规并不会实质性地减缓工人失业的速度。

要保护就业，还需要一系列不同的政策。在许多高收入国家，有各种各样的法律法规对企业为何以及如何解雇员工做出了限制，这些法规被称为“就业保护法规”。

大幅减缓全球机器人转型的法规

米凯埃拉·帕利尼经营着一家拥有137年历史的食品公司。2012年夏天，她放弃了通过建立一家合资企业将自己公司产量翻一番的机会。“我们没有接受这一机会，因为如果合资失败，根据意大利法律规定，我们几乎不可能通过裁员来降低成本。”[20]

意大利的法律对工人权利的保护程度之高，在美国闻所未闻，但在欧洲和其他高收入国家相当普遍。这些法律的宗旨是保护工人的权利，或者更准确地说，确保工人不是唯一承担变革代价的人。在其他一些国家，比如英国，工人权利法规被视为保障基本正义的必要手段。企业不能随意解雇员工，而且，总的来说，员工被解雇时必须得到补偿。

在南欧，相关法律旨在建立起终身雇佣制度。根据相关法律，任何企业要解雇工人都要付出很大代价，解雇过程十分麻烦，非常缓慢，解雇诉讼案件往往需要数年才能解决。很多经济学家对这样的法规提出了异议。因为从帕利尼的案例不难看出，法律对企业解雇员工的严格限制，意味着企业在招聘员工时不得不非常谨慎。在1973年之前的几十年里，经济增长迅猛，这些法规的不利影响不明显，因为销售额一直在增加，大多数公司都在扩大招聘。但随着经济放缓，严格的就业保护法规对企业的发展造成的不利影响日益凸显。这些保护主义法律使企业很难根据不断变化的技术、需求模式进行调整。如果不能及时调整，企业的生产效率就会受到不良影响。总之，经济增长需要企业做出改变，而企业的改变也会给社会带来阵痛，所以各国需要找到分担痛苦的方法，但试图通过阻止变革来规避阵痛只会导致国家的发展停滞不前。

但是，如果放慢发展速度，是否有利于避免暴力反拨和社会动荡呢?

减缓全球机器人转型的最简单的办法就是让公司解雇员工更困难，过程更漫长，代价更高。原则上，这是可行的，但要付诸实际，这种方法不仅困难，也十分耗时。

给经济发展加上这样的阻力，一定会严重影响生产力的发展，因此，这套政策不能轻易付诸实施。然而，如果政客们认为减缓失业的速度是他们的首要目标，立法保护就业可以是他们的一个选项。事实上，由于美国以外的多数发达国家已经建立了广泛的监管机构来处理解雇问题，美国也可能会很快出台相关政策。

从反拨到解决

对未来进行极端预测是个老行当了，至少可以追溯到古希腊时期。《伊索寓言》中有一个著名的“狼来了”的故事，但值得关注的是故事的结局。前几次“狼来了”都只是虚惊一场，就在村民们对牧童的呼喊习以为常时，狼终于来了，并吃掉了很多羊。那一刻，就是他们的“惊变”时刻。

在本书出版时，没有迹象表明数字技术会导致暴力反拨，通过梳理数字技术未来发展的逻辑，可以认为未来整个变化过程也会保持现在的发展速度。同时，在保护主义驱动下，政府会采取更加严格的监管政策，这可能会减缓数字科技对未来就业的冲击，让创造就业岗位的步伐提速。但人们也需要提防一点：如果全球机器人化导致数亿人的生活陷入混乱，事态就可能失控。

无论有没有人对未来做出惊人的预测，未来都会到来。经人工智能训练过的大量机器人和远程自由职业者——再结合他们非常低的成本——将接管发达国家的工人目前所做的许多工作。加强对数字企业的监管或者暴力抗议，可能会减缓这一趋势，但不可能无限期地推迟它的到来。凡事总会有解决的办法。如果能用长远的目光审视眼前的问题，我们的前途应该十分光明。

8

全球机器人化变革的解决方案：一个更人性化、更本土化的未来

引言中提到的白领机器人阿梅莉亚虽然取代了一些工作岗位，但也创造了新的就业岗位。它为现实生活中的原型——20多岁的模特劳伦·海斯创造了一份有些疯狂的工作。自从阿梅莉亚开始为百万人熟知，海斯便莫名其妙地成了名人。一家使用阿梅莉亚的大型保险公司的经理告诉海斯，他手下的65000名员工都非常喜欢阿梅莉亚。然而最开始，海斯本人并不喜欢它。

海斯表示："没想到她竟如此真实，能说会动，不可思议。"当海斯第一次参与拍摄时，她觉得为白领机器人提供人脸模板是一项奇怪的工作。她说："这和我为美国服装品牌GAP拍摄平面模特照片不同，和以往我做过的任何事情都不同。"[1] 拍摄采用的设备在外观上与《星球大战》中的"死星"相似，只不过是将

“死星”的内部和外部进行了对调，这个设备被用于捕捉她的三维图像、身体姿势和面部表情。

海斯的这份不同寻常的工作让我们学到了一点：她能得到这份工作，完全是因为她是一个“人”。从纯逻辑角度推论，未来很多工作都会跟海斯的这份工作相同。

能与机器人竞争的欧美人少之又少，这意味着我们未来也不会与之竞争。未来，机器人会做机器人应该完成的工作，人类应该从事机器人无法完成的工作。

“哪些工作岗位是机器人无法胜任的？”思考这样的问题毫无用处。经济学家戴维·奥托是研究劳动力的专家，他认为，历史经验表明，大部分将是我们想都不曾想到过的新工作。[2]尽管这些工作的名称我们还不得而知，但只要研究一下，哪些事情人类要比机器人和数字移民做得好，我们就能大致猜测这些工作大致会是什么类型的。我们可以从研究人类独有的天赋入手。

人性的优势何在？

与人工智能训练的计算机相比，人类在判断、同情、直觉和理解复杂的群体互动等方面有着得天独厚的优势，心理学家称之为“社会认知”，而这一能力的背后有着具体、深层次的原因。正是社会认知能力使人类获得了进化优势。

智人与其他大型猛兽相比，既没有锋利的爪牙，也没有强健的肌肉，在与它们一对一的肉搏中，人类定会遭遇惨败。然而，人类却能够最终消灭、驯化、圈养它们，成为地球的统治者。作为一个物种，我们取得了巨大的成功，这得归功于我们在社会认知方面的优势。

人类研究生活在笼子里的黑猩猩，而不是黑猩猩研究人类，这是因为人们能够集思广益，完成不可思议的事情。社会认知是开启人类这一技能的关键。社会认知指的是人能够洞悉自己和他人的内心，并能理解他人会如何理解自己的内心所想。这对人类的生存至关重要。

正如迈克尔·托马塞洛在他的开创性著作《人类认知的文化起源》一书中所述，社会认知使人类能够在信任、血缘和支配关系上建构起复杂的人际关系网络，而要能够在这个网络中生存，就需要学会与人合作以及影响他人。每个人的大脑中都安装着社会认知硬件，“社交镜像”是其中的一个组成部分。

当与他人互动时，我们会传达意图、感受以及其他信息，我们能利用手势、面部表情、身体姿势等将信息与身处的环境联系起来。镜像神经元是大脑的一部分，控制着人们的社会互动，而不只是简单的模仿那么简单。

有一大堆头衔的著名精神病学与生物行为科学教授马尔科·亚科博尼这样解释道：“当看到你微笑时，我大脑中的微笑镜像神经元也会被激活，引发一连串的神经活动，唤起我们通常与微笑联系在一起的感觉。”他补充道：“这就意味着，不需要对你当前的感受进行任何推理，我就可以轻松地体验到你正在经历的感觉，当然可能没有你的感觉那么强烈。”[3] 所有这一切都在你毫无意识的情况下瞬间发生，而且毫不费力。你经常可以发现，人们在交谈时会无意识地同时点头，同时交叉手臂，同时做相同的手势，等等。敏感的人看到别人遭遇暴力或情绪低落时，他们的身体也会感到不适；听到一个悲伤的故事，尽管发生在很久以前、发生在别人身上，也会让我们感到悲伤，甚至哭泣，因为镜像神经元能够将声波转化为情感。

简而言之，社交智慧是人类天生的重要才能。并非我们每个人都擅长社会认知，正如并非我们每个人都擅长代数一样。但事实证明，计算机在代数方面比在社会认知方面强得多，因此人类在完成社会互动工作方面比机器人有优势。

为什么人工智能在社会认知方面存在短板？

如果是一对一的互动，一些经过人工智能训练的计算机可以非常准确地判断人类的情绪，如第五章中提到的康复机器人埃利。一些机器人甚至已经学会了如何引发人们的信任、同情等情感。海豹形状的康复机器人帕罗自 2012 年起一直被用来安抚和陪伴日本老年人。然而，要让机器人学会理解群体心理活动还有很长的路要走。

理解团队中发生的事情需要我们理解团队中每位成员的感受。心理学家用“心理推理”来命名这一现象。心理推理指的是人们识别他人感受、信念、意图、欲望和谎言的能力，因为我们头脑中构建了一个关于对于他人想法的模型。想一下，你是如何知道你母亲、配偶或孩子会怎样看待你打算做的事情呢？你知道他们会做出什么样的反应，是因为你的大脑里已经构建起他们的思维模型。这个过程有许多循环和层次，与 2010 年根据科幻小说改编的好莱坞惊悚片《盗梦空间》有些相似。

第一层是理解他人的想法与感受。第二层是理解我们对团队中其他成员的看法，以及他们是如何看待我们的。第三层是理解团队中的每位成员是如何看待其他成员的。真正成功的团队管理者和成员通常还会在成员相互理解这个问题上进行更高层次的理解。但层次越多，计算起来就越困难。有个数学研究分支是专门研究此类问题的，这个分支叫作组合学。

关键在于，可能的组合数量会随着可组合事物数量的增加而急剧增加。假设有三个人，社会认知处于第一个层次，1 号需要理解 2 号和 3 号的看法。但如果 2 号的看法取决于他对 1 号和 3 号想法的猜测，事情就会变得复杂起来。而团队领导还必须理解 2 号对 1 号和 3 号想法的猜测，很可能还需要理解 3 号对 1 号和 2 号的看法。需要考量的社会认知层次越多，社会认知的计算量就越大。当团队成员数量增加，可能出现的观点就越来越多。

尽管计算很复杂，但许多人无须刻意思考就能立即算出结果。例如，正常儿童 4 岁时的社会认知水平可以达到第一个层次，6 岁时可以达到第二个层次。

过去，人类只是食物链中的一环，但几十万年的进化选择赠予了我们社会认知的能力。与白领机器人相比，我们的优势在于我们大多数人天生喜欢合作、公平、互惠、同情和冲动控制等团队建设活动。简而言之，人类是社会认知天才，而计算机不是。

进化赋予人类的第二个关键职场技能是察觉欺骗和信任他人的能力。

有时，社会合作会很快演变为剥削和投机取巧。比如，当他人都在关心集体利益时，你只想着如何谋取私利，倘若此时其他人无法察觉到你的欺骗，你便从中获益。但事实上，我们中的许多人在察觉欺骗方面拥有难以置信的能力。我们判断一个人是否在说谎的方法非常精密，而且无须刻意。一方面是人类天生对剥削深恶痛绝，另一方面是惧怕被社会孤立，这两种恐惧能促进人与人之间的合作与信任。[4]

机器学习在社会认知方面存在不足，原因有以下几点：第一，即使在今天，计算机仍然不够强大；第二，我们没有足够多的数据；第三，这一点只是一种猜测，即机器学习技术只是在生物学意义上对人类思维和学习的肤浅模仿，因此，如果机器要在大多数人类独有的技能上与人类竞争，可能需要一种全新的计算机科学。[5]

算法过于简单、渺小，无法应付社会认知

正如我们所见，机器学习是推动服务业自动化的主流人工智能技术。“人工神经网络”（ANN）是机器学习的主要方法之一，其核心是人工神经元组成的网络和各个连接的权重。每个神经元都能像微型计算机一样工作，负责处理一个问题，比如歌曲识别或人脸识别中的一个极微小的部分。人工神经网络中，连接和权重是两个重要的组成部分，因为它们负责协调整体问题的解决。

其工作方式与人脑大致相似，但仅仅是大致相似，因为与人脑相比它还显得过于简单。

截至2017年，一个典型的人工神经网络最多只能拥有数百万个人工神经元；[6]而一个典型的人脑拥有的神经元数量是其千倍以上，人脑神经元之间存在着几百万亿个神经连接。此外，人工神经网络中，神经元之间的连接方式是固定的；而在人脑中，连接可以根据认知需求的不同发生改变。在人工神经网络中，信息以数字化形式呈现，即“开”或“关”、“是”或“否”两种方式；而人脑的生物神经网络的信息呈现方式更微妙。

正如神经系统科学家克里斯托弗·查塔姆所言，“一个精确的生物大脑模型至少要包含各种细胞之间的大约2.25兆次的相互作用”，以及一系列听起来高度技术化的大脑神经系统组成部分。“因为大脑是非线性的，它比现在所有的计算机都大得多，所以它的工作方式可能与当前的计算机完全不同。”[7]

在人脑中，当神经细胞（神经元）处于激活状态时，信息就会被传递。激活指的是将微弱的电流脉冲从神经细胞的一端传递到另一端。但在大脑中，信息传递取决于激活的速度和神经元组激活的同步性。此外，人脑能够同时处理大量的信息（通常情况下是无意识的），也就是说人脑的信息处理机制是大规模的平行加工，而人工神经网络的信息处理机制是模块化和串行的。例如，将一张照片输入计算机，它需要计算才能明白照片中是一张人脸。

这就是说，在人类与白领机器人的竞争中，社会认知能力是我们的强项。我们很多人都拥有社会认知才能，更重要的是，社会认知能力不是非要接受高等教育才能获得的才能，这对于维系社会稳定十分有益。

机器学习还有哪些学不会的技能？

实际上，人工智能只是基于数据的模式识别，而非智能。因此，人工智能不是心理学家所指的广义上的智能。如白领机器人，即便受过机器学习训练，也不具备思考的能力，当面对一些从未见过的问题时，它们无法进行推理、提出计划以解决这些问题。它们无法进行抽象思考，也无法识别数据中的复杂观念。

计算机科学家可能最终会找到办法，让白领机器人具备通用智能，但要实现这一目标，还有很长的一段路要走。并且，对欧美中产阶级来说，这绝非一个明确且紧迫的问题。

数据是其中一个关键的局限。人工智能模式识别通常基于结构化数据，即问题和答案都清晰的数据。然而，在许多社交场合，问题和答案都不明确，这就是为什么我们将其称为感觉而不是想法，这一点非常重要。因为人工智能计算机极其擅长模式识别，这就是为什么当阿梅莉亚和其他同类型的机器人在找不到匹配的答案时，会把问题移交给拥有真正智慧的人类去处理。

目前，人类比白领机器人更擅长处理问题和结果都不明确的问题，并且未来可能仍然比它们做得好。此外，没有大数据，人工智能就无法学习，因此，在处理数据有限的问题时，人类比人工智能处理能力更强。而对于那些涉及海量的数据集编码的工作，人工智能将会成为人类的重要竞争对手。

用人工智能来代替人类员工还有两大局限，其一是“黑箱”难题，即计算机做出的决定，责任应当由谁来承担。

承担责任——黑箱难题

2012 年，一位未来学家、亿万富翁维诺德·科斯拉大胆地预测，“未来 80% 的医生将会被人工智能取代”，原因是机器人比普通医生更便宜、更精确、更客观。

美国劳动统计局基于数据分析与最新动态预测，截至 2024 年，医生岗位年增长率将会达到 14%。近期，科斯拉表示：“我无法想象人类肿瘤学家还有什么存在的必要，因为肿瘤学数据量很大。”他认为人工智能将在 5 年内取代人类放射科医生。[8] 这一说法也许是对的，但仍然存在一些偏颇之处。

白领机器人要完成一项智力任务，如人脸识别，它是基于你所给出的数据（此案例中，数据即照片），根据统计模型进行模式识别。人工智能程序并不进行计算，而是做出有根据的猜测。我们并不追求人工智能能够为“计算一下某人能活多久”这样的问题给出一个精确的答案。人工智能算法与天气预报员每天使用的模型大致相同。天气预报员给计算机提供大量气象数据，计算机模型以这些数据为依据，对近期天气状况进行预测。这正是人工智能程序（如第三章中提到的波比和亨利）看起来比电子表格更人性化的原因。

然而，算法有一个很大的局限——黑箱难题。也就是说，算法虽然能够做出预测，却无法解释预测的根据，即统计模型自己无法解释自己的结论。例如，IBM公司的机器人沃森为一名日本白血病患者拨打求救电话，从而救了他的命，但医生们一直搞不明白沃森的计算模型是怎么做到这一点的。同样，谷歌翻译引擎进行翻译时，它无法解释为什么要选某个单词而不选另一个单词。

了解这一点很重要，因为这意味着许多工作不能完全由计算机算法来处理（即便计算机算法处理得比普通人更好）。例如，倘若一个机器人医生技术非常精湛，却不能解释为什么要截肢，你会同意它对你的右腿进行截肢吗？这就决定了，在很多情况下，机器人必须与做决定的人协同工作。

结论是，需要做决定或需要承担责任的工作是难以机器人化的。因此，许多高水平的专业人员仍然不会下岗，尽管这样的职位会越来越少。从建筑设计到医学再到艺术，人们在做出选择时，总想知道“为什么”而不仅仅“是什么”。此外，一旦决策出错，需要有人承担责任。

经济学家认识到，机器学习还有一个更深层次的缺陷。

卢卡斯眼中的人工智能机器人

诺贝尔经济学奖获得者卢卡斯解释了凯恩斯主义在20世纪60年代行之有效，而在通货膨胀的70年代却失效的原因。他认为，凯恩斯主义只是描述了在某些无法解释的对应关系成立时经济是如何运行的，而不是对经济运行真实模式的描述。该理论的具体细节我就不必在此详述了。

只有训练数据中数据与结论的对应关系持续，算法才有效。如果数据发生改变，导致数据与结论的对应关系不成立，算法得出的结论就不可靠了。

举个简单的例子，假如你训练了一个软件机器人，让其学会区分20世纪50年代的学校照片中的男女学生。算法肯定会选择头发长度作为一个重要的识别因子，因为那时几乎所有女孩的头发都比男孩长。注意，算法的这一选择可能不是一个显性选择，因为你可能根本没有把发型作为一个识别因子写入你的算法中。然而，到了20世纪六七十年代，社会发生了变化，有些男生的头发变长了，而有些女生的头发变短了。这时，再使用50年代的算法会造成分类错误。

归结起来，经过人工智能训练的机器人缺乏常识，它们能够理解的只是训练数据集与结论之间的对应关系。因为其依赖的是对应关系而非因果关系，因此，当数据发生变化时，其结论就会出现系统性错误。

这也是人们在处理重要任务时，不能完全信赖智能机器人的另外一个原因。让它们为你推荐脸书上的热门话题当然不会有什么危险，但在处理重要任务时完全依赖人工智能机器人就很危险了。简言之，很长一段时期内，使用人工智能机器人还需要人来参与决策。

这对未来的就业形势会有什么影响呢？哪些岗位天然地不会受人工智能竞争的影响呢？鉴于目前职业的多样性，这些问题很难回答，但第一步，我们要把问题简化以便于阐述。

哪些人类活动不会受人工智能发展的影响?

每种职业都涉及很多任务，这些任务有些是机器人擅长的，有些是机器人完全不能胜任的。人工智能研究的权威学者卡尔·弗雷教授和迈克尔·奥斯本教授认为，对白领机器人来说，最难的是那些需要创造性智力和社会智力的工作。

创造性智力指的是想出新颖的点子和解决方案的能力；社会智力，按照弗雷和奥斯本的说法，就是能意识到人们对于某一事件的反应并做出恰当回应的能力。在职场，需要社会智力的典型任务就是协商和说服。在看护、情感支持等职业中，社会智力也十分重要。需要创造性智力和社会智力的工作很可能在未来几年不受机器人竞争的影响。

麦肯锡咨询公司在2017年发表了一份题为《一个可行的未来：自动化、就业与生产力》的研究报告，回答了哪些工作不会遭遇机器人竞争的问题。该项研究聚焦于我们工作中的业务而非任何特定工作业务。

这项研究包含了一系列步骤。首先，他们将职场所需的能力归纳为18种（在第五章中提到过）；接着，他们对人工智能在这18种能力上的表现进行了评估。为了便于评估，他们又将职场的工作任务分解成7个板块，其中包括：可预测的物理活动、数据处理、数据收集、不可预测的物理活动、与利益相关方沟通、应用专业知识、人员管理和培训。他们统计了美国所有岗位在这7项活动中所花费的时间，以此来评价各项任务的重要性。统计结果在图 8–1 中用浅色柱显示。例如，根据统计，可预测的物理活动所花时间占了全部工作时间的 18%。

最后一步，是对 18 种能力交叉匹配，并观察在完成 7 项任务时哪些活动可以自动化。图 8–1 中的黑色柱显示了各项任务板块中可以自动化的比例。

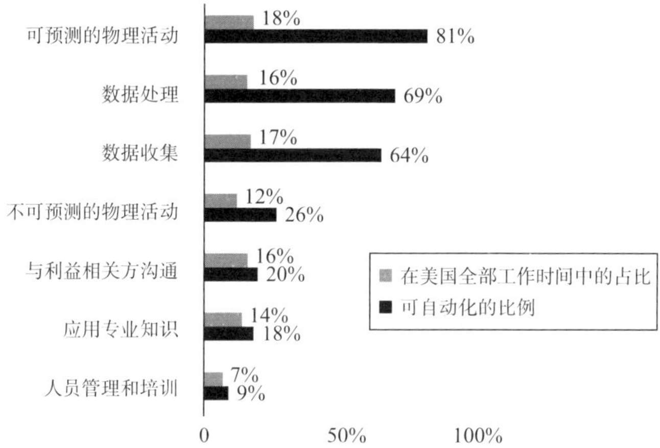

图 8–1　可自动化的职场活动及其在工作中的重要性

资料来源：作者根据下述材料绘制：McKinsey Global Institute, Exhibit E3. “A Future That Works：Automation, Employment, and Productivity,” January 2017。

麦肯锡公司的研究表明，自动化程度最低的活动是“人员管理和培训”，这项活动占美国全部工作时间的 7%，其中 9% 是可自动化的。这完全符合人类的优势。管理涉及许多情感、社交以及与人群打交道的技能。由于计算机不擅长这两个方面，涉及人员管理和培训的工作可能不会受到自动化的影响。

自动化程度第二低的活动是“应用专业知识”。软件确实非常善于处理大量数据。试想一下阿梅莉亚学习一本有关开设账户的瑞典北欧斯安银行的200页业务程序手册的能力，或者可以细读法官书写的大量判决结果并对此进行分类的法律机器人的能力，就能体会到这一点。但了解事物和运用知识是两码事。

在这些案例中，人工智能机器人实际上就是一个会说话的百科全书——你可以向它们提问并获得大量清晰、基于史实的答案，但它们自己不会问问题。由于应用知识解决问题需要识别新情景中的未知模式和问题，所以，需要在经验的基础上应用专业知识的工作，将不受人工智能的影响。但协助专家工作的岗位面临较大风险。人工智能的另一个方面——黑箱难题和岗位责任问题——也支持这一结论。人工智能不能承担责任，但如果出现决策错误，在很多情况下，必须有人出来承担责任，这不只是客户的想法，法律上也需要有追责机制。

“与利益相关方沟通”这项任务，只有约20%的工作可以自动化。这项任务需要人类的社会才能，这是目前白领机器人无法具备的优势。这项任务要求很高的灵活性，因此不会迅速被人工智能取代，尽管一些当地人可能会被远程移民取代。

第四个难以自动化的人类活动是“不可预测的物理活动”，这涵盖了从牙科到盆景园艺的各种工作。虽然其中一些最终可能由远程人员控制的机器人（称为遥控机器人）完成，但在未来几年还不会受到人工智能竞争的影响。

其他三项任务——可预测的物理活动、数据处理和数据收集的自动化程度很高，与这些任务模块相关度高的工作在不久的将来将被取代。其中，可预测的物理活动是风险程度最高的。这些工作中所需总时间的 80% 都能由人工智能机器人完成。虽然并非所有的此类活动都将被取代，但受到损害是一定的。

从技术上讲，这里的“自动化”指的是任务可以自动化。至于在实践中，这些任务会在什么时候实现自动化，是个很难回答的问题。因为这取决于企业决策，而企业决策在一定程度上又取决于企业认为竞争对手会采取什么样的行动。这种从众行为，导致人们很难预测究竟未来什么时候人类员工会被人工智能取代。然而，一旦有企业迈出了第一步，为了抢占成本先机，各个企业就会快速跟进，从而让人工智能机器人的普及大大加速。

上述研究很有启发性，但还不令人完全满意，人们希望了解将来会出现哪些现在尚不存在的工作，而我们能在这些工作中扮演何种角色。但我们更希望知道我们今天从事的工作是否会受到影响。为此，将人工智能的现有能力与真实职场需求进行对比，能为我们提供一定的参考。麦肯锡公司已经为我们完成了这样的调研。

哪些职业最不受影响？

麦肯锡公司将所有工作划分为 19 个不同的行业，然后根据各项职业能力的可自动化程度来预测各行业能够自动化的时间。本书只选取他们列出的服务行业中的 16 个类别做一个简单介绍。他们的调查结果如图 8–2 所示。[①]

---

① 省略的三项工作的自动化比例为：制造业 60%，矿业 51%，农业 57%。

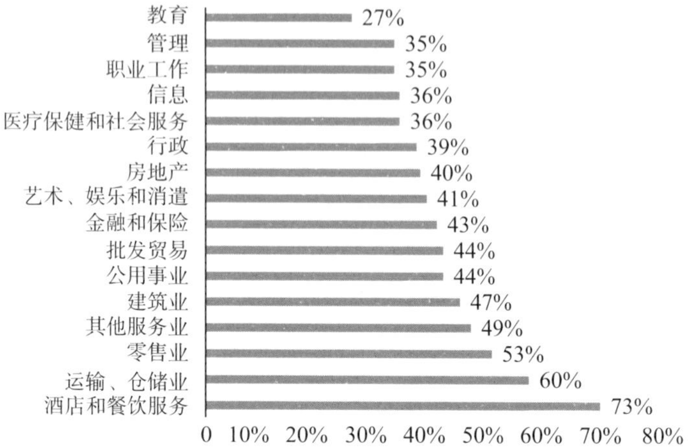

图 8–2　服务业中可自动化的工作所占比例

资料来源：作者根据下述材料绘制：McKinsey Global Institute, "A Future That Works: Automation, Employment, and Productivity," January 2017。

我们该如何看待他们的预测呢？显然，许多计算机不擅长的工作不会自动化，例如“酒店和餐饮服务”，因为其中包含了大量计算机不擅长的行为。但粗略看，这一行业中 73% 的工作时间都可以由机器人来完成。这将涉及很多岗位。

有些工作，如教育、职业工作（律师、会计、建筑师等）、管理、医疗保健和社会服务，只有不到一半的任务可以实现自动化，这些工作往往涉及大量判断、情感智力和意外情况。

牛津大学教授弗雷和奥斯本采取了不同的研究方法，但得出了非常相似的结论。最不受影响的职业包括酒店和餐饮服务经理、小学和幼儿园教师、营养师和营养工作者、职业理疗师、牙医、全科医生和家庭医生、专科医生、消防队长和高级消防官员、镶牙技师、听觉矫治专家和语言病理学家、纺织打样师、皮革和毛皮产品制造商以及户外运动和休闲旅游导游。

对大多数人来说，这个列表虽然有趣却毫无用处。毕竟，世界上消防队长的职位并不多，但此列表的用意不是突出特定的工作，而是让我们感受一下这些工作的类型。至于具体的工作岗位，今天是完全无法想象的，但这些还未出现的岗位会需要大量的雇员。大致看来，至少有 40% 的岗位不会受到人工智能影响的行业包括：管理，教育，专业技能，科学技术，媒体，艺术、娱乐和消遣，政府和公用事业。

结合麦肯锡、弗雷和奥斯本的研究，我们可以就“哪些工作将不受影响”这一问题做一个宽泛的回答：那些涉及人类独特品质的工作将不会受到人工智能竞争的影响。这些人类特质包括：关怀、分享、理解、创造、同情、创新和管理。

这种天生的“人类优势”能够提供多长时间的庇护？根据前文所述，机器人与人类相比还存在很大局限，因此我们认为这种庇护将持续很长时间。麦肯锡的专家为我们提供了更准确的估算。

计算机何时能习得大部分人类技能？

机器在学习社交技能方面，目前的表现并不理想，但人工智能发展很迅速。要了解我们的工作在多长时间内不会受到人工智能的威胁，我们需要预测机器需要多长时间弥补其技能短板，最终达到人类水平。对此，麦肯锡的专家再次以独特的方式完成了这项繁重的工作。

参与这项研究的麦肯锡 A 团队成员有经济学家、商业战略家和人工智能科学家。凭借广泛的专业知识，并在那些帮助量化当前人工智能能力的专家的配合下，他们眯着眼睛仔细观察了一下“水晶球”，看看白领机器人需要多长时间达到人类水平。从社会稳定的角度来看，他们的观察结果十分鼓舞人心。

对于大多数需要人性特质的任务，特别是那些涉及社会认知的任务，他们认为，在可预见的未来，人工智能无法赶上普通人。他们估计，就职场里常用的 4 种社交技能而言，人工智能需要约 50 年的时间才能达到人类的顶级水平。这 4 种技能分别是：社交和情感推理、与多人协同工作、以情感适当的方式行事以及社会和情感感知。

做出激进的预测需要勇气，但我们需要勇气，因为我们需要考虑一些影响深远的问题，如教育和监管体系的设置。企业也需要在人员配置和战略方面做出长远打算，因此我们需要对未来进行大胆预测。我们的预测是，至少在我们的有生之年，社交技能都不会受到人工智能竞争的影响，其他不易编码的技能也是如此。图 8–3 用数据对这一预测进行了说明。

图 8–3 显示了人工智能在所列出的 18 种不同职场技能中达到顶级人类表现的大致年份。值得注意的是，6 种思维技能中的 3 种，人工智能已经超过了普通人，但在其他技能中，人类预计会在很长一段时间内占有优势。其中，在“逻辑推理和解决未知问题”方面，人类将会占据上风近 40 年；在“创造性”方面，时间是 50 年；在“识别新模式”方面，时间为 25 年。

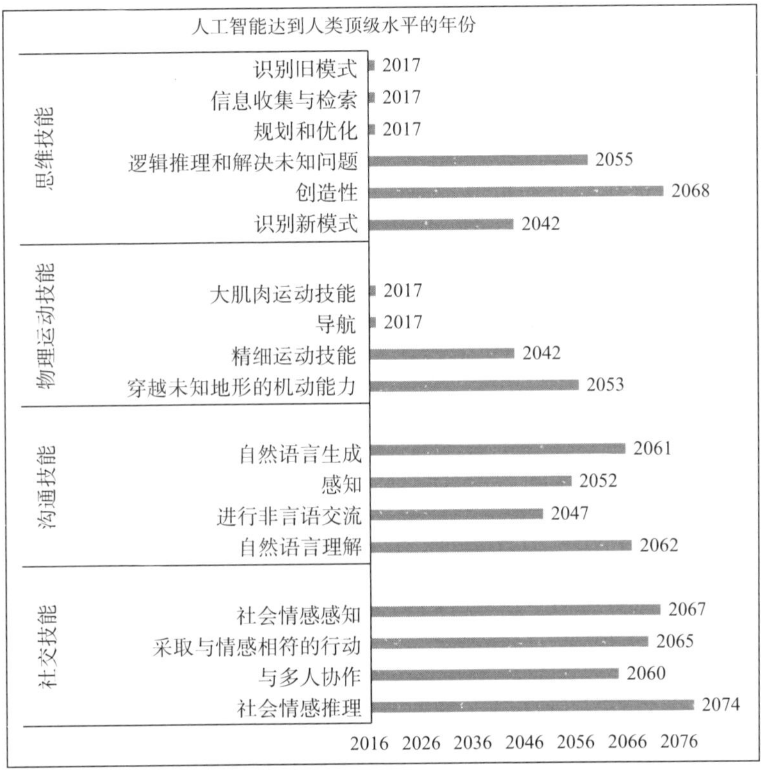

图 8–3　人工智能在职场技能中达到人类顶级水平的年份

资料来源：作者根据下述材料绘制：McKinsey Global Institute, "A Future That Works: Automation, Employment, and Productivity," January 2017。

人工智能的许多局限源自其结构与人类大脑的结构完全不同，但远程移民不会有那些局限。远程移民拥有与当地人相同的社会、情感和创造性智力。然而，远程移民也有其自身局限性，那就是某些任务需要真人出现在某个固定的地方。据此，我们进行了一项预测。

本土化何时能够成为竞争优势？

要搞清楚哪些工作天然不会受到数字移民的竞争，我们需要思考面对面沟通有何价值。现在远程口头交流几乎是零成本，所以非言语交流应当是面对面交流的价值所在。心理学家对这个领域研究颇深。

非言语交流

交流不仅仅限于言语。心理学实验表明，当人们在同一个房间面对面时，用言语传递的信息不到全部交流信息的 30%。还有一些传播学研究人员将这一数字调低至 7%，其余信息都是靠非言语交流的。是不是令人惊讶？

为什么听人讲话时，看着他们很重要？答案既简单又深奥。一方面，这与交流在人类进化过程中扮演的重要角色有关；另一方面，也与我们祖先曾经像猿一样用非言语沟通有关。这很有趣。

非言语交流远比言语交流古老。进化将非言语交流能力深深地植入了人类的大脑回路中。类人族在 5 万到 20 万年前才开始讲话（有人认为时间更早），但大约在 600 万年前（也许有 100 万年误差，不过在此并不重要），智人就已经与其他类人猿分道扬镳了。

数百万年来，健谈不是指善于言语交流。人类最擅长的是非言语交流。类人族通过面部表情和其他形式的肢体语言进行“交谈”，大多数类人猿现在还是如此。如果你在动物园看过猴子，你会发现，你能理解他们彼此“说”的一些东西。他们的一些面部表情和我们相同（或者我们的表情跟他们的相似？）。

重点是，在我们学会言语交流之前，发送和接收非言语信息的能力一直是一个生存的重要因素。这就是为什么我们的大脑天生就擅长非言语交流，这一点对数字移民问题有重要影响。

我们发送的非言语信号更真实，更值得信赖，因为它们与生俱来，比文字更加深入脑海。这就是为什么你会发现，虽然世界各地的语言差异很大，但非言语交流的方式却相同。

实验表明，全球人类共通的 6 种情感是：厌恶、恐惧、喜悦、惊讶、悲伤和愤怒。所有人都能理解和表达这些情感，即使那些天生失明的孩子也能做到。在与人通话时，你也会无意识地感受和表达这些情感。

这说明，非言语表达为人类提供了一个很好的“辞典”。非言语信息除了通过面部传达之外，也依赖其他肢体语言，但面部语言是核心。人类面部有 40 多块肌肉（全身大约有 600 块肌肉），可以组成千变万化的表情。

此外，解读这些表情对人类来说毫不费力。与有意识大脑（系统 2）不同，无意识大脑（系统 1）十分擅长多任务处理。无意识大脑可以毫不费力地在瞬间处理大量视觉和音频数据。这种能力让我们能对他人的真实意图或可信度产生本能反应和直觉。我们的大脑不需要他人同意，就能瞬间捕捉他人的信息。

为什么与亲人进行视频通话比打普通电话效果更好？原因就在于人们可以无意识地获得亲人们更多的信息。同样的原因，用电子邮件拒绝别人，比当面拒绝更轻松。

然而，还有一些非言语信息不能通过普通视频通话传达，这类信息被称为“微表情”。微表情信息只能持续 1/25 秒。然而，通过观察这些微表情，我们可以判断说话人是在有意地掩饰自己的情感还是无意识地掩饰自己的情感。

面对面会议比常规的电话会议或 Skype 视频会议更能促进相互理解和信任，就是因为在面对面会议中，人们能捕捉到参会者的微表情。常规视频会议设备的分辨率不够高，无法传达人们的微表情。如果你曾经看过超清电视你就会发现，超清电视上那些人比普通电视上的人有着更细腻的面部表情。

人类天生的社会解码器

解码非言语信息是我们大脑回路的固有功能，但传递非言语信息也是大脑的固有功能。非言语信息会在不知不觉中被传递出去。

如果你不是像梅丽尔·斯特里普或本尼迪特克·康伯巴奇那样的天才演员，你会发现，要假装感受到了某种情感十分困难；但要在惊恐时表现得泰然自若，也同样不容易。只通过言语撒谎不困难，但要当面撒谎则十分困难，因此我们十分信赖这种无意识发出的信号。这就是当面交流会增加互信的原因。

研究人员已确认了 5 种非言语交流方式：肢体语言（举止神态）、触摸（触觉反馈）、语音特点（发音）、交流双方的身体距离和相对位置（人际距离）以及时长（时间行为，例如，不同说话者说话的时长）。

肢体语言是最广为人知的一种非言语交流方式。正是因为有肢体语言，面对面交流才会在建立信任和促进沟通方面起到关键作用。肢体语言主要包括手势、头部动作、身体姿态、眼神交流和面部表情等方面的内容。

虽然肢体语言都能传达信息，但面部表情传达的信息更微妙。人们总是可以通过“读你的表情”来发现你是否在欺骗或者误导他们，或者你的话是否是你的真实想法。当然，有时候身体其他部分也会暴露你的真实想法。例如，小孩子撒谎时，出卖他们的往往是他们的身体动作。

当人们试图误导别人时，他们很难在言语和非言语行为上保持一致。通常来说，泄露他们真实意图的往往是非言语行为——面部表情（中断眼神交流），姿势（触摸脸庞、交叉手臂、摇晃双腿），语音语调。研究谎言的心理学家将这种不匹配情况称为“泄露”。

但这并非有章可循，并没有什么撒谎肌肉在你撒谎时会跳动，恰恰相反，专家需要观察表情和微表情才能发现是否有“泄露”发生。即便是非常善于撒谎的人也很难控制住微表情。这类表情主要是嘴唇、眉毛、眼睑、鼻沟纹以及面部肌肉的快速和细微移动。

微表情目前是限制远程移民的一个关键因素。因此，微表情值得更深入研究。你可以看看 YouTube 上有关名人说谎时的微表情分析视频。

研究表明，相较于控制手臂、腿和身体姿势，撒谎者更容易控制他们的面部表情。研究人员发现，面部表情是最容易控制的，因此也是诸多肢体语言中最不可靠的。你的身体相对而言就较难控制，但最难控制，也是最可靠的，莫过于你的声音。这就是为什么许多发言人喜欢躲在讲台或桌子后面，因为他们不必费心去控制下肢发出的信息。

另外，相较于远程移民，本地人还有另一个明显的优势，那就是对当地情况的了解。当然，这并非一成不变。

当地知识

安德鲁·马兰士想要在美国的印度呼叫中心找一份工作。他先是参加了为期三周的培训课程，以纠正他的印度口音和避免使用印度英语特有的词汇和表达。第二步便是学习沉浸式本地文化课程。这一课程的内容包括美国各州首府，看《宋飞正传》，吃汉堡包和比萨。

马兰士的训练说明了一点：与你有相同文化背景的人更容易和你交流，更容易赢得信任。例如，在瑞士，说瑞士德语方言的陌生人更容易赢得当地人的信任，因为这种方言表明，说话人从小对当地文化耳濡目染，熟知当地风土人情。这种类似于氏族偏向的人性特点也是人类进化的产物，所以在现代社会也十分突出，随处可见。

然而，工作不同，对当地文化知识的需求程度也不一样。对计算机硬件修理人员而言，是否了解当地文化就不那么重要；但对心理治疗师来说，要真正了解病人，就得对病人的成长环境有深入了解，因此掌握病人的本土文化十分必要。

哪些职业不会受到远程移民的影响？

相较于美国、欧洲、日本等发达国家和地区的员工，远程移民因为薪酬低，很可能对这些国家和地区的员工就业带来冲击。不会受到远程移民竞争影响的主要是那些无法远程完成的工作。直观来说，那些需要坐在特定仪器前，与同事或客户共处一室，或者必须待在特定地点的工作，都很难远距离完成。

10 年前，普林斯顿大学教授艾伦·布林德，基于美国政府提供的各种工作描述进行了分类研究——在第四章我们提到过这些描述。他发现，美国有一大批职业需要工作人员待在特定的地方。他认为，这类工作不会受到远程移民的竞争影响。例如，必须待在农场上的农民，必须和孩子待在一起的看护人员，以及必须在迪士尼乐园里完成工作的员工。[9]

尽管自布林德的研究发表以来，远程办公技术突飞猛进，远程工作者数量大增，但这些必须在固定地点完成的工作并未受到远程移民的竞争影响。然而对于那些不需要待在固定地点，同时当地人有一定优势的工作，远程移民的影响有多大呢？

布林德与他在普林斯顿大学的同事艾伦·克鲁格一道，更加仔细地研究了哪些工作最有可能受到远程移民的冲击，哪些工作最不容易受到冲击。他们主要采用了问卷调查的方式研究了这个问题，调查结果显示，很多美国人认为自己的工作可以交给远程移民完成。

要求员工必须待在固定地点的工作，主要是下述行业内的工作：酒店餐饮、交通与仓储、建筑、休闲行业、教育、医疗和社会保障等，这些工作只有20%的部分可以由远程移民完成。最容易受到远程移民竞争影响的行业包括：专业工作、科学、技术、金融、工业、传媒。布林德和克鲁格估计，这些职业中，半数以上将直接面临国际竞争。

前面，我们讨论了哪些工作可能避免遭受白领机器人的竞争，也讨论了哪些工作能够避免远程移民基于工资差距的竞争，下面我们将讨论哪些工作能免受这二者的竞争。

哪些工作不受人工智能与远程移民的冲击？

牛津大学教授创立的“弗雷—奥斯本自动化指数”让我们看到了目前人工智能的不足之处。普林斯顿大学教授艾伦·布林德创立的“离岸外包指数”让我们看到了远程移民的局限所在。将二者结合，我们便可以发现哪些职业不受自动化和全球化这对组合的影响。

我仔细分析了布林德列出的不可能离岸外包的职业列表，发现其中有些职业现在已经能够实现离岸外包了，因为经过10年的发展，人工智能有了很大提高。但剔除这些职业后，留在列表上的就是在未来很难被白领机器人以及远程移民替代的职业了。

在布林德列出的800多种职业中，有几百种可能不会受到白领机器人和远程移民的影响。当然，这份清单没有列出未来会出现的工作，但这份清单上的职业确实是很难被白领机器人和远程移民取代的。这份清单也为我们想象未来会出现什么工作提供了灵感。

在这份清单上最多的是管理类职业。管理类工作要求人们通力合作——这需要社交能力，而社交能力是白领机器人的短板所在。管理工作还要求调动大家的积极性，建立团队意识，加强合作者之间的信任，这些都是白领机器人和远程移民难以做到的。

许多专业性、科学性较强的职业也不易受到影响。这些职业包括合规审查专员、财务审计员、管理顾问、活动策划人、景观设计师和土木工程师，以及其他专业的工程师。这些职业内容丰富，要求有较高的观察力、控制力、创造力和社交能力。

这些专业型职业需要与他人进行面对面的互动，或是处理不稳定和未知的情况，因此很难受到白领机器人和远程移民的影响。这些岗位包括律师、法官和相关工作人员，以及许多医疗从业者。值得注意的是，会计、编辑和律师并未上榜。

科学家处理的几乎都是未知的或还未完全被理解的事物，因此，他们的工作也很难受到白领机器人和远程移民的影响。此外，科学家大多需要团队合作，这就是说他们需要面对面交流来完成创新工作。

社会科学（或称作人文科学）也不受影响，至少是那些需要与各类人群互动的社会科学家不会受到影响。这些职业包括各类心理学家、社会学家、城市区域规划者、人类学家以及考古学家，政治科学家也跻身其中。

第三类不受影响的是教育行业。和医疗保健提供者一样，教育从业者也需要面对面地与人交流。这包括几乎所有类别的教师，如小学、中学、特殊教育以及高等教育的教师和辅导员。

艺术、娱乐和休闲行业也有很多职业不受影响，因为这些职业也需要人际互动和面对面交流。这些职业包括工艺艺术家，花卉、室内、展览设计师，以及教练和球探，另外还包括表演艺术家，如舞蹈、编舞、演员、音乐家和歌手。

如前所述，这份列表只是大致勾勒出了未来职业的类型。我们大多数人将来会从事的工作也许与这里提到的工作并不完全一样。例如，在 1850 年，未来的工作大体上是明晰的，但细节上却含糊不清。过去，六成美国人在农场工作，当时人们就意识到农场工作会大幅减少，而且意识到制造业与服务业将是就业的主渠道，但当时没人能想象出这些行业将会出现什么样的具体工作。

虽然我们不知道白领机器人和远程移民会产生什么样的新工作，但我们却不难想象这些新型工作会创造什么样的经济。

更本土化、更人性化、基于社区的经济

小说中著名的夏洛克·福尔摩斯侦探说过："当你排除了所有的不可能，剩下的无论有多么不可能，一定就是真相。"要设想全球机器人变革完成后人类的生活，我们得应用这一准则。未来的

工作大部分是人工智能机器人和远程移民不能完成的工作。

工资竞争并非解决失业问题的可行办法。白领机器人对零薪水工作“乐此不疲”，并且许多远程移民对工资的要求很低。因此这二者不能覆盖的领域将出现大量的就业机会，这会重塑我们的经济和社会结构。

当大量工人从农场转入工厂工作时，当大量工人从工厂转入办公室工作时，社会结构都发生了变化。未来，相同的事情将再次发生。我的猜测是，社会将变得更加美好。我的猜测基于以下三点。第一，剩下的工作都是需要面对面交流的工作，这将使我们的社会更加本土化与城市化。如果在未来，你每天都必须去办公室上班，住在工作地点附近将对你有很大的好处。

第二，未来的大部分职业需要人类在社交智力、情感、创造力、创新能力或处理未知情况方面体现出人工智能不具备的优势。在上述技能方面，人工智能并未取得多大进展。

第三，若我们能有序地完成全球机器人变革，我们的经济将更发达。全球机器人制造出的产品价格低廉，人类的物质财富将更加丰富。生产力高速发展，人类实现完美生活的梦想就有了资金支持。到了那时，人们的工作更轻松，人们相互关爱、共同分享。你可以把那时的生活想象成《唐顿庄园》描述的情景，只不过用人全都是机器人。加上医药和生物工程上的突破，我们的寿命也会大大延长。

结合上述三点，我们可以继续猜想。在未来，本地性将成为社会发展的一大趋势——社会、家庭和社区间的联系将变得更加紧密。要理解这一发展逻辑，我们需要简要谈谈社会人类学，该学科主要研究各个社群呈现不同特点的原理。

社会人类学研究的出发点是所谓的社会困境。个人往往倾向于利己主义，但若要整个社群都获益，我们就得放弃一部分私利。哈佛大学心理学教授约书亚·格林将这种对立称为“人类生存的根本问题”。[10] 人类的成功与幸福是建立在集体利益之上的，但进化法则往往倾向于嘉奖那些将集体利益占为己有的个人。一个社会只有将“个人利益与集体利益”这个问题通过社会组织和制度进行最佳调和，社会才能和谐兴旺。

格林教授认为，针对“人类生存的根本问题”，目前主要有两种解决方案。一个方案是加强内部亲缘关系。这样的社会组织严密，凝聚力强，社交网络密集。比如，在一个村庄里，所有的人不是亲戚关系就是熟人关系，这就是所谓的“族群”（近亲）方案。另一个方案是加强对利己主义的外部约束。这些外部约束包括通过宗教、道德以及法律对反社会行为进行阻止和打击。[11] 不过，大部分社会都采用二合一的解决方案。

全球机器人变革会促进社会更加本土化、人性化，换言之，这样的社会倾向于更多地采用近亲式解决方案。频繁地面对面交流有利于创造这种亲情关系。根据这一理论我们可以猜想，财富的极大丰富会使社会成员之间的相处更加容易。一个物质财富丰裕的社会一定能消除“个人与集体”这对矛盾所引发的诸多社会问题。

沿着这一思路我们可以猜想，未来，更加本土化、更人性化的就业环境将使我们的社会更具凝聚力，更加友好互助。因此，我的最后一个猜想是，人们对本地产品的偏好可能会有所攀升。财富的增加和生活的社区化会促进手工经济的发展。现在，凡是有经济实力的人都偏好手工制作的产品。例如，手工酿造的啤酒在美国极为畅销。精酿啤酒需要人的创造力，而且都是小批量非自动化生产的，其原材料价格更高，因此这种成人饮料即便价格不菲也广受欢迎。

综上所述，从长远来看，我对未来持乐观态度，相信未来经济会更加本土化和人性化。在未来，不会受到人工智能技术冲击的都是那些需要人们互动并发挥人性特点的行业。这意味着我们的生活将会充满更多的关怀、分享、理解、创造、同情、创新——所有这些都是需要在场的人共同完成的。人们的社会归属感也会随之上升，相互支持将成为常态。

这虽然只是一些天马行空的猜想，但我认为，全球机器人变革对人们未来生活的影响，不会大于19—20世纪工业革命带给人们的生活改变。

那么，我们及我们的孩子应该如何准备，才能在全球机器人化大变革中赢得一席之地呢？

9

未来不接受预约：为新工作做好准备

2017年6月，在一次纽约的宣传活动上，机器人阿梅莉亚与其人类原型劳伦·海斯来了一次面对面的交流。或者说，这是一次人机会面，因为阿梅莉亚实际上只是一个计算机软件。

阿梅莉亚的创造者契坦·杜布让海斯与阿梅莉亚进行了一场智力竞赛，这场竞赛激动人心，最后是海斯获得了胜利。因为海斯能用更加自然的语言更快地回答一些一般性的问题。当然，如果是用瑞典语提问，而且主题只限于开立银行账户，竞赛结果将会大不相同。

这场竞赛就好比全球机器人化大变革的一个隐喻。未来，公司将会让人类与全球机器人展开竞赛，有时候人类获胜，有时候又是机器人获胜。海斯的胜利就体现了人类的最大优势之一——通用智力和处理新情况的能力。

为了迎接即将到来的全球机器人化大变革，我们应做好以下几点准备。

旧规则只适合旧问题

每次经济转型都为那些抓住机遇的人带来了胜利，而给那些没有抓住机遇的人带去了悲剧。因此，做好准备至关重要。要做到这一点，就要分析人工智能与远程移民技术的优势，同时还要记住人们面对面的优势。总之，做好准备就是要在人工智能和远程移民技术的弱项上强化人类的能力，同时避免在这两项技术的强项方面投资过多。

因此，在全球机器人变革时期，我们要学会的第一条基本规则是：旧规则行不通。

旧规则中最核心的一条是“努力获取更多的技能、教育、培训以及经验”。这可以说是诸多国家的核心教育理念，也是许多为孩子未来担忧的家庭奉若圭臬的信条。

在数字技术出现之前，这条规则确实行得通，但其存在的基础是：自动化和全球化只对制造业、农业和采矿业带来了冲击。和这些行业不同，服务业那时还不会受到全球化和自动化的影响，因为那时的计算机还不够智能，因此服务很难跨国完成。

基于上述原因，旧规则的确有效，因为更高的技能和更好的教育才能让你在不受自动化和全球化影响的服务行业找到工作。

这条规则可有效帮助人们躲避来自全球化和自动化的影响，同时，还帮助人们抓住信息技术带来的有利发展机会。

过去，信息技术对脑力劳动者是一大帮助而非阻碍，所以，多掌握一些技能能增加你的职场竞争力。

在人工智能兴起之前，尤其是机器学习兴起之前，工业机器人无法听、说、读、写或是在办公室里提供任何形式的服务，因此服务行业中的大部分工作都不受自动化的影响。同样，由于通信技术的限制和远程团队难以协调，离岸外包服务工作并不多见。总之，在过去，高等教育就是离开制造业前往服务业的门票，但这一规则很快就会行不通了。

人工智能技术的发展掀翻了旧规则所依赖的基石，过去免受自动化和全球化影响的工作，现在已成为其攻击的首要目标。这意味着，获取更多的技能很难保证你在职场上占据一席之地。人工智能的高速发展大大提升了白领机器人的办公技能，能够接手现在许多白领正在从事的工作。

人工智能技术的迅速发展让远程办公也越来越容易。尽管现在主要是本国人在从事远程办公，但随着技术的进步，远程移民会越来越常见。很多富有才华的外国员工，完成同样的工作所要求的薪水更低，发达国家的员工难免会遭遇发展中国家员工带来的薪酬竞争。

因此，旧规则行不通了。全球化和自动化正威胁着发达国家3/4的公民赖以为生的服务业。因此，要应对全球机器人变革，我们需要新的思维。

迎战全球机器人时代的三条生存法则

大变革为有些人创造了机遇，为另一些人则带来了挑战，自古如此，唯一的区别是是否做好准备。这里有三条规则，可以帮助我们为全球机器人化大变革做好准备。这其实只是几条常识罢了：第一，找出受自动化和全球化影响的工作；第二，尝试培养这二者无法竞争的技能；第三，要认识到人性是优势而不是劣势。在未来，要获得经济成功，拥有一颗善良的心十分重要，就像20世纪拥有一颗聪明的头脑和19世纪拥有一双强有力的手一样重要。

第一条规则告诉我们，不要只依赖基于经验的模式识别技能，因为人工智能在这方面做得非常好。类似收集某一特定任务的大数据集这样的工作，将很快被人工智能训练的软件机器人接管。因此，尽量远离那些已经、正在或即将出现单一任务大数据集的工作。

我们应该培养需要面对面相处才能完成的工作技能，因为这是远程工作者无法做到的。要尽量避免现在就可以远程办公的工作，因为受过良好教育的外国人很快就会参与竞争。只要每小时10美元，他们在自己的国家就能过上中产阶级的生活。

从人才培养的角度看，应该加强软技能的培养，比如创造性、社会意识、同情心和道德感。这些将是职场必备技能，因为这些是机器人不擅长的技能。

当然，我们也不能只培养软技能，还需要掌握一些基本的技术技能。不过，现在大多数30岁以下的人都能较好地掌握数字技术的一些基本技能。需要特别提及的是，未来能在全球机器人化大变革中获胜的一定是全球机器人的使用者，而非全球机器人的设计者。直白地说，如果你不想被机器人取代，那你可能需要学习使用机器人。

在瞬息万变的未来职场，灵活性和适应性无疑是非常重要的。相比之下，因为机器翻译技术日渐成熟，语言技能的优势已经不像过去那么明显了。

举个例子，不久之前，只要你拥有一个法律学位，积极肯干，你就能过上中产阶级的生活。现在，初级律师正在与白领机器人竞争；只有那些会使用人工智能技术的律师才会获得成功，而那些不会使用这一技术的律师将不得不另谋职业。

法律工作

伯温·莱顿·佩斯纳律师事务所（Berwin Leighton Paisner）是一家专门处理财产纠纷的英国律师事务所。以前，这个事务所的初级律师和律师助理需要花几周的时间来阅读成千上万页的材料，以便从中提取关键信息；而现在，该事务所使用的人工智能系统可以在几分钟内完成全部工作。

另一家英国律师事务所创新总监、英格兰和威尔士律师协会会长克里斯蒂娜·布莱克劳斯指出，法学院需要培养学生人工智能技术应用能力，而不仅仅是法律知识和技能。她说："多数大学仍然只讲授传统法律课程，几年前，这样做是没有问题的，可现在已经跟不上形势了。"现在，法律专业的学生只能自学这一技术。

第三条规则——人性是优势，而不是劣势，这一点从布莱克法律咨询公司（Blacklaws）的运作模式中就可以得到印证。机器人律师还需要人类律师来操作，因此机器人律师软件对未来律师的重要性，就像今天犁对农民的重要性一样。如果你会使用这个工具，你的能力就会大大提升。人类律师可以做很多机器人律师做不到的事情，然而，要将这种人性化优点转化为收入，就需要学会使用人工智能技术。

下面，我们将从现代企业需要什么样的人才的角度，再对我们上述三条规则进行个案研究。

敏捷的工作团队

现代企业正在发生一些深层变化，许多人称之为数字颠覆。随着技术和竞争的加速，各类服务公司的组织模式越来越灵活。它们正在将人类员工和全球机器人融合起来，使员工的工作性质更加灵活。它们正在利用这一优势来颠覆那些继续沿用人类员工现场办公方式的传统企业。

在不远的将来，人工智能技术发展成熟之后，办公大楼里需要的将是一群聪明、专注、灵活的通才坐镇，他们的任务是指挥规模比现在大得多的远程移民和白领机器人团队。这种组织形式包括了面对面、远程以及综合的工作方式。这种方式让公司能迅速捕捉新机遇，或在遭遇失败后迅速撤退。如果用一个流行词来形容这种组织模式，那就是“敏捷”。

管理学专家达雷尔·里格比、杰夫·萨瑟兰和竹内弘高认为，敏捷型公司的组织方式是以新的价值观、新的管理原则、新的行为模式和新的利益诉求为基础的，是对传统“命令和控制”管理模式的迭代，这一组织模式正在被越来越多的行业采用。[1]当新的挑战出现时，敏捷型公司会组建一个由3~9人组成的团队，这些人具备了抓住机遇的必要技能。敏捷型团队是公司的管理者，也是公司责任人。未来，最大赢家将是这些聪明、专注、驻守现场的团队成员，对他们来说，机器人将成为新的工具，而不是新的竞争对手。

上面我们就人们该如何准备进行了猜想，而另一个问题是：政府能做些什么？

做好应对剧变的准备——保护工人，而不是工作

改变是困难的，尤其是当它来得太快而且看起来不公平的时候。如果全球机器人变革导致了暴力事件或激进反抗，那就是因为这一趋势来得太快并且造成了不公平。为了降低这种情况发生的可能性，政府需要减缓人们失业的速度或创造新的就业机会。如果变革的速度还是太快，那么就通过监管和就业保护立法来减缓变革。

全球化和自动化的铁律是，进步意味着变革，变革意味着痛苦。帕斯卡尔·拉米曾是世界贸易组织总干事，在他任职期间，一直在应对反全球化。正如他所言：“贸易之所以有利可图，是因为做起来不容易；贸易之所以不容易，是因为它有利可图。”[2]同样的道理也适用于全球机器人变革。然而，此次变革还有一个额外的困难，那就是富人会更富有。要解决这个问题，防止发生群体

性暴力反拨，政府应当出台政策帮助人们适应变革，必须让所有人一起来分享变革带来的利益，共同承担变革带来的痛苦。

虽然通过政策手段重新分配财富是必要的，但这只是一个暂时性的解决方案，因为人们在社会中的地位和生活方式是由他们的工作决定的。不过，丹麦灵活的社会保障政策为解决这个问题提供了不错的思路。[3]

丹麦的社会保障制度包含三层措施。首先，允许公司随意解雇和雇用工人。其次，失业工人有良好的福利保障，失业救济金能达到普通人薪酬的90%，但每月最多不超过2000美元。最后，为下岗职工提供再就业服务，包括求职援助、求职咨询、上岗再培训和工资补贴。

政府能做的还有很多，但我想说的是，政府不需要采取什么独创的措施。自工业革命以来，经济变革一直在迫使人们换工作，各国政府都采取了各种各样的措施来帮助人们适应变化，其中北欧国家和日本政府的措施取得了很大成功，而其他各国采取的措施效果并不理想。

同以往的工业革命和服务革命相比，全球机器人变革只是发生的速度更快一些，因此，我们只需尽快实施丹麦式的劳动力和市场调整政策即可应对这一即将来临的大变革。

我猜测，那些出色应对1973年以来服务业变革的国家，同样也能成功避免全球机器人变革引发的暴力反拨。我只是担心美国太强调个人主义，这样会导致富人越来越富，普通人则会越来越穷。

结　语

技术和开放市场有可能给一个国家的经济带来益处，也可能带来灾难，这主要是速度的问题。但我们可以以史为鉴，让技术和开放市场为国家的经济添砖加瓦而不是带来血雨腥风。因此这里简要地梳理一下历史经验，这对我们认识和解决问题大有裨益。

工业革命的推动力是蒸汽动力，蒸汽技术淘汰了马车。它就像赋予了人们强壮的肌肉，人类由此可以掌握以前无法想象的巨大动力。但这项技术只是为那些靠手吃饭的人提供了更好的工具。在蒸汽机发明 100 年之后，全球化开始发端。

蒸汽动力使全球经济发展走上了长达三个世纪的坎坷之路，其间经历了两次世界大战、大萧条以及法西斯主义和共产主义的崛起。在美国富兰克林 · 罗斯福和英国克莱门特 · 艾德礼等民粹主义领导人推出“新政”这一社会福利计划之后，对大多数人来说，工业革命才开始成为一件好事，收入差距有所下降。

从 1973 年左右开始，一股截然不同的科技浪潮开启了服务业变革。计算机的小型化打开了一系列创新的大门，这些创新大大降低了处理和传输信息的时间和成本。

这场信息与通信技术革命对职场产生了两大影响。首先，机器人的“手”代替了人类的“手”，于是“人类”退出了制造业。其次，这项技术为脑力劳动者提供了强大的工具，从而极大地增加了人们大脑的“肌肉”。它使办公室里的员工能够控制处理以前难以想象的大量信息。20 年后，信息与通信技术开启了“新全球化”，公司将其技术带到国外，并把这些技术与低成本劳动力相结合，这进一步损害了发达国家工厂工人的利益。

信息与通信技术推动了经济发展的不平衡性，由此产生的去工业化和服务业转型对一些人来说是毁灭性的，而对另一些人来说则是好事。体力劳动者发现，信息技术降低了他们的附加值，而脑力劳动者发现，信息技术增加了他们的附加值。财富不均的现象开始凸显。

技术和贸易这对组合对经济发展的影响方式，与 1973 年之前的影响方式完全不同，这使很多人感到危机重重。这些变化对经济和就业的影响更加微妙，受到冲击的不是整个行业和某个特定人群，而是生产过程中某个环节或某些具体的个人。

由数字技术推动的全球机器人变革，跟信息与通信技术有着细微的差别。粗略地说，信息与通信技术让体力劳动者失去了竞争优势，却让脑力劳动者获得了竞争优势，而人工智能技术会让普通脑力劳动者失去竞争优势，但那些用“心”工作的人会获得竞争优势。

常规信息处理的任务将由机器人来接管，但目前人类还占有优势的任务，或必须同处一室才能完成的任务，机器人还不能接手。在未来，这些工作将不会受到自动化和全球化的影响。

不受自动化和全球化影响的服务和专业性工作需要的是信息与通信技术不能完成的技能。最终，在模式识别这个层面上，人工智能会令所有人都变得更聪明。对普通人而言，这一变革是革命性的，但对少数很聪明的人而言，这一变革的影响就没那么大了。

人工智能会赋予仁者更多“智能”，但不能给予“智者”更多“仁心”。我认为，21 世纪将出现的技能转向，会对未来的收入分配产生意想不到的影响。假设人群中“仁者”的人口分布情况和“智者”的分布情况无关，那么新的技能转向不会导致贫富差距现状的恶化，而且，从长远来看，这种技能转变甚至可能减小贫富差距。

然而，要实现这一美好目标并非易事。原先不受冲击的服务业工作正在面临冲击，而且发生的速度实在太快，这非常危险。若诸多社会群体不能承受这种变化，就可能出现破坏性反拨，特别是失业的蓝领工人和即将失业的白领工人因共同的愤怒而走到一起，就可能会爆发 20 世纪 30 年代出现的猛烈反拨。

但这并非不可避免。

我们可以做出选择

计算机、航空和二战后全球贸易的兴起，几十年来一直在改造着这个人类社会。每次变化都为一些人创造了新的财富机会，而为另一些人带来了竞争。新的机会让一国中最有竞争力的员工和企业财富大涨，而新的竞争则让一国中最没有竞争力的公司和员工的收入受损，这就形成了强烈的社会和经济对抗压力。

近几十年来，很多国家都在进行不断的调整，因此，尽管我们看到了许多混乱和痛苦，但没有看到特别激进的反拨。我们的确看到了一些反拨行为，比如英国人投票支持英国脱欧，美国人投票选出了唐纳德·特朗普，但还没有看到类似于墨索里尼、希特勒所代表的黑暗势力的崛起，也没有看到类似于美国总统罗斯福和英国首相艾德礼所代表的希望势力的出现。

人类社会也曾经历暴风骤雨。工业革命带来的根本性变革，封建主义到资本主义的转变，摧毁了持续了数千年的古老的等级制度。正如匈牙利哲学家卡尔·波兰尼在他1942年发表的著作《巨变》（*The Great Transformation*）中所写的那样，劳动力的商品化以及向城市和工业区的大规模移民破坏了传统价值观。

而这次变革发生的速度要快很多。我认为，从长远来看，最后的结局一定是光明的，但前提是必须让全球机器人变革以人类可以接受的速度发展，变革造成的破坏要能让大多数人可以承受。

因此，我们必须认识到，技术进步的速度并非受制于抽象的自然法则，人类可以控制技术进步带来的冲击。我们可以做出选择。

注 释

引 言

1 Francis Potter, "How the Hathersage Group Built a Global Development Team," *Upwork* (blog), September 21, 2016, https://www.upwork.com/blog/2016/09/hathersage-group-globaldevelopment-team/.

2 Elain S. Oran and Forman A. Williams, "The Physics, Chemistry, and Dynamics of Explosions," *Phil. Trans. R. Soc. A.* 370, no. 1960 (2012): 534–543, http://rsta.royalsocietypublishing.org/content/roypta/370/1960/534.full.pdf.

3 Kevin Roose, "His 2020 Campaign Message: The Robots Are Coming," *New York Times,* February 10, 2018, https://www.nytimes.com/2018/02/10/technology/his-2020-campaignmessage-the-robots-are-coming.html.

4 Erik Brynjolfsson and Andrew McAfee, *The Second Machine Age:*

Work, Progress, and Prosperity in a Time of Brilliant Technologies (New York: Norton & Company, 2014).

5 Jack Welch and John Byrne, *Jack: Straight from the Gut* (Warner Business Books, 2001).

第一章

1 As described in John Ruskin, *Fors Clavigera: Letters to the Working Men and Laborers of Great Britain,* vol. IV (London: George Allen, 1874).

2 William Bernstein, *A Splendid Exchange: How Trade Shaped the World* (New York: Atlantic, 2008).

3 根据格雷戈里 · 克拉克和戴维 · 杰克斯的说法，仅仅为了满足 1860 年英国的烹饪和取暖需求，所需木柴就需要将整个国家的农田变成森林。参见 Gregory Clark and David Jacks, "Coal and the Industrial Revolution, 1700–1869,"*European Review of Economic History* (2007)。

4 Jean-Baptiste Say, *A Treatise on Political Economy,* Grigg and Elliott, 1834; this translation from Guy Routh, *The Origin of Economic Ideas: Edition 2,* Springer, September 1, 1989.

5 See Angus Maddison, *Contours of the World Economy 1–2030 AD: Essays in Macro-Economic History* (Oxford: Oxford University Press, 2007).

6 Kevin H. O'Rourke and Jeffrey G. Williamson, "When Did Globalization Begin?" *European Review of Economic History* 6 (2002): 2350.

7 See Max Roser and Esteban Ortiz-Ospina, "Income Inequality" , published online at Our World In Data.org, based on data from Peter H.

Lindert, "When Did Inequality Rise in Britain and America?," *Journal of Income Distribution* 9 (2000): 11–25, and Anthony B. Atkinson, "The Distribution of Top Incomes in the United Kingdom 1908–2000," in *Top Incomes over the Twentieth Century: A Contrast between Continental European and English-Speaking Countries,* ed. Anthony B. Atkinson and Thomas Piketty (Oxford: Oxford University Press, 2007), ch. 4.

8 图 1-1 的资料主要来源于以下素材：Peter Lindert "Three Centuries of Inequality in Britain and America," in *Handbook of Income Distribution,* ed. A. Atkinson and F. Bourguignon (Amsterdam: Elsevier, 2000); A. Atkinson, "The Distribution of Top Incomes in the United Kingdom 1908–2000," in *Top Incomes over the Twentieth Century. A Contrast Between Continental European and English-Speaking Countries,* ed. A. Atkinson and T. Piketty (Oxford: Oxford University Press, 2007); and B. Milanovic, P. Lindert, and J. Williamson, "Ancient Inequality," *The Economic Journal* 121, no. 551 (2008): 255–272, March 2011。

9 The data is from Robert C. Allen, "Engel's Pause: A Pessimists Guide to the British Industrial Revolution," Department of Economics Discussion Paper Series no. 315, University of Oxford, April 2007.

10 Quoted in Carl Wittke, "The German Forty-Eighters in America: A Centennial Appraisal." *The American Historical Review* 53, no. 4 (1948): 711–725.

11 意大利文原版的标题是：*Il manifesto dei fasci italiani di combattimento*。

12 Nicholas Crafts, "British Industrialization in an International Context," *Journal of Interdisciplinary History* 19 (1989): 415–428.

13 具体细节和数据参见：Berthold Herrendorf, Richard Rogerson, and Ákos valentinyi, “Growth and Structural Transformation,” Chapter 6, in Philippe Aghion and Steven Durlauf (eds.), *Handbook of Economic Growth,* vol. 2B (Amsterdam and New York: North Holland, 2014)。

第二章

1 有人称此次变革为第三次工业革命，尽管经济的主要变化是去工业化及服务业的兴起。详情参见：Jeremy RiThin, *Third Industrial Revolution: How Lateral Power Is Transforming Energy, the Economy, and the World* (New York: St. Martin’s Griffin, 2011)。

2 Alain Touraine, *The Post-Industrial Society* (New York: Random House, 1971).

3 Richard Baldwin, *The Great Convergence: Information Technology and the New Globalization* (Cambridge, MA: Harvard University Press, 2016).

4 Jeffrey W. Henderson, *The Globalization of High Technology Production* (New York: Routledge, 1989).

5 This is from the introductory chapter in Jeffrey Baldwin, *The Great Convergence: Information Technology and the New Globalization* (Cambridge, MA: Belknap, 2016).

6 H. Allen Hunt and Timothy L. Hunt, *Human Resource Implications of Robotics* (Kalamazoo, MI: W.E. Upjohn Institute for Employment Research, 1983).

7 Jonathan Haskel and Stian Westlake, *Capitalism without Capital: The Rise of the Intangible Economy* (Princeton, NJ: Princeton University Press, 2017).

8 David Autor, "Skills, Education, and the Rise of Earnings Inequality among the 'Other 99 Percent,' " *Science* 344, no. 6186 (2014): 843–851.

9 Antoine Gourévitch, Lars Fæste, Elias Baltassis and Julien Marx,"Data-Driven Transformation: Accelerate at Scale Now," Boston Consulting Group blog, May 23, 2017.

10 Tom McCarthy, "Trump voters See His Flaws but Stand by President Who 'Shakes Things Up' ," *The Guardian,* December 24, 2017.

11 *Business Insider,* 2016 election exit polls,uk.businessinsider.com.

12 "Election 2016: Exit Polls," *New York Times,* August 11, 2016.

13 Antoine Gourévitch, Lars Fæste, Elias Baltassis and Julien Marx, "Data-Driven Transformation: Accelerate at Scale Now," Boston Consulting Group blog, May 23, 2017.

14 See interview with Jesse Graham, a professor of psychology at the University of Southern California in Edsall, "Purity, Disgust and Donald Trump," *New York Times*, June 1, 2016.

15 Lord Ashcroft, "How the United Kingdom voted on Thursday. . . and Why," *lordashcroftpolls. com.* June 24, 2016.

16 Philip Oltermann, "Austria Rejects Far-Right Candidate Norbert Hofer in Presidential Election," *The Guardian,* December 4, 2016.

17 See Christian Dustmann, Barry Eichengreen, Sebastian Otten, André Sapir, Guido Tabellini, and Gylfi Zoega, "Europe's Trust Deficit: Causes and Remedies," *VoxEU.org,* August 23, 2017.

18 Bruce Stokes, "Japanese Back Global Engagement Despite Concern about Domestic Economy," Pew Research Center, October 31, 2016.

19 Elaine Lies, "Tokyo Governor Launches New Party, Won't Run for

Election Herself," *Reuters. com,* September 27, 2017.

第三章

1 Khadeeja Safdar, "J.Crew's Mickey Drexler Confesses: I Underestimated How Tech Would Upend Retail," *Wall Street Journal,* May 24, 2017.

2 Alan Rappeport, "Issues of Riches Trip Up Steven Mnuchin and Other Nominees," January 19, 2017, *New York Times.* For his quote on AI, see Shannon vavra, "Mnuchin: Losing Human Jobs to AI 'Not Even on Our Radar Screen', " *www.axios.com,* March 24, 2017.

3 此图的灵感来源如下：Ro Gupta, "Why We Overestimate the Short Term and Underestimate the Long Term in One Graph" , *www.rocrastination.com*。

4 Peter Bright, "Moore's Law Really Is Dead This Time," *ArsTechnica.com,* November 2, 2016.

5 Daniel Robinson, "Moore's Law Is Running Out—But Don't Panic," *ComputerWeekly.com,* November 19, 2017.

6 See Leslie Willcocks, Mary Lacity, and Andrew Craig, "Robotic Process Automation at Xchanging," Outsourcing Unit Working Research Paper Series 15/03, London School of Economics and Political Science, June 2015.

7 Willcocks, Lacity, and Craig, "Robotic Process Automation at Xchanging."

8 Quoted in Jesse Scardina, "Conversica Cloud AI Software Tackles Sales Leads," *TechTarget. com* (blog), June 1, 2016.

9 Elizabeth Gibney, "Self-Taught AI Is Best Yet at Strategy Game Go,"

Nature, October 18, 2017.

10 See the fascinating description of the process by Benjamin Moyo, "Apple Speech Team Head Explains How Siri Learns a New Language," *9to5Mac* (blog), March 9, 2017.

11 Linda Gottfredson, "Mainstream Science on Intelligence: An Editorial with 52 Signatories, History, and Bibliography," *Intelligence* 24, no. 1 (1997).

第四章

1 Quoted in Camila Souza, "41 Entrepreneurs Share Their Unusual Hobbies," *Tech.co* (blog), May 21, 2015; also see TJ McCue, "3 Freelance Economy Success Stories," *Forbes.com.*

2 See "2016 Pinoy Freelancer Salary Guide," on *freelancing.ph.*

3 "Another 10 Companies Winning at Remote Work," *CloudPeeps* (blog), May 17, 2016.

4 He Huifeng, "Zhubajie Charges toward Unicorn Status, and Flotation," *South China Morning Post,* July 1, 2016.

5 "The iLabour Project, Investigating the Construction of Labour Markets, Institutions and Movements on the Internet" , ilabour.oii.ox.ac.uk. Also see "Digital Labor Markets and Global Talent Flows" ,by John Horton, William R. Kerr, and Christopher Stanton, NBER Working Paper 23398, April 2017.

6 Melisa Sukman, The Payoneer Freelancer Income Survey 2015.

7 Stuart Russell and Peter Norvig (2003). *Artificial Intelligence: A Modern Approach* (Englewood Cliffs, NJ: Prentice Hall, 2003).

8 Yonghui Wu et al., "Google's Neural Machine Translation System:

Bridging the Gap between Human and Machine Translation," *Technical Report,* 2016.

9 Douglas Hofstadter, "The Shallowness of Google Translate," *The Atlantic Monthly*, January 30, 2018.

10 Andy Martin, "Google Translate Will Never Outsmart the Human Mind," *The Independent,* February 22. 2018.

11 Katherine Stapleton, "Inside the World's Largest Higher Education Boom," *TheConversation. com,* April 10, 2017.

12 Gideon Lewis-Kraus, "The Great A.I. Awakening," *New York Times Magazine,* December 4, 2016.

13 Stephane Kasriel, "This Is What Your Future virtual-Reality Office Will Be Like," *FastCompany.com,* July 19, 2016.

14 See Emily Dreyfuss, "My Life As A Robot," *Wired.com,* September 8, 2015.

15 F. Heider and M. Simmel, "An Experimental Study of Apparent Behavior," *American Journal of Psychology* 57, no. 2 (1944): 243.

16 See Steve McNelley and Jeff Machtig, "What is Telepresence?" , undated article on *DVETelepresence.com;* visited June 25, 2018.

17 Melanie Feltham, "Spotlight on David Kittle, Top Rated Freelance Product Designer," *Upwork* (blog), July 19, 2017.

第五章

1 Steve Lohr, "A.I. Is Doing Legal Work. But It Won't Replace Lawyers, Yet," *New York Times,* March 19, 2017.

2 Hal Hodson, "AI Interns: Software Already Taking Jobs From Humans," *NewScientist.com,* March 31, 2015.

3 Bob violino, "Why Robotic Process Automation Adoption Is on the Rise," *ZDNet.com,* November 18, 2016.

4 Harriet Taylor, "Bank of America Launches AI Chatbot Erica — Here's What It Does," *MONEY 20/20, CNBC.com,* October 24, 2016.

5 Gideon Lewis-Kraus, "The Great A.I. Awakening," *New York Times Magazine,* December 4, 2016.

6 Ron Miller, "Artificial Intelligence Is Not as Smart as You (or Elon Musk)," *TechCrunch.com,* July 25, 2017.

7 Disney Research, "Neural Nets Model Audience Reactions to Movies," *Phys.org,* July 21, 2017.

8 Forrester, "Robots, AI Will Replace 7% of US Jobs by 2025," *Forrester.com,* June 22, 2016.

9 World Economic Forum, "The Future of Jobs Employment, Skills and Workforce Strategy for the Fourth Industrial Revolution," January 2016.

10 Masayuki Morikawa, "Who Are Afraid of Losing Their Jobs to Artificial Intelligence and Robots? Evidence from a Survey," RIETI Discussion Paper 17-E-069, 2017.

11 Pew Research Center, "AI, Robotics, and the Future of Jobs," August 2014.

12 Mary C. Lacity and Leslie Willcocks, "What Knowledge Workers Stand to Gain from Automation," *Harvard Business Review,* June 19, 2015.

13 Rita Brunk, "The ABC of RPA, Part 5: What Is the Cost of Automation and How Do I Justify It to the Leadership Team?" *Genfour.com,* July 21, 2016.

14 Patrick Clark and Kim Bhasin, "Amazon's Robot War Is Spreading,"

Bloomberg, April 5, 2017.

15 Bureau of Labor Statistics, "May 2017 National Occupational Employment and Wage Estimates."

16 KPMG, *From Human to Digital: The Future of Global Business Services*, 2016.

17 Ian Lyall, "Small Cap Ideas: Could Blue Prism Be the Next Big British Software Champion with Its Robot Clerks?," *ThisIsMoney.co.uk*, March 21, 2016.

18 Lora Kolodny, "Meet Flippy, a Burger-Grilling Robot from Miso Robotics and CaliBurger," *SingularityHub.com*, March 7, 2017.

19 Quote in Melia Robinson, "This Robot-Powered Burger Restaurant Says It's Paying Employees $16 an Hour to Read Educational Books while the Bot Does the Work," *Business Insider*, *UK.businessinsider.com*, June 22, 2018.

20 Quote in Julia Limitone, "Former McDonald's USA CEO: $35K Robots Cheaper Than Hiring at $15 Per Hour," *FoxBusiness.com*, May 24, 2016.

21 Sarah Kessler, "An Automated Pizza Company Models How Robot Workers Can Create Jobs for Humans," *QZ.com*, January 10, 2017.

22 David Rotman, "The Relentless Pace of Automation," *MIT Technology Review*, February 13, 2017.

23 Nathan Jolly, "Meet Ellie: The Robot Therapist Treating Soldiers with PTSD," *News.com.au*, October 20, 2016.

24 Quotes from Jeevan Vasagar, "In Singapore, Service Comes with a Robotic Smile," *Financial Times*, September 19, 2016.

25 Andrew Zaleski, "Behind Pharmacy Counter, Pill- Packing Robots Are on the Rise," *CNBC. com*, November 15, 2016.

26 The information on the *Washington Post* is drawn mainly from Joe Keohane, "What News-Writing Bots Mean for the Future of Journalism," *Wired.com,* February 16, 2017.

27 Damian Radcliffe, "The Upsides (and Downsides) of Automated Robot Journalism," *MediaShift.org,* July 7, 2016.

28 Quotes from Joe Keohane, "What News-Writing Bots Mean for the Future of Journalism," *Wired.com,* February 17, 2017.

29 Quoted in Casey Sullivan, "Machine Learning Saves JPMorgan Chase 360,000 Hours of Legal Work," *Technologist* (blog), FindLaw.com, March 8, 2017.

30 Alexander Sehmer, "A Teenager Has Saved Motorists over £2 Million by Creating a Website to Appeal Parking Fines," *Business Insider UK,* December 30, 2015.

31 Quotes from Megha Mohan, "The 'Robot Lawyer' Giving Free Legal Advice to Refugees," *BBC Trending* (blog), March 9, 2017.

32 Quoted in Nanette Byrnes "As Goldman Embraces Automation, Even the Masters of the Universe Are Threatened," *TechnologyReview.com,* February 7, 2017.

33 Quotes from Laura Noonan, "Citi Issues Stark Warning on Automation of Bank Jobs," *Financial Times,* June 12, 2018.

第六章

1 Quote from Kevin Delaney, "The Robot That Takes Your Job Should Pay Taxes, Says Bill Gates," *Quartz,* February 17, 2017.

2 Quote from Quincy Larson, "A Warning from Bill Gates, Elon Musk, and Stephen Hawking," *freeCodeCamp.org,* February 18, 2017.

3 Quoted in Walt Mossberg, "Five Things I Learned from Jeff Bezos at Code," *Recode* (blog), June 8, 2016.

4 Stephen Hawking, "This Is the Most Dangerous Time for Our Planet," *The Guardian,* December 1, 2016.

5 Quotes from Adam Lashinksy, "Yes, AI Will Kill Jobs. Humans Will Dream Up Better Ones," *Fortune*, January 5, 2017.

6 Alastair Bathgate, "Blue Prism's Software Robots on the Rise," *Blueprism* (blog), July 14, 2016.

7 Patricia Leighton and Duncan Brown, "Future Working: The Rise of Europe's Independent Professionals," EFIP Report, *Freelancers.org,* 2013.

8 Linkedin, "How the Freelancing Generation Is Redefining Professional Norms," *LinkedIn*(blog), February 21, 2017.

9 Statistics from *Statisa.com,* www.statista.com/statistics/ 273744/ number-of-full-time-google- employees/f.

10 Paul Dickson, *The Official Rules: 5,427 Laws, Principles, and Axioms to Help You Cope with Crises, Deadlines, Bad Luck, Rude Behavior, Red Tape, and Attacks by Inanimate Objects* (Mineola, NY: Dover, 2015).

11 See "Artifcial Intelligence in the Real World: The Business Case Takes Shape," *EIU Briefing Paper, Economist.com,* 2016.

12 此预测来源于 Kate Burgess, "Blue Prism's Rapid Share Price Rise Needs a Reality Check: Robotic Software Group Will Not Make a Profit or Pay a Dividend for Years," *Financial Times*, January 28, 2018。

13 Phil Fersht, "Enterprise Automation and AI Will Reach $10 Billion in

2018 to Engineer OneOffice," *Horses for Sources* (blog), November 4, 2017.

14 Deloitte, *Managing the Digital Workforce,* 2017.

15 Tata Consulting Services, "Getting Smarter by the Day: How AI Is Elevating the Performance of Global Companies: TCS Global Trend Study: Part I," 2017.

16 Blue Prism website, https://www.blueprism.com/, accessed February 4, 2018.

17 Workfusion.com blog post, "Intelligent Automation. Digitize Operations with Intelligent Automation for Your Business Processes, with Solutions that Use RPA, Artificial Intelligence, Chatbots and the Crowd" , *welcomeai.com,* March 28, 2018.

18 Quoted in Shawn Donnan and Sam Fleming, "America's Middle-Class Meltdown," *Financial Times,* May 11, 2016.

19 Anne Case and Angus Deaton, "Mortality and Morbidity in the Twenty-First Century," BPEA article, March 23, 2017.

20 See excerpt from Robert Alun Jones, *Emile Durkheim: An Introduction to Four Major Works* (Beverly Hills, CA: Sage, 1986), 82–114.

21 Émile Durkheim, *Suicide: A Study in Sociology* (1897; repr., New York: The Free Press, 1951).

22 Alana Semuels, "Is Economic Despair What's Killing Middle-Aged White Americans?" *The Atlantic,* March 23, 2017.

第 7 章

1 Joel Achenbach "Purple Haze All Over WTO" , *Washington Post,* December 1, 1999.

2 Quotes from Trip Gabriel, "House Race in Pennsylvania May Turn on Trump voters' Regrets," *New York Times,* March 2, 2018.

3 Numbers from "Income and Poverty in the United States: 2016", by J. Semega, K. Fotenot, and M. Kollar, US Census Bureau, September 2017, and Yale's Environmental Performance Index, http://archive.epi.yale.edu/epi/issue-ranking/water-and-sanitation, and https://www.vox.com/ 2015/4/7/8364263/us-europe-mass-incarceration.

4 Quotes from Mike Bygrave, "Where Did All the Protesters Go?" *The Observer,* July 14, 2002.

5 Quoted in David Mogan, "Truth About Tech Campaign Takes on Tech Addiction," *CBSNews. com,* February 5, 2018.

6 Jonathan Hai dt, "The Key to Trump is Stenner's Authoritarianism", *The Righteous Mind*(blog), January 6, 2016.

7 "Andrew Yang for President" website, www.yang2020.com.

8 Samantha Reis and Brian Martin, "Psychological Dynamics of Outrage against Injustice," *The Canadian Journal of Peace and Conflict Studies,* 2008.

9 Cass R. Sunstein, David Schkade, and Daniel Kahneman, "Deliberating about Dollars: The Severity Shift," Law & Economics Working Papers No. 95, 2000.

10 Cass Sunstein, "Growing Outrage," in *Behavioural Public Policy,* 2018(in press).

11 Manuel Funke, Moritz Schularick, and Christoph Trebesch, "The Political Aftermath of Financial Crises: Going to Extremes," CEPR policy portal, *VoxEU.org,* November 21, 2015.

12 Alan de Bromhead, Barry Eichengreen and Kevin O'Rourke, "Right-

wing Political Extremism in the Great Depression," *VoxEU.org,* February 27, 2012.

13 Quote from Sarah Butler and Gwyn Topham, "Uber Stripped of London Licence Due to Lack of Corporate Responsibility," *The Guardian,* September 23, 2017.

14 See David Shepardson's "Union Cheers as Trucks kept out of U.S. Self-Driving Legislation," *Reuters.com,* July 29, 2017.

15 Keith Lai ng, "Senators Drop Trucks from Self-Driving Bill," *Detroit News,* September 28, 2017. The House version of the bill had passed by the time this book went to press; the Senate version was pending; Chris Teale, "US Senate Considers 'Different Possibilities' to Pass Av START Act," *SmartCitiesDive.com,* June 14, 2018.

16 "Stick Shift：Autonomous vehicles, Driving Jobs, and the Future of Work" , Center for Global Policy Solution, March 2017.

17 Quoted in "Anxiety about Automation and Jobs：Will We See Anti-Tech Laws?" James Pethokoukis, *www.AEI.org*（blog）.

18 Quotes from Luke Muelhauswer, "What Should We Learn from Past AI Forecasts?" , Open Philanthropy Project, September 2016.

19 Jean-Claude Juncker, "A New Start for Europe," Opening Statement in the European Parliament Plenary Session, July 15, 2014.

20 Quotes from Liz Alderman, "Italy Wrestles With Rewriting Its Stifling Labor Laws", *New York Times,* August 10, 2012.

第八章

1 Quotes from Sarah Kessler, "Inside the Bizarre Human Job of Being the Face for Artificial Intelligence," *Quartz.com,* June 5, 2017.

2 David Autor, "Why Are There Still So Many Jobs? The History and Future of Workplace Automation," *Journal of Economic Perspectives* 29, no. 3（Summer 2015）: 3–30.

3 Quotes from Jonah Lehrer, "The Mirror Neuron Revolution: Explaining What Makes Humans Social," *Mind Matters*（blog）, ScientificAmerican.com, July 1, 2008.

4 For a textbook exposition of these social psychology concepts, see Graham M. vaughan and Michael A. Hogg, *Social Psychology,* 7th ed.（London: Pearson, 2013）.

5 See Brenden M. Lake, Tomer D. Ullman, Joshua B. Tenenbaum, and Samuel J. Gershman, "Building Machines That Learn and Think Like People," *Behavioral and Brain Sciences* 40（2017）.

6 Sean Noah, "Machine Yearning: The Rise of Thoughtful Machines," *Knowing Neurons*（blog）, Knowing Neurons.com, April 11, 2018.

7 Chris Chatham, "10 Important Differences Between Brains and Computers," *ScienceBlogs,* Science Blogs.com, March 27, 2007. For a more recent discussion, see Lance Whitney, "Are Computers Already Smarter Than Humans?" *Time Magazine,* September 29, 2017.

8 Liat Clark, "vinod Khosla: Machines Will Replace 80 Percent of Doctors," *wired.com,* September 4, 2012.

9 Alan Blinder, "How Many US Jobs Might Be Offshorable," *World Economics,* 2009.

10 Joshua Greene, *Moral Tribes: Emotion, Reason and the Gap Between Us and Them*（London: Atlantic Books, 2014）.

11 For evidence on this, see Benjamin Enke, "Kinship Systems, Cooperation and the Evolution of Culture," NBER Working Paper No.

23499, 2017.

第九章

1 Darrell Rigby, Jeff Sutherland, and Hirotaka Takeuchi, "Embracing Agile," *Harvard Business Review,* May 2016.

2 Pascal Lamy, "Looking Ahead：The New World of Trade," speech at ECIPE conference, Brussels*, ECIPE.com,* March 9, 2015.

3 详情请参考：Torben Andersen, Nicole Bosch, Anja Deelen, and Rob Euwals, "The Danish Flexicurity Model in the Great Recession," *VoxEU.org*, April 8, 2011。